Ich bin in der Hölle gewesen

KRISTIYANA VALCHEVA
mit Marie-Thérèse Cuny und Miroluba Bentaova

Ich bin in der Hölle gewesen

Acht Jahre in libyscher Gefangenschaft–
Eine Krankenschwester berichtet

Aus dem Französischen
von Thomas Wollermann,
Karola Bartsch und Andreas Riehle

Weltbild

Die französische Originalausgabe erschien 2007 unter dem
Titel *J´ai gardé la tête haute* bei Oh! Éditions, Paris.

Besuchen Sie uns im Internet:
www.weltbild.de

Genehmigte Lizenzausgabe für Verlagsgruppe Weltbild GmbH,
Steinerne Furt, 86167 Augsburg

Ein Unternehmen der Droemerschen Verlagsanstalt
Th. Knaur Nachf. GmbH & Co. KG, München.
Übersetzung: Thomas Wollermann, Karola Bartsch und Andreas Riehle
Umschlaggestaltung: Studio Höpfner-Thoma, München
Umschlagmotiv: © AP photo / Ben Curtis
Gesamtherstellung: GGP Media GmbH, Pößneck
Printed in the EU

ISBN 978-3-8289-9362-4

2011 2010 2009 2008
Die letzte Jahreszahl gibt die aktuelle Lizenzausgabe an.

1

Ein schlechter Tag

Es wird dunkel, Zeit, nach Hause zu fahren. Wo habe ich bloß mein Auto abgestellt? Ich bin mit meiner Freundin Denka unterwegs. Wir haben einen Ausflug nach Bengasi gemacht.

Da hebt Denka den Kopf und schaut starr und mit abwesendem Blick den Mond an, der bereits am Himmel steht. Sie wirkt wie in Trance.

»Heute ist ein sehr schlechter Tag!«

Mit dieser Bemerkung kann ich wenig anfangen. Denka kenne ich erst seit kurzem. Sie ist eine charmante, angenehme Person und behauptet von sich, eine übersinnliche Veranlagung zu haben.

Wir haben einen kleinen Bummel durch die Boutiquen gemacht. Ich wollte ihr ein hübsches Geburtstagsgeschenk kaufen, aber wir haben nichts gefunden, was ihr gefiel. Ich habe mir ein Kleid gekauft, zwei Kilo Pampelmusen und Rohrreiniger.

Einige Sekunden noch schaut Denka fasziniert auf den Mond, als wäre sie aus der Zeit herausgefallen. Schließlich wendet sie sich mir mit einem Lächeln zu, als wäre sie nach einer weiten Reise wieder auf der Erde gelandet.

»Wo steht nun das Auto?«

Ich setze sie bei ihr ab, ohne weiter über ihre Bemerkung

nachzudenken. Dann fahre ich einmal um den Block, in dem die Krankenschwestern untergebracht sind, um vor meiner Wohnung zu parken.

Vor dem Haus steht ein Wagen, dessen Scheinwerfer mich so stark blenden, dass ich nichts sehe. Ich halte an. Mehrere Männer kommen mir entgegen. Ich kenne von ihnen nur Dr. Saad, den Leiter des Aouari-Krankenhauses, wo ich auf der Dialysestation arbeite. Er ist außerdem Staatssekretär im Gesundheitsministerium. Ich kenne ihn seit meiner Ankunft in Libyen vor acht Jahren. Er ist mit mir und meinem Mann, der mir einige Monate später nachgefolgt ist, befreundet. Wir haben ihn allerdings schon einige Zeit nicht mehr gesehen. Ich dachte, er sei in Urlaub gefahren, aber jemand sagte mir, er sei aus unbekanntem Grund verhaftet worden. Große Sorgen machte ich mir deswegen nicht, ich ging davon aus, dass es sich nur um eine kleine Affäre handeln konnte, die der er rasch geklärt haben würde. Selbst in einem Polizeistaat wie Libyen sollten ihn seine Funktion und sein Status schützen.

Ich lächele Saad also an, ein wenig verwundert über die vier unbekannten Begleiter. Gewöhnlich kommt er allein. An diesem Abend macht er einen verlegenen Eindruck, er hält den Blick gesenkt und stellt mir seine Begleiter nicht vor. Einer der Männer, den ich im Halbschatten schlecht ausmachen kann, lässt mir keine Zeit, ein Wort zu sagen.

»Wir müssen sofort in Ihre Wohnung!«

Ich frage nicht, wieso. Ich bin eine Frau, eine Ausländerin, die nur auf Vertragsbasis in Libyen arbeitet, und trotz meines Selbstbewusstseins und meiner Freiheitsliebe habe ich mit den Jahren verstanden, dass hier die Männer das Sagen haben.

Die vier Männer treten wortlos bei mir ein und fangen an, in meinen Schubladen herumzuwühlen. Sie stellen keine Fragen, und ich lasse diese merkwürdige Hausdurchsuchung, die sich in die Länge zieht, widerstandslos über mich ergehen. Sie öffnen den Kleiderschrank, den Kühlschrank, die Wandschränke. Ich helfe ihnen, ruhig, schweigend. Sie bemerken ein Schränkchen über dem Wasserboiler, in dem wir Sachen verstauen, die im Weg sind. Ich öffne ihn: Er enthält fünf leere Flaschen.

»Was ist das?«

»Leere Blutplasmaflaschen. Mein Mann hat sie vor drei Monaten hier gelassen. Er wollte sie wieder zur Arbeit mitnehmen.«

Zdravko, mein Mann, arbeitet inzwischen als Arzt achthundert Kilometer von Bengasi entfernt in der Libyschen Wüste für eine große südkoreanische Gesellschaft.

Nun wühlen die Männer in der Schublade mit unseren persönlichen Sachen, in der auch unsere Pässe liegen, daneben Briefe, die mir mein Mann aus der Wüste geschickt hat, die Fotos unserer Strandparty mit Freunden. Das Lachen und die Erinnerungen von acht Jahren. Alles Schöne, was uns in Libyen begegnet ist, befindet sich in dieser Schublade, mehr als tausend Fotos, sorgfältig geordnet und in Umschlägen verstaut. Ein einfaches Leben, nichts Aufregendes, oft sehr fröhlich, ab und zu eine Reise, wunderbare Wochenenden am Strand, Abende mit Freunden. Erinnerungsstücke an ein Leben, an dem ich hänge.

Die Männer nehmen sie mit. Es tut mir in der Seele weh. Ich kann nicht wissen, dass ich die Fotos nie wiedersehen werde. Saad, der die wenigen gewechselten Sätze ins Arabische dolmetscht, frage ich: »Ich bekomme sie doch zurück?«

»Natürlich. Haben Sie einen Schleier?«

Obwohl sich ausländische Frauen dieser Sitte in Libyen nicht beugen müssen, es sei denn in ganz besonderen Fällen, habe ich einen. Ich bin auf alles gefasst. Wahrscheinlich wollen sie mich irgendwo hinbringen, wo es angebracht ist, verschleiert zu sein, vielleicht zu einer wichtigen Person. Ich fürchte mich nicht, diese Männer machen mir keine Angst. Was hätte eine einfache bulgarische Krankenschwester von ihnen zu befürchten? Vielleicht ist es ja Saad, der in Schwierigkeiten steckt. Als sein Handy klingelte, nahm er das Gespräch nicht selbst an, sondern reichte das Telefon einem der Männer, der an seiner Stelle auf Arabisch antwortete. Ich frage mich, wer diese in Zivil gekleideten Leute sind, denen Saad offenbar gehorchen muss.

Er wirkt nach wie vor verlegen und weicht meinem Blick aus, als er sagt: »Du musst mit uns kommen, es dauert nur ungefähr eine Stunde. Es muss etwas geklärt werden.«

Man verlangt von mir, alle elektrischen Apparate vom Netz zu nehmen, bevor wir die Wohnung verlassen. Ich soll meine Wertsachen mitnehmen und mich beeilen.

Ich habe zweihundertfünfzig Gramm Goldschmuck, Perlen und Diamanten und tausendreihundert Dollar. Das alles verstaue ich in meiner Handtasche. Nur mein Pass bleibt in der Schublade zurück. Die Männer wussten wohl schon, dass sie zurückkehren würden. Der Pass ist später unter schrecklichen Bedingungen wieder aufgetaucht.

In jener Sekunde, in der ich mein »Zuhause« verließ, verlor alles seine bisherige Bedeutung. Ich war in eine Falle gegangen. Naiv wie ich war, empfand ich keinerlei Angst. Wovor auch? Ich war mir keines Vergehens bewusst, nicht einmal des allerkleinsten, mir wollte auch nicht der mindeste Vorfall einfallen, der mir in diesem Lande hätte Scherereien eintragen können. Außer zu Dr. Saad, meinem Vorgesetzten und Freund, hatte ich wenig Kontakt zu Libyern. Nie hatte ich in der Öffentlichkeit Alkohol getrunken, keine Verkehrsdelikte begangen … Einfach nichts.

Ich will mich ans Steuer meines Wagens setzen, aber einer

der Männer nimmt mir die Schlüssel ab und bugsiert mich auf den Rücksitz. Anschließend lässt er sich selbst auf dem Fahrersitz nieder, ein zweiter Mann setzt sich neben ihn. Saad steigt in das andere Auto ein.

Nun wird mir auch klar, wozu ich einen Schleier mitnehmen sollte. Man verbindet mir die Augen. Das ist keine Verhaftung, das ist eine Entführung. Mit Dr. Saad als einzigem Zeugen fahre ich mit diesen vier Männern durch die Nacht, ohne zu wissen, warum sie mich mit verbundenen Augen einfach mitnehmen.

Ich schweige. Fragen zu stellen hätte keinen Sinn. In diesem Land erhält man keine Antworten. Wirkliche Angst habe ich immer noch nicht, ganz einfach deshalb, weil ich mir nicht vorstellen kann, was mich erwartet. Zuversichtlich gehe ich davon aus, dass sich diese mysteriöse Geschichte in einer Stunde aufgeklärt hat und ich wieder zu Hause bin.

Wir sind offenbar angekommen, der Wagen hält an. Man schiebt mich aus dem Auto, erleichtert meine Handtasche um die Wertsachen – den Schmuck und das Geld –, stößt mich vorwärts. Unter dem Schleier hindurch kann ich undeutlich einen Mann mit weißen Haaren ausmachen. Ich sehe vor allem seine Hände, die meine Handtasche halten. Er schimpft in meine Richtung:

»Das Kinderkrankenhaus ist der reinste Müllhaufen, man sollte es einfach in die Luft sprengen!«

Ich erkenne diese Stimme, die wie das Knurren eines Hundes klingt, und ich erinnere mich an einen ganz bestimmten Tag auf der Dialysestation des Aouari-Krankenhauses, an dem sie großen Eindruck auf mich gemacht hat. An diesem Tag hatte der Nachfolger von Saad – Saad selbst war vorübergehend auf eine andere Stelle versetzt worden – sehr dringlich verlangt, das gesamte Personal und die Patienten auf Hepatitis B und Aids zu testen. Möglicherweise geschah das auf ausdrückliche Anweisung der Polizei. Vor dem Labor hatte sich ein Polizist mit einer Kalaschnikow aufgepflanzt. Damals sah ich einen weißhaarigen Mann, und ich hörte diese Stimme, die an das Knurren eines Hundes erinnerte. Ich konnte nicht ahnen, dass sie mein ganzes Leben verändern würde. Damals schenkte ich den Vorgängen keine sonderliche Beachtung – ich lebte schon lange genug in einem Polizeistaat, um an dergleichen gewöhnt zu sein, wie alle.

Wohl hatte ich verstanden, dass es ein Problem in der Kinderklinik gab. Mehrere der kleinen Patienten waren mit dem Aidsvirus infiziert worden, aber das betraf mich nicht direkt, weil ich nicht dort arbeitete. Es war also dieser Mann, der damals auf den Gängen meiner Station Befehle gebellt hatte, der nun meine Handtasche in Händen hielt.

Jetzt steht er dicht neben mir und wendet sich mir zu, damit ich ihn riechen kann. Kein Zweifel, das ist nicht irgendein Geruch, das ist mein Parfüm. Mein »Yves« von Saint Laurent. Der Hund ist in mein Zuhause eingedrungen, er hat meine Sachen angefasst, er will mir zu verstehen geben, dass er auf meinem Gebiet gejagt und eine duftende Trophäe erbeutet hat.

Später wird der Hund mir noch auf ganz andere Weise meinen Geruch stehlen.

Ich stehe im Dunkeln und begreife immer noch nicht, was in dieser seltsamen Nacht um mich herum geschieht. Sollte meine Freundin Denka recht gehabt haben? Welche Botschaft hat sie in diesem Mond gelesen, dessen Licht mir nun nicht mehr leuchtet? Weiter geht es, die Männer stoßen mich von hinten an. Man lässt mich eine Stufe erklimmen, ich muss mich hinsetzen, man bindet mir die Hände zusammen. Es kommt mir so vor, als befände ich mich in einem stehenden Bus.

Es ist kühl, ich habe nur einen dünnen Pullover und eine

Jeans an, für eine Reise taugt das nicht. Ein Hüsteln zeigt mir an, dass ich nicht allein bin.

»Wer bist du?«

»Ich heiße Kristiyana.«

»Wo arbeitest du?«

»Auf der Dialysestation des Aouari.«

»Was machst du hier?«

»Keine Ahnung. Und ihr? Wer seid ihr?«

»Krankenschwestern aus dem Kinderhospital.«

Später wird mir klar, dass das die ersten Worte waren, die ich mit Valia ausgetauscht habe. Hinter mir erklangen die Stimmen zweier anderer Krankenschwestern.

»Ist dir so etwas schon mal passiert?«

»Nein, noch nie.«

Von Anfang an habe ich das Gefühl, in einen schlechten Film geraten zu sein. Ich stelle mir Fragen, aber Angst habe ich immer noch nicht – gegen dieses Gefühl habe ich mich seit meiner Kindheit abgeschottet, ich kenne es kaum.

Allerdings friere ich, und außerdem muss ich auf die Toilette. Mehrmals verlange ich mit lauter Stimme, dass man mich dort hinbringt. Da werde ich zum ersten Mal geschlagen: mit der flachen Hand auf den Nacken.

Ich bin erschrocken, aber ich lasse nicht locker, bis endlich tatsächlich jemand nachgibt und mich zur Toilette führt. Ich bewege mich vorwärts. Es kommt mir so vor, als wären wir in der Eingangshalle des Kinderkrankenhauses. Später erfahre ich, dass das stimmte, der Bus stand tatsächlich auf dem Hof des Krankenhauses, er sollte die Krankenschwestern wegbringen.

Erleichtert klettere ich wieder auf meinen Sitz, die Augen immer noch verbunden, und nun bekomme ich zu allem Überfluss ein Klebeband über den Mund. Meine Beschwerden sind den

Männern auf die Nerven gegangen, aber ich höre, dass man die anderen auf die gleiche Weise mundtot macht.

Der Bus fährt los.

Es ist der Beginn der längsten Reise meines Lebens, eine Reise, die mich durch alle Stadien einer Hölle führen wird.

Ich habe geschlafen. Zum Glück halte ich einiges aus, ich kann mich an Situationen und an Menschen anpassen.

Als der Bus irgendwo im Nichts hält, zieht bereits der Morgen herauf. Der Schleier ist weg, ich kann mich umschauen. Zum ersten Mal sehe ich die Gesichter meiner Begleiter: einige Männer, dazu ungefähr zwanzig Frauen, mir sämtlich unbekannt. Manche hat man offensichtlich direkt von der Arbeit mitgenommen, sie tragen noch ihre Kittel. Andere hat man zu Hause abgeholt, so wie mich. Um uns herum eine flache Wüstenlandschaft, die dem Auge keinerlei Anhaltspunkte bietet.

Schweigend erfrischen wir uns mit etwas Wasser, wir bekommen auch belegte Brote zu essen. Der Weißhaarige mit der merkwürdigen Stimme tönt bösartig und ironisch:

»Jetzt bringe ich euch in ein Fünf-Sterne-Hotel!«

Immer noch denke ich, dass dies alles in Wahrheit nicht mich betrifft, es ist einfach zu absurd. Mit den anderen habe ich nichts zu tun, ich kenne sie nicht einmal. Vermutlich sind sie alle im Kinderkrankenhaus angestellt. Bengasi ist groß, mit diesem Krankenhaus habe ich gar nichts zu tun.

Ich erinnere mich, dass auch mir das Gerücht zu Ohren kam, welches vor sechs Monaten über dieses Krankenhaus im Umlauf war. Es hieß, es hätten sich dort viele Kinder mit dem Aidsvirus angesteckt, aber ich habe die Sache nicht verfolgt. Niemand aus dem Kinderkrankenhaus zählte zu meinem engeren Bekanntenkreis. In meinem Kopf war das eine Geschichte, die sich ganz woanders abspielte, so weit weg wie der Konflikt im Gaza-Streifen. Dr. Saad hatte einmal davon gesprochen und auch erwähnt, es seien zwei Philippininnen verhaftet worden. Ich habe das als bedauerliche Tatsache hingenommen, ohne dem Ganzen besondere Aufmerksamkeit zu schenken. Ebenso wenig hatte es mich beunruhigt, als mir jemand – eine Philippinin, glaube ich – sagte, Saad sei verhaftet worden. Es war mir nicht in den Sinn gekommen, das mit mir in Verbindung zu bringen, und selbst wenn ich es getan hätte, so hätte ich weder vorausahnen können, was daraus folgte, noch den Alptraum vermeiden können.

Die Tatsache, dass wir in dem Bus so viele waren, beruhigte mich eher. *Das wird sich schon richten. Das wird sich schon richten.*

Aber es hat sich nicht gerichtet.

Die Busfahrt endete erst viele Stunden später. Wir wurden vor einem düsteren Gebäude mit zerbrochenen Scheiben abgesetzt, das schon seit Jahren nicht mehr gesäubert worden war. Wir waren irgendwo in Tripolis.

Später habe ich erfahren, dass es sich um die Polizeistation in der Nasser-Straße handelte. Dort sah ich Saad wieder, man gab ihm gerade den Gürtel seiner Hose zurück: Er war bleich, er hatte Angst, und sein Blick wirkte verloren.

Saad ging. Wir anderen blieben in einer fensterlosen Zelle mit einer nackten Glühbirne an der Decke und voller schmutziger, mit Exkrementen vollgesogener Teppiche zurück. Zwanzig Frauen, alle bulgarischer Nationalität, hatte man hier eingepfercht.

Dann kam Salma, die Aufseherin. Sie konnte bloß ein paar Worte Englisch und antwortete stereotyp:

»Maybe two, three days.«

Das sagte sie mit ihrem libyschen Akzent wohl zu allen, die hier durchgeschleust wurden, die auf diesem ekelhaften, stinkenden Boden auf und ab gehen mussten.

»Vielleicht zwei, drei Tage.« … Nun, ich war sehr viel länger dort. Acht lange Jahre. Aber das hätte ich mir damals unmöglich vorstellen können.

In der Zwischenzeit musste man sich mit der Situation arrangieren. Eine der Krankenschwestern war am Ende ihrer Schicht verhaftet worden, sie hatte ihr Frühstück dabei. Sie zog eine Pastete heraus, die wir in zwanzig Stücke teilten.

Plötzlich ertönte Lärm. Jemand trat ein und brüllte:

»Kristiyana!«

Eine von uns, deren Vorname Kristiyana lautete, trat vor.

Der Mann schrie erneut:

»Nicht du, die da!«

Und er zeigte mit dem Finger auf mich. Es sollte in diesem unglückseligen Abschnitt meines Lebens noch oft vorkommen, dass jemand mit dem Finger auf mich zeigte. Und ich sollte nähere, sogar sehr nahe Bekanntschaft mit den Untersuchungsmethoden der libyschen Polizei machen.

Erniedrigung, Folter, Todesdrohungen … Ein Strudel von Leiden, der mich zu zerbrechen suchte.

Man führte mich aus der Zelle und zu einem Auto, in dem Saad und der Hund saßen.

Während der Fahrt bombardierte mich letzterer mit Fragen:

»Wo arbeitest du? Wie heißt du?«

»Im Aouari-Krankenhaus. Auf der Dialysestation. Ich heiße Kristiyana Valcheva.«

»Seit wann bist du in Libyen?«

»Seit 1991.«

Schließlich landeten wir in einem Büro, wo uns ein kahlköpfiger, untersetzter Mann gegenübersaß, ein Polizist, der mir Routinefragen stellte. Saad hockte die ganze Zeit über schweigend auf einem alten Sofa. Ihm stellte man keine Fragen.

Der Hund kam zurück. Er wandte sich an Saad:

»Ist sie das?«

»Ja.«

Ich verstand immer noch nichts. Man führte mich in ein anderes Büro. Mittlerweile war es spät geworden, die Nacht brach herein. Ungefähr zu dieser Stunde war ich am Vortag aus Bengasi verschwunden. Zdravko, mein Mann, war achthundert Kilometer weit weg in der Wüste. Er musste bereits versucht haben, mich anzurufen. Mir wurde klar, dass niemand in Bengasi wusste, wo ich war – Zdravko machte sich bestimmt Sorgen. Inzwischen wurde ich allein von jemand anderem verhört, einem Unbekannten, auch er glatzköpfig, über sechzig, ein eher jovialer Typ. Ein General. Der Leiter der Sonderkommission zur Untersuchung der Aidsepidemie im Kinderkrankenhaus von Bengasi.

Nachdem ich ihn etwas besser kennengelernt hatte, fiel mir bloß ein einziges Wort ein, um sein Verhalten zu beschreiben: schizophren. Er war gewalttätig, grausam, pervers, gefährlich. Und wie alle diese Geisteskranken wechselte er von einem dieser Zustände in den anderen.

Er war es, der die sogenannte Untersuchung leitete. Er war Chefermittler. Ihm zur Seite stand der Direktor des Instituts für Virologie in Tripolis. Endlich ein Mann in Zivil, ein Arzt, der Einzige, der in diesem Büro Englisch sprach. Er hatte dichte Augenbrauen, einen krausen Haarschopf, und er übersetzte mir mit finsterem Blick die Fragen, die der General stellte. Die beiden anderen hörten nur zu. Ich sah diese drei Männer zum ersten Mal in meinem Leben. Nur dem Hund war ich schon früher begegnet.

»Wo arbeitet dein Mann? Mit wem ist er befreundet? Mit Libyern? Mit wem gehst du aus?«

»Ich habe nur wenig Kontakt zu Libyern. Außer Dr. Saad

habe ich nur einen libyschen Bekannten, Nasser. Das sind ganz normale Leute. Sonst besteht mein Freundeskreis zum größten Teil aus Ausländern, Kollegen meines Mannes, die aus verschiedenen westeuropäischen Staaten stammen … Außerdem kenne ich viele Bulgaren, überwiegend aber nur vom Sehen. Mit den meisten habe ich nicht viel zu tun …«

»Du wirst seit sieben Monaten überwacht, es wäre also besser, alles zu sagen!«

Ich gab keine Antwort. Das war ja lächerlich, was wollte man wohl feststellen, indem man mich überwachte?

Ich gehe arbeiten, ich mache meine Einkäufe, ich verbringe manchmal einen Abend in der Villa meines Freundes Nasser … Nichts Besonderes also, und nichts anderes als das, was ich während all der Jahre hier immer schon gemacht hatte. Es gab also nichts, weswegen ich mir Sorgen machen musste.

In diesem Moment schaltete sich der General ein.

»Was weißt du über die Aidsfälle im Kinderkrankenhaus?«

»Nichts. Nur, dass es Kinder gibt, die sich angesteckt haben, aber ich habe mit diesem Krankenhaus nichts zu tun. Das ist eine furchtbare Tragödie, ich bin selbst Mutter, und ich verstehe, wie schrecklich das ist … Aber ich weiß darüber nichts Näheres.«

»Doch! Du lügst! Du wirst uns alles sagen! Wir wissen, dass du davon weißt!«

Da war sie auf einmal, die Angst. Ich war also nicht bloß aus Zufall hierher geraten. Es handelte sich nicht um eine Verwechslung. Ich begann innerlich zu zittern. Meine Lippen wurden ganz trocken, ich bekam schrecklichen Durst. Ich bat um Wasser. Der General antwortete mir in sarkastischem Tonfall:

»Bist du Diabetikerin?«

»Nein, ich habe einfach nur Durst.«

Der General fuhr fort:

»Steckt der Mossad hinter dieser Aktion?«

Als ich hörte, dass es um den Mossad ging, verschlug es mir regelrecht die Sprache. Ich tat so, als verstünde ich nicht, was er mich fragte, einen solchen Schreck bekam ich.

Also wiederholte er:

»Mossad, Mossad, Mossad … Aids, das Kinderkrankenhaus, du weißt davon! Der Mossad steckt dahinter. Hilf uns, dann können auch wir dir helfen.«

Mir brach der kalte Schweiß aus. Ich wusste, wo sich das Kinderkrankenhaus befand, ich wusste, dass Aids die Pest des Jahrhunderts und der Mossad der israelische Geheimdienst war. Das war aber auch schon alles, was ich wusste.

»Holen Sie doch einen Lügendetektor, ich lasse mich gern testen, Sie werden ja sehen, dass ich nichts weiß.«

Darüber lachten sie nur.

»Kinderspiel, mit deiner Ausbildung beim Mossad!«

Der Hund löste sie ab. Er knurrte stets die gleichen Fragen. Ich hatte inzwischen jedes Zeitgefühl verloren. Die Stunden vergingen, ich weiß nicht mehr, wie diese Nacht endete.

Von da an flossen alle meine Nächte unterschiedslos ineinander. Man steckte mich in eine Einzelzelle von ein Meter achtzig auf ein Meter fünfzig. Darin gab es nichts als eine schmutzige Matratze direkt hinter der Tür. Luft und ein schwacher Lichtschein kamen nur durch das Gitterfenster zum Gang herein. Ein Fenster hatte die Zelle nicht. Der Schlüssel, der sich im Schloss drehte, das metallische Geräusch der sich schließenden Tür, das war alles. Am Tag Matratze, in der Nacht Verhör.

Meine Freundin Denka hatte mir einige Zeit zuvor ein Horoskop gestellt und gesagt:

»Du wirst ganz allein eine sehr große Sache bestehen müssen.«

Sie hatte recht gehabt: Ich war vollkommen allein mit Fragen, auf die ich keine Antwort fand.

Als wollte er mich in diesem Gefühl bestärken, brachte mir der Hund einen Zettel, den er an der Tür meiner Wohnung gefunden hatte. Er schleuderte ihn mir ins Gesicht und brüllte mich an:

»Wer ist das?«

Ich las: »Krissy, ruf mich an, wenn du zurück bist. Denka.«

Ich war am Tag nach meiner Verhaftung nicht auf der Station erschienen, und Denka hatte mich gesucht. Ich habe sie nie wiedergesehen.

Ich lag zusammengekrümmt auf der Matratze und atmete den Geruch von Urin und menschlichem Schmutz ein. Langsam, wie wenn man im Halbschlaf daliegt, verstrichen die Stunden – allerdings ohne jeden Erholungseffekt. Unablässig hämmerten die Fragen in meinem Kopf. Von Zeit zu Zeit sah ich die Augen von Salma, der Wärterin, am Guckfenster. Sie durchbohrte mich mit ihren Blicken, als gäbe es da etwas zu entdecken. Sie bespitzelte mich zu jeder Tages- und Nachtzeit; kaum sah ich ihr Gesicht, war es auch schon wieder verschwunden.

Schließlich verdeckte man das Türgitter mit schwarzem Plastik, so dass überhaupt kein Licht mehr in die Zelle drang. Absolute Finsternis.

2

Warum wir?

Ich bin nicht verrückt geworden. Ich habe nicht geweint. Angst hatte ich nun allerdings tatsächlich. Ich versuchte sie mit Entspannungsübungen im Dunkeln abzuwehren. Ich begann hin und her zu laufen, auf engstem Raum natürlich. Für meine Notdurft standen mir eine Pappschachtel und eine leere Milchpackung zur Verfügung. Wenn man mir zu essen brachte, ließ man die Tür fünf Minuten lang einen Spaltbreit offen stehen – mehr Zeit hatte ich nicht, herunterzuschlingen, was ich bekam. Meistens waren es Makkaroni oder Reis, ein winziges Stückchen Fleisch, eine Orange und Brot, alles auf einem Blechteller mit zwei Vertiefungen: eine für das Gericht, die andere für das Brot und die Orange. Ich bekam kaum etwas hinunter. Schon nach wenigen Bissen wollte mein zusammengeschnürter Magen nichts mehr aufnehmen. Das Essen war sicher widerlich, aber ich bemerkte es nicht, ich hatte jeden Geschmackssinn verloren. Unablässig wälzte ich in meinem Kopf dieselben Fragen, versuchte ich, den Faden dieser Geschichte mit der Aidsepidemie zu erhaschen, von der ich so gut wie nichts wusste.

Ich hatte einfach von zu vielen Dingen keine Ahnung, aber selbst, wenn es anders gewesen wäre, es hätte sicher nichts an meinem Schicksal geändert.

Das Folgende bekam ich über den Ursprung dieses Alptraums heraus. Im Sommer 1998 infiltrierten Polizisten in Zivil das Kinderkrankenhaus, die nur ein einziges Ziel hatten: herumschnüffeln. Niemand schenkte ihnen Beachtung.

Im Herbst informierte der türkische Konsul in Tripolis seine bulgarischen Kollegen darüber, dass eine Untersuchung über eine Aidsepidemie im Gange sei und dass die leitenden bulgarischen Mediziner Schwierigkeiten bekommen könnten. Uns warnte jedoch niemand vor – in Bengasi gibt es nicht einmal ein bulgarisches Konsulat …

Am 17. Dezember 1998 betrat Abdul, mein Verhördolmetscher – der mit den bösen Augen, ich habe ihn für mich »den Chemiker« genannt –, zum ersten Mal das Kinderkrankenhaus von Bengasi. Er stellte sich als Arzt aus Tripolis vor. Die Verwaltung trommelte das Personal zusammen. Abdul erklärte:

»Ich bin hier, um das Auftreten von HIV-Infektionen in diesem Krankenhaus zu untersuchen. Falls jemand etwas weiß, soll er es sagen, ich garantiere Anonymität.«

Wer hatte mit ihm gesprochen? Und was hatte derjenige ihm erzählt? Tatsache ist, dass die Polizei im Dezember mehrere Krankenschwestern verhörte und ihnen Fragen über ein kurz zuvor an Aids verstorbenes libysches Kind stellte. Der Chemiker sammelte anonyme Denunziationen jeder Art. Das gesamte Personal war davon betroffen. Die Gerüchteküche brodelte.

Es heißt, in diesem Krankenhaus gehe es zu wie in einem Basar. Jeder kommt und geht, wie er will. In der Besuchszeit dringen die Eltern, schmutzig und staubig wie sie sind, bis in die Behandlungszimmer vor. Niemand, und ganz gewiss nicht die ausländischen Krankenschwestern und Ärzte, können sie daran hindern. Die Leute empfinden es als Beleidigung, wenn man versucht, sie am Betreten irgendwelcher Räume zu hindern, sie fangen sofort an, sich zu beschweren. Es sind in der Vergangenheit zudem gefährliche Gewohnheiten beobachtet worden, die aus Unwissenheit resultieren: Auch Kindern, die gar nicht sonderlich krank sind, werden Atemmasken aufgesetzt. In einer Bevölkerung, in der Hygiene keinen großen Stellenwert besitzt, ist es jedoch nicht einfach, die Sterilität solcher Gerätschaften zu gewährleisten. Drei Inhalationsmasken, lediglich mit Alkohol gereinigt, werden von vierzig Kindern benutzt. Es gibt keine Seife, manchmal nicht einmal Wasser. Und so ist es nicht nur im Kinderkrankenhaus, sondern auch in der Notfallstation Djellah, durch die pro Jahr zwei Millionen Menschen geschleust werden. So stellt man sich den Betrieb eines Krankenhauses in Kriegszeiten vor. Während der Sprechstunden kann manchmal nur mit Hilfe der Polizei eine gewisse Ordnung aufrechterhalten werden. In der Entbindungsstation Djamairia kommen in vierundzwanzig Stunden sechzig Kinder zur Welt. Die Hebammen haben manchmal nicht genug Zeit, zwischen der Durchtrennung zweier Nabelschnüre die Scheren zu wechseln. Unter solchen Bedingungen muss die Niederkunft einer HIV-infizierten Frau zwangsläufig eine Kette von Ansteckungen nach sich ziehen.

Probleme dieser Größenordnung hatten wir im Dialysezentrum des Aouari-Krankenhauses nicht. Doch in all diesen Krankenhäusern herrschte die reinste Anarchie. Da fahren die Leute einerseits dicke Autos und leisten sich luxuriöse Villen, im Gesundheitssystem aber herrschen Chaos und Mangel.

Das erste Alarmzeichen ertönte, als im Dezember 1998 in Bengasi zwei bulgarische Krankenschwestern verhaftet wurden. Der Vorwand war lächerlich. Eltern hatten sich bei der Krankenhausverwaltung beschwert, ihrem Kind sei durch eine Injektion ein Medikament verabreicht worden, über dessen Bedeutung sie sich nicht im Klaren waren. Ein Missverständnis, entstanden aus sprachlichen Verständigungsschwierigkeiten und allgemeinem Misstrauen. Die fragliche Krankenschwester, die kein Arabisch spricht, hatte nicht verstanden, was der Vater sie gefragt hatte.

»Was hast du meinem Kind da gegeben?«

Ihre hilflose Reaktion wurde als Zeichen verstanden, dass sie dem Vater etwas verbergen wollte. Der beschwerte sich, man verhaftete zwei Krankenschwestern, und bei einer Gegenüberstellung auf der Polizeiwache forderte man das Kind auf, die Krankenschwester zu zeigen, die ihm die Spritze gegeben hatte. Ihr Vorname ist Snezhana. Das Kind zeigte auf beide Schwestern.

Die Oberschwester, eine Philippinin, klärte den Fall schließlich auf. Eine Woche nach ihrer Verhaftung waren die beiden bulgarischen Frauen wieder auf freiem Fuß.

Snezhana war im August 1998 nach Tripolis gekommen, sechs Monate vor der Verhaftungswelle, und sehr lange nach Auftreten der Epidemie. Doch in dieser Zeit entdeckte die Untersuchungskommission im Kinderkrankenhaus mehr als zweihundert Fälle von HIV-Infektion. Zwei weitere Krankenschwestern (Nassia und Kalina, die sehr viel später ebenfalls verhaftet wurden), meldeten den Vorfall mit Snezhana und ihrer Kollegin der bulgarischen Botschaft in Tripolis. Sie berichteten einem Botschaftsangestellten am Telefon:

»Die Polizei hat bulgarische Staatsbürger festgenommen. Es muss etwas unternommen werden!«

»Wir drücken für sie die Daumen ...«

Mehr hatte man ihnen dort nicht zu sagen.

In der Botschaft fühlte sich niemand genötigt, etwas über Snezhana zu erfahren, nachdem sie wieder freigekommen war. Und sie selbst meldete sich nicht bei der Botschaft, weil sie das Geschehene für einen alltäglichen Vorfall ohne weitere Folgen hielt.

Und doch war es nichts Gewöhnliches, hatte doch der Provinzstaatsanwalt bei der Freilassung der Krankenschwestern erklärt:

»Es handelt sich nicht um das Problem von zwei oder drei Krankenschwestern. Das gesamte Krankenhaus ist ein Problem, und es ist auch nicht erst heute entstanden, das geht schon seit drei Jahren so.«

Diese Bemerkung hatte allerdings zunächst keinerlei Folgen …

Später bekam Snezhana aber doch Angst. Sie erzählte, sie hätte sich gewünscht, dass ein Botschaftsangehöriger mit ihr Kontakt aufnimmt. Wenn ihr damals jemand empfohlen hätte, das Land zu verlassen, so hätte sie es getan. Sie hätte Unterstützung benötigt, konnte sie doch allein nicht ihren Rückflug finanzieren.

Ihre Verhaftung nannte man später die »Generalprobe« der Hölle, durch die sie dann mit anderen gehen musste.

Der damalige bulgarische Botschafter in Libyen wurde später abberufen, weil er uns nach unserer Verhaftung nicht rasch zu Hilfe gekommen war. Doch nichts kann dieses Versäumnis mehr ausgleichen.

In den letzten Monaten des Jahres 1998 verhaftete man auch philippinische Staatsbürgerinnen, sozusagen versuchsweise. Sie kamen schon nach wenigen Tagen frei und konnten Libyen nach einer Intervention ihrer Botschaft verlassen. Gerüchte besagten, dass ihre Regierung in aller Stille fünfhunderttausend Dollar pro Person für die Freilassung zahlte. Ihre Botschaft gab ihnen ihre Pässe zurück und bezahlte ihnen die Flugtickets für die Heimreise. In diesem Zusammenhang wird klar: Welches Land tut nichts für sein medizinisches Personal in Bengasi? Unseres. Das Heimatland der bulgarischen Krankenschwestern.

Im November desselben Jahres erscheint in einer arabischen Zeitschrift ein Artikel, in dem zornige Eltern berichten, wie ihre Kinder mit dem HI-Virus infiziert wurden. Ihre Vorwürfe richten sich ausschließlich gegen die Leitung der Klinik. Die Verantwortlichen ihrerseits erklären die Epidemie mit dem schlechten Zustand nicht nur dieses einen Krankenhauses, sondern des gesamten Gesundheitssystems in Libyen.

Der Direktor des Kinderkrankenhauses sagt aus:

»Das Krankenhaus benötigt zweitausend Spritzen, aber dafür reicht das Geld nicht.«

Der Leiter der Abteilung für Präventivmedizin stellt fest: »Der Direktor des Djellah-Krankenhauses hat erklärt, er könne den normalen Betrieb seiner Einrichtung nicht aufrechterhalten, wenn er so viele Spritzen ausgebe, wie das Personal verlange. Er müsste dann das Krankenhaus an mehr als einem Tag in der Woche schließen und könnte es höchstens für drei oder vier Tage in der Woche offen halten.«

Der Sekretär des Komitees für Volksgesundheit lässt verlauten: »Dieses Jahr sind zwanzig Millionen Dinar für unseren Haushalt bewilligt worden, aber die Mittel sind immer noch nicht freigegeben. Auf unbestimmte Zeit also bleiben die Krankenhäuser noch ohne Medikamente und sonstige medizinische Hilfsmittel.«

In derselben Erklärung gesteht der Sekretär auch ein, dass er sich ungern der Bevölkerung stellen würde, falls man von ihm verlangte, alle Kranken mit Medikamenten und anderen medizinischen Hilfsmitteln zu versorgen, da er sich dazu aufgrund des finanziellen Defizits nicht imstande sähe.

Er erklärt weiterhin, man könne sich durch den Besuch jeder beliebigen Gesundheitseinrichtung vom miserablen Zustand des Gesundheitssystems überzeugen und dass er selbst solche Besuche scheue, da er wisse, mit welchen Forderungen er dort konfrontiert würde.

Kein Wunder also, dass die Eltern der kranken Kinder an erster Stelle den Sekretär des Nationalkomitees für Gesundheit als Verantwortlichen dieser Tragödie nennen. In zweiter Linie treffen die Vorwürfe seinen Stellvertreter, den Generalsekretär des Komitees für Volksgesundheit. An dritter Stelle den Leiter der Direktion für medizinische Importe beim Nationalkomitee für Gesundheit. An vierter Stelle den Regionalsekretär und die Verantwortlichen für die Gesundheitsversorgung der Stadt Bengasi. Und an fünfter Stelle den Leiter des Krankenhauses und die dortigen Verantwortungsträger.

In den Jahren 1997 und 1998 spricht in Libyen niemand von Aids, diese Krankheit gilt nicht als Gesundheitsproblem. Daher gibt es in den Gesundheitseinrichtungen nicht einmal rudimentäre Vorsichtsmaßnahmen oder Hygienevorschriften, um sich gegen die Epidemie zu schützen.

Die Erklärungen der Spezialisten des Komitees für Volksgesundheit und die Berichte einiger Verantwortlicher belegen dies.

Zwischen dem 27. Dezember 1997 und dem 11. Januar 1999 werden in einem Bericht Mängel in der Ausrüstung mit Sterilisationsgeräten und der Prophylaxe konstatiert. Es fehlt an Personal, das Qualifikationsniveau ist zu niedrig. Im Kinderkrankenhaus gibt es kein Blutanalyse-Gerät; der Apparat, der sich in der zentralen Blutbank befindet, ist kaputt. Es fehlt außerdem an Reaktionsmitteln für Bluttests und es gibt keine festgelegte Methode für einen Aidstest. Außerdem fördern manche Behandlungsmethoden und Verfahren die Übertragung, weil sie nicht in hygienischer Umgebung stattfinden: Injektionen, Operationen, gynäkologische Untersuchungen, Geburtshilfe, das Ziehen von

Zähnen, das Durchstechen von Ohrläppchen, bestimmte Methoden der Behandlung von Hautkrankheiten etc.

Die Entdeckung, dass sich die furchtbare Infektionskrankheit des 20. Jahrhunderts im Kinderkrankenhaus von Bengasi ausgebreitet hat, überfordert die Spezialisten und die libysche Gesellschaft komplett. Die erste Reaktion mancher Ärzte besteht darin, die Mütter zu beschuldigen und das gefährliche Virus damit wie eine gewöhnliche Geschlechtskrankheit zu betrachten. Diese unverantwortliche und unwissenschaftliche Haltung trägt dazu bei, die sozialen Spannungen, die die Epidemie auslöst, nur noch zu vergrößern.

Im Oktober 1998 wird die Regierung über die Situation in Bengasi informiert. Genauer gesagt ist es der Staatssekretär im Gesundheitsministerium Dr. Saad, der Alarm schlägt. In der Folge empfängt Gaddafi persönlich die Eltern der infizierten Kinder. Er verspricht Aufklärung und eine strenge Bestrafung der Schuldigen.

Das persönliche Engagement des Staatsführers klingt wie eine Drohung in den Ohren der Leiter des Gesundheitswesens, der libyschen Experten und all der anderen Männer, die mit der Aufklärung des Problems zu tun haben. Von nun an tun sie alles, um ihre eigene Verantwortung zu vertuschen und den Verdacht in eine andere Richtung zu lenken. Demzufolge wird die These verbreitet, dass die Infektionen nicht durch mangelhafte Hygiene, die Vernachlässigung von Arbeitsvorschriften, die Unfähigkeit der Leiter, den Mangel an Material und Geld verursacht sind – sondern vielmehr das Ergebnis einer geplanten Aktion sind, eines Komplotts. Es geht darum, den Volkszorn Richtung Ausland zu lenken.

Von alldem wusste ich zu jener Zeit nichts. Die Alarmzeichen, die es gab, habe ich nicht miteinander verknüpft. Schließlich war mein Arbeitsplatz zwei Kilometer von dem Kinderkrankenhaus entfernt, in dem die Epidemie auftrat, und ich kannte die dortigen Krankenschwestern nicht.

Also setzte ich mein Leben fort wie immer, arbeitete die Woche über und verlebte sorglose Wochenenden. Ich fuhr zum Strand, ich telefonierte mit meinem Mann, der sich in der Wüste oft einsam fühlte. Ich wartete ungeduldig darauf, dass er endlich Urlaub bekam, ich verbrachte die Abende mit Freunden ... Alles ging seinen gewohnten Gang.

Die Besuche von Dr. Saad, die immer nur eine Viertelstunde dauerten – seine Sauerstoffkur, wie er das nannte –, hörten allerdings mit einem Schlag auf, und ich sah ihn erst an jenem unseligen Abend wieder, als er im Scheinwerferlicht eines zivilen Polizeifahrzeugs auftauchte, begleitet von vier Polizisten in Zivil.

Die Sonderkommission zur Untersuchung der Affäre steht unter der Leitung von General Harb Amer Derbal. Er ist es, der unbedingt den Mossad hinter diesem angeblichen Komplott sehen will. Es ist ein Mann ohne jeden kritischen Verstand, der rasch jene für alle bequeme These von der planvoll herbeigeführten Infizierung akzeptiert und es sich zur Aufgabe macht, ebenso bequeme Schuldige zu liefern. Die er dann umgehend wegzuschließen gedenkt, um mit geeigneten Methoden »Beweise« zu sammeln.

Für das Kinderkrankenhaus ist der 9. Februar ein Tag wie jeder andere, bis zu dem Augenblick, als das Personal zusammengetrommelt wird. Ein anderes Krankenhaus brauche dringend Aushilfspersonal, wird erklärt. Niemand ist beunruhigt, als er in den bereitstehenden Bus steigt. Doch schon sitzen alle in der Falle. Nun braucht man nur noch jene auszusieben, denen man die Schuld in die Schuhe schieben möchte.

Bei den ersten Verhören geht es noch gar nicht um Aids, sondern darum, wie die Leute ins Land gekommen sind – welche Vermittlungsagentur eingeschaltet war, ob Dr. Saad an ihrer Einstellung beteiligt war, was genau sie im Krankenhaus tun etc.

Wir, die bulgarischen Krankenschwestern, bildeten von Anfang an die Zielscheibe. Man wählt schließlich Nassya, Snezhana, Valia, Valentina und mich aus und lässt uns verschwinden. Zdravko ist aAnfangs nicht im Visier; er wird erst später verhaftet, aus dem ganz banalen Grund, dass er mich sucht.

Das erste Verhör von Nassya findet am 11. Februar statt. Der General zeigt ihr unsere Pässe. Bei dieser Gelegenheit hört sie auch zum ersten Mal von mir.

»Ihr seid eine Mafia, ihr seid eine Bande, eure Anführerin ist Kristiyana!«

Er legt die bulgarischen Pässe nebeneinander und wiederholt:

»Mafia!«

Unter denen, die man zur Sonderbehandlung in Einzelhaft gesteckt hat, ist auch Kalina, eine Freundin von Nassya. Sie wurde zwei Tage nach uns unter spektakulären Umständen verhaftet. Der Hund entführte sie auf Befehl des Generals mit einem Hubschrauber aus Bengasi. Mit ihr hat man große Pläne. Die beiden Freundinnen arbeiteten in der gleichen Schicht, und Kalina lebte mit einem Malteser namens Lorenzo zusammen.

Um nicht mit dem »Moralgesetz« des Landes in Konflikt zu geraten, haben sie sich auf das eingelassen, was man in Libyen eine »Polizeiehe« nennt und was nicht mehr ist als eine Bescheinigung, die man sich für einhundert Dinar ausstellen lässt. Kalina kommt am 4. März dank des Einsatzes von Lorenzo frei: Er hat das maltesische Konsulat in Bengasi alarmiert, das umgehend zu ihren Gunsten intervenierte. Zwar ist sie keine maltesische Staatsbürgerin, doch der Druck ihres Partners auf sein Konsulat hat ausgereicht, um sie zu befreien. Kalina lebt heute mit Lorenzo auf Malta, ihr blieb zu ihrem Glück der acht Jahre dauernde Alptraum erspart.

Aus der Massenverhaftung bleiben nach und nach sieben Personen übrig. Alle anderen kommen frei – einigen nimmt man die Pässe ab, so dass sie das Land nicht verlassen können –, und am 4. März 1999 sind es nur noch »die fünf bulgarischen Krankenschwestern«, Ashraf, ein palästinensischer Arzt, und Zdravko, mein Mann.

Isoliert, ohne Beistand, zerschmettert – auserwählt, die Hauptrolle in einem unseligen Drama zu spielen, völlig dem Schicksal überlassen.

Nach einigen Tagen wird Smilian, ein bulgarischer Physiker, entlassen. Er kam ins Visier der Geheimdienste, als im Dezember die ersten fünf Bulgarinnen verhaftet wurden. Er hat Alarm geschlagen, Staub aufgewirbelt. Im Grunde ist er durch seine Rechtschaffenheit und Gewissenhaftigkeit in diese Geschichte hineingeraten. Sechs Monate lang war er stummer Zeuge all der Schrecken und hat versucht, uns zu unterstützen, ohne wirklich etwas für uns tun zu können.

Ich war es, die am häufigsten schrie: »Warum wir?« Nie haben wir herausgefunden, warum und wie ausgerechnet wir als Sündenböcke ausgewählt wurden, noch, wieso ich von Anfang an als die infame Organisatorin eines komplizierten und aberwitzigen Planes galt. Weil ich und mein Mann freundschaftliche Beziehungen zu Dr. Saad unterhielten? Weil ich als Bauernopfer diente, um einen libyschen Arzt reinzuwaschen, der mit dem Gesundheitsministerium in Verbindung stand? Jedenfalls bot ich alle nötigen Zutaten, die sie in ihrer monströsen Polizeiküche benötigten. Der Hund hat mich in den Rang der Anführerin einer weiblichen bulgarischen Mafiabande erhoben, hat mich zu jemandem gemacht, der in der Lage ist, eine Gruppe zusammenzuschweißen. Eine Gruppe, die den finsteren Plan verfolgt, libysche Kinder durch Massenansteckung mit einer Krankheit zu töten.

Um so weit zu kommen, musste man mich zerbrechen, mir meine Ehre nehmen, meine körperliche und seelische Widerstandskraft vernichten – und die anderen überzeugen, dass sie mein Opfer seien.

Doch in meiner schmutzigen Zelle, auf meiner ekelhaften Matratze, alleingelassen im Dunkeln, kann ich lange nach Antworten suchen, ich finde keine. Ich habe bloß ein riesiges Fragezeichen im Kopf: Warum ich? Warum ich? Was habe ich getan?

Es gilt durchzuhalten, abzuwarten, bis sich der Alptraum auflöst, nicht zuzulassen, dass mich die Angst überwältigt und meine Widerstandskraft lähmt. Den Gestank und den Schmutz zu ertragen, auf die Geräusche der Türen zu lauschen, im fahlen Lichtschein aus dem Blechnapf zu essen und fast jede Nacht die Litanei des Generals und des Hundes zu ertragen: Mossad, Mossad, Mossad …

Eine irre Geschichte, ausgeheckt von Irren in einer Welt voller Irrer.

3

Die Wurzeln der Hoffnung

Ich wurde am 12. März 1959 in Sofia, der Hauptstadt von Bulgarien, geboren.

Ich kam in einem Stadtteil zur Welt, der Nadeschda heißt, was so viel wie »Hoffnung« bedeutet. Eine graue, von armen Leuten bevölkerte Hoffnung. Das trübseligste Viertel von Sofia, ganz am Rande der Stadt gelegen.

Wir wohnten in einem Haus mit drei Zimmern. Mein Vater, meine Mutter und ich lebten auf engstem Raum. Ich bin in einem winzigen Zimmer aufgewachsen, ein schmaler Schlauch, der gerade genug Platz bot, um zwei Betten nebeneinander aufzustellen. Meine Mutter hat jahrelang auf eine Garderobe gewartet. Sie verfolgte den Wunsch hartnäckig, und als sie sie endlich kaufen konnte, war sie glücklich. So erfüllte sich meine Mutter ihre bescheidenen Träume einen nach dem anderen.

Sie nähte gern, also sparte sie auf eine Nähmaschine und brachte sich dann selbst bei, wie man damit umgeht. Sie nahm auch private Aufträge an – obwohl dies verboten war. Es gelang ihr, die Konkurrenz im Viertel auszustechen. Doch der Druck der Behörden war zu groß, sie gab es schließlich auf. Ein anderer ihrer Träume war, ein Fahrrad zu besitzen. Sie hat tatsächlich eines gekauft, doch mein Vater verbot ihr aus blanker Eifersucht, damit zu fahren. So bin ich dann auf dem Traum meiner Mutter umhergeradelt.

Ihre eigenen Träume erfüllte sich meine Mutter, meine nicht. Ich war das am schlechtesten angezogene Kind des ganzen Viertels, obwohl sie doch schneiderte. Ich trug meine Kleider so lange auf, bis mit Stopfen und Flicken wirklich nichts mehr zu machen war. Nie bekam ich etwas geschenkt, nicht einmal zu meinem Geburtstag. Zorka, meine Mutter, hielt es für überflüssig, mir eine Freude zu machen. Deshalb richtete sie an Weihnachten auch keinen Tannenbaum her. Wir führten ein graues, erstickendes Leben, wo ich mich doch so nach Farben und Luft sehnte.

Allerdings bemühte sich meine Mutter sehr, mich zu Aufrichtigkeit und Rechtschaffenheit anzuhalten. Und auch zur Hartnäckigkeit. Sie selbst gab niemals auf, ließ sich nie eine Schwäche oder Unfähigkeit anmerken. Situationen ohne Ausweg gab es für sie einfach nicht: Sie ließ sich mit achtundvierzig Jahren scheiden – als sie ein zweites Kind von nur vier Jahren hatte. Der Altersunterschied zu meiner Schwester beträgt zwanzig Jahre. Meine Mutter wollte sich nicht ihr restliches Leben lang von meinem Vater unterdrücken lassen.

Mein Vater war Bauarbeiter. Er war ein gewissenhafter Mann, aber schwach von Charakter. Er trank, und er prügelte, ohne jeden Anlass. Die Atmosphäre in unserer kleinen Behausung wurde für mich unerträglich. Später habe ich verstanden, was meinen Vater quälte. Seine Mutter war sehr früh Witwe geworden, hatte ihre Tochter bei sich behalten, meinen Vater jedoch zu den Großeltern gegeben. Er hatte sich verlassen gefühlt und es seiner Mutter niemals verziehen. Doch als sie älter wurde und ihre Tochter sich nicht mehr um sie kümmerte, wandte sie sich wieder meinem Vater zu, der sie bis zu ihrem Tod aufnahm.

Er starb, als ich im Gefängnis war. Wir haben uns nicht voneinander verabschieden können. Es war sein Wunsch gewesen, dass ich den Vornamen seiner Mutter trage, Kristiyana. Auf den Hochzeitsfotos trägt sie ein Kleid aus Atlas und einen Fuchspelz um den Hals, sie sieht damit aus wie eine Figur aus einem Chaplinfilm. Meine Großmutter stammte vom Land, sie wuchs im Schoß einer wohlhabenden Familie auf, die einen Laden, zwei Gasthäuser und einen Mähdrescher besaß. Das war in der damaligen Zeit ein ansehnlicher Besitz. Nach 1944 – sie war damals schon zum zweiten Mal verheiratet – verlor sie alles durch die Verstaatlichung. Doch das Paar arbeitete fleißig weiter und konnte einen gewissen Wohlstand wahren. Sie besaßen Bienenstöcke, und ihr Mann arbeitete schwarz auf dem Bau. Von meiner Großmutter Kristiyana habe ich die Fähigkeit geerbt, mir eine angenehme Umgebung zu schaffen und meinen Mann zu verwöhnen.

Was meine Sommerferien auf dem Dorf angeht, so erinnere ich mich vor allem an das gute Essen: frisch geschlachtete Hühnchen und Gemüse aus dem Garten. Das schmeckte so gut!

Zu Hause hatte ich nie meine Ruhe, es sei denn, meine Eltern waren nicht da. Ich genoss dann die wohltuende Stille. Dabei gab es auch seltene Augenblicke der Eintracht, in denen alles normal schien. Wenn sich meine Eltern küssten, war ich glücklich – doch das währte nie lange, bald gab es wieder Zank, Ohrfeigen, Vorwürfe, Erniedrigungen. Bis sich meine Mutter schließlich scheiden ließ. Als ich dann selbst heiratete und einen Sohn bekam, betrachtete ich meine kleine Schwester Eliana wie mein eigenes Kind. Ich nahm sie mit in den Urlaub, ich kaufte ihr, was sie gern mochte, ich versuchte, ihr etwas beizubringen. Ich wollte ihr geben, was meine Mutter ihr aus Gedankenlosigkeit nie hätte geben können. Ich wollte nicht, dass es ihr wie mir erging, dass sie wie ich in schlimmen Momenten aus dem Haus lief, hinaus in den Schnee, barfuß. Es waren meine Eltern, vor denen ich in die Kälte floh – ich fror auch im Herzen.

Mit siebzehn zog ich wegen der dauernden Streiterei, des Geschreis und der Trinkerei, all der typischen Begleiterscheinungen der Armut, zu Hause aus und heiratete. Ich erinnere mich nicht, dass ich in meinen Mann verliebt gewesen wäre. Wir lernten uns ein Jahr vor meinem Abschluss kennen, wir waren zusammen in der Theatergruppe der Schule. Wenn ich Gedichte rezitierte, saß er im Publikum. Er war zwei Jahre älter als ich, der erste Mann in meinem Leben. Mit ihm würden meine Leiden enden, so hoffte ich, doch es begannen neue. Ich geriet in eine noch größere Misere als die meiner Kindheit.

Ich zog mit ihm in das Dorf seiner Eltern und wohnte dort mit seiner Mutter, seinem Vater und seinem geistig behinderten Bruder zusammen. Es ist ein ärmliches Dorf im Süden von Bulgarien an der Grenze zu Griechenland, am Fuß eines Berges gelegen, mit herrlich klarer Luft. Ein kleiner Bach fließt durch das Dorf, und es ist von Wäldern und Kastanienhainen umgeben.

Es war ein kleines Ziegelsteinhaus, in dessen oberem Stockwerk wir uns in einem Zimmer einrichteten. Das Haus gehörte der Gemeinde – die Familie erhielt ein wenig Sozialhilfe. Der Vater arbeitete nicht, die kranke Mutter war Rentnerin. Sie kamen mit wenig aus, Gemüse lieferte ein kleines Gärtchen, und einmal im Monat hatten sie Anspruch auf eine Ration Fleisch. Ich erinnere mich an eine Ziege, die der Gemeindeschäfer am Morgen lebendig mitnahm und am Abend geschlachtet zurückbrachte. Die Armut war noch drückender als in Sofia – das Haus war winzig, der Boden bestand nur aus gestampftem Lehm, und im Garten stand ein Toilettenhäuschen. Man wusch sich mit kaltem Wasser auf dem Hof.

Dort heiratete ich in einem Oktober. Ich hatte ein weißes Kleid, ein richtiges Brautkleid aus Crêpe Georgette, das mir eine Cousine lieh. Dazu trug ich einen langen Schleier über meinen zu einem Knoten aufgesteckten Haaren und einen kleinen Kranz aus weißen Blumen, künstlichen allerdings.

So war ich auf dem Dorf in einem primitiven Haus gelandet, im Bett eines Mannes, den ich im Grunde nicht kannte. Ein armer, kümmerlicher Mensch, der kaum für sich selbst sorgen konnte, geschweige denn, dass er in der Lage gewesen wäre, mir zu helfen. Das war nicht der große, intelligente Mann, an dessen breite Schultern ich mich anlehnen und auf den ich zählen konnte – er sah nur groß und stark aus. In Wirklichkeit war er schwach und unbeholfen. Schließlich musste ich zudem entdecken, dass er unter krankhafter Eifersucht litt.

Einige Monate später arbeitete ich in der Kinderkrippe des Dorfes. Ich wünschte mir auch ein Kind, und bald schon kündigte sich eines an.

Mein Lebensweg, so viel stand fest, mochte durch dieses Dorf führen, enden würde er hier nicht. Nach einem Jahr kehrten wir nach Sofia zurück. Da dies noch vor der Scheidung meiner Mutter war, fand ich mich in jener erstickenden Atmosphäre wieder, der ich hatte entfliehen wollen. Wir wohnten in einem winzigen Zimmer, das an das Schlafzimmer meiner Eltern grenzte.

Meine Eltern sahen wohl, dass ich nicht glücklich war, halfen mir aber nicht. Im Gegenteil, ständig hagelte es Vorhaltungen, was ich alles falsch gemacht hätte. Ich bekam weder praktische noch seelische Unterstützung. Sogar die Möbel nahmen meine Eltern aus dem kleinen Zimmer, ich besaß gar nichts. Sie wollten mich dafür bestrafen, dass ich mein Zuhause verlassen hatte und ins Unglück gerannt war. Eine Freundin schenkte mir eine Matratze. Als ich nach der Entbindung mit dem Baby in die Wohnung zurückkam, ließen meine Eltern uns völlig links liegen. Unsere Schlafzimmer grenzten aneinander, aber wir waren uns so fremd, wie man es überhaupt nur sein kann. Nur mein Vater warf von Zeit zu Zeit einen Blick ins Zimmer, heimlich, und auch das hauptsächlich wegen seines Enkels.

Doch ich hatte einen Schulabschluss und ich konnte damit etwas anfangen, beispielsweise Sekretärin werden. Begonnen hatte ich meine »Karriere« allerdings in einer Firma, die für die staatliche Textilreinigung Bettzeug bügelte. Acht Stunden am Tag stand ich im Dampf der Bügelpressen. Als mein Bauch schließlich zu groß wurde und ich es in dieser erstickenden Atmosphäre nicht mehr aushielt, setzte man mich als Urlaubsvertretung für die Sekretärin des Direktors ein.

Mein Mann war eifersüchtig und despotisch. Er hatte kein Verständnis dafür, dass ich etwas lernen wollte. Ich sollte zu Hause bei dem Kind bleiben, auf der Matratze, praktisch unserem einzigen Besitz. Er wollte es nicht dulden, dass ich etwas unternahm, auch wenn er selbst unfähig war, uns ein normales Leben zu sichern. Nach der Geburt arbeitete ich in der Annahme einer Reinigung. Er postierte sich stundenlang vor der Eingangstür und spionierte mir nach. Schließlich kam es zu peinlichen Szenen und zu Streitereien. Er bildete sich beispielsweise ein, irgendein Kunde hätte mich zweideutig angesehen. Oder er verhörte mich regelrecht über mein Verhältnis zu Leuten, an die ich mich nicht einmal erinnern konnte. Dauernd hielt er mir einen neuen, völlig aus der Luft gegriffenen Flirt vor. Es war einfach nicht auszuhalten. Die Ehe mit mir hätte die Chance seines Lebens werden können, doch er nutzte sie nicht.

Mit zwanzig reichte ich die Scheidung ein. Die Trennung war bereits eingeleitet, als wir mit unserem Sohn in ein staatliches Ferienheim fuhren. Eines Abends ging mein Mann zum Kartenspielen. Ich legte den Kleinen schlafen und gesellte mich zu einer Gruppe junger Leute im Nachbarzimmer. Sie machten Musik, es war lustig, es herrschte Urlaubsstimmung … Ich sehnte mich so nach ein wenig Fröhlichkeit! Mein Mann machte gleich wieder einen Skandal daraus. Er zerrte mich in unser Zimmer und schrie mich an:

»Du lässt unser Kind allein und gehst dich amüsieren?«

»Er hat geschlafen, und ich brauchte etwas Abwechslung.«

Darauf hatte ich seiner Ansicht nach kein Recht. Er packte mich am Hals und versuchte mich zu erwürgen, was ihm auch fast gelungen wäre. Ich bekam schon keine Luft mehr, als es mir zum Glück gelang, ihn mit aller Kraft von mir wegzustoßen und mit dem Kind auf den Armen aus dem Zimmer zu fliehen. Mit einem Taxi fuhr ich zurück nach Sofia.

Ich verlangte von ihm keinen Unterhalt für das Kind und erlaubte ihm selbstverständlich, es zu besuchen. Oft ist er nicht gekommen, aber das konnte ich nicht ändern.

So habe ich meinen Sohn ganz allein erzogen, was nicht einfach war. Er wurde krank, und man stellte fest, dass er unter einer Glutenallergie litt. Ich musste sehr auf seine Ernährung achten – ich habe ihn behütet, mich unablässig um ihn gekümmert.

Ein Jahr nach unserer Scheidung hatte sein Vater einen Verkehrsunfall. Er saß am Steuer eines Lastwagens, in den ein PKW prallte. Es gab Tote. Ihn traf keine Schuld: Er war mit dem Lastwagen langsam gefahren und hatte abgebremst, um die Kollision mit einem entgegenkommenden Fahrzeug zu vermeiden. Trotzdem wurde er zu viereinhalb Jahren Gefängnis verurteilt. Ich war die Einzige, die ihn dort besuchte. Trotz aller erlittenen Demütigungen war er der Vater meines Kindes.

Ich bekam die Zulassung für die Krankenschwesternschule und absolvierte die Prüfungen mit Leichtigkeit, ohne viel dafür lernen zu müssen. Ich folgte lediglich den Kursen aufmerksam. Die Lehrkräfte mochten mich – und zwar nicht bloß die Männer. Eine Lehrerin sagte einmal zu mir:

»Du wirst sicher eines Tages Oberschwester und heiratest einen Arzt.«

Gute Vorhersage!

Als ledige Mutter bekam ich ein Stipendium von hundertzwanzig Lewa, womit ich jedoch kaum über die Runden kam. Meine Mutter verweigerte mir weiterhin hartnäckig jede Hilfe. Es erforderte lange Verhandlungen, ehe sie bereit war, sich um den Kleinen zu kümmern. Von sich aus hätte sie es mir nie angeboten. Ich war bereits geschieden, als ich Treppenhäuser zu putzen begann, um etwas dazuzuverdienen. Wenn ich sparte, so dachte ich, konnte ich mir schöne Dinge kaufen. Von meinem ersten Gehalt leistete ich mir einen Plattenspieler und ein paar Schallplatten.

Ich war glücklich. Auch ich konnte mir meine Träume verwirklichen. Zu jener Zeit führte man in Bulgarien ein ruhiges Leben in vorgezeichneten Bahnen: Man machte eine Ausbildung, danach kam die Arbeit. Ein totalitäres Regime versteht es, das Auskommen seiner Bürger zu sichern, für ihre Gesundheit und für Zufriedenheit auf bescheidenem Niveau zu sorgen. Wenn man nicht gerade ein Regimegegner war, konnte man unter diesen Umständen wunderbar leben.

In den achtziger Jahren verlief das Leben normal, sogar eher gut, solange man nicht zu viel nachdachte und sich nicht mit dem Regime anlegte. Eva, meine engste Freundin, tadelte mich oft wegen meiner frühen Heirat. Ihrer Ansicht nach hätte ich studieren sollen. Eva war hinrcißend schön, intelligent, gebildet, und ich erwartete viel von ihr: Ich stellte mir vor, dass sie Professorin würde. Doch dazu fehlte ihr der Ehrgeiz. Für sie war alles so einfach, dass sie nirgends scheitern konnte. Ich dagegen hatte mich geirrt und den Fehler begangen, zu früh zu heiraten.

Eva kam nicht immer mit ihrer Schönheit zurecht. Auf der einen Seite unterstrich sie ihr Aussehen, auf der anderen Seite wich sie den Männern aus. Sie genoss es, dass ihr alles zuflog, weil sie schön war, andererseits ertrug sie es nicht, bloß für ein hübsches Mädchen gehalten zu werden. Sie setzte es sich in den Kopf, einmal in einem Museum zu arbeiten, und begann zu studieren. Sie war es zufrieden, wenn sie für sich allein zu Hause sein konnte, umgeben von Seneca, Platon und Goethe; mir reichte das nicht. Uns beide einte die Tatsache, dass wir in dieser gleichförmigen Gesellschaft zu den Unzufriedenen gehörten. Deshalb versuchten wir Leute kennenzulernen, die ein bisschen offener waren und über einen weiteren Horizont verfügten.

Ich war zweiundzwanzig, als ich meine Ausbildung an der Schwesternschule beendete. Ich wollte in einem angesehenen Krankenhaus arbeiten, so einem wie dem von Sofia. Doch es gelang mir nicht, dort eine Stelle zu finden, also blieb ich zu Hause. Ich hatte einen kleinen Sohn, ich war geschieden, deshalb war ich nicht gezwungen zu arbeiten. Allerdings bereitete die Krankheit meines Sohnes auch finanzielle Probleme. Im Alter von anderthalb Jahren konnte er die meisten Sachen nicht mehr essen. Seine Ernährung war sehr, sehr teuer: Er vertrug kaum etwas anderes als Kalbfleisch, Hühnchen und Fisch. 1980 gab es in Bulgarien hauptsächlich fünf Lebensmittel: Utenitsa, eine Paste aus Paprika und Piment, Knoblauchwurst, halbtrockenen Wein, Joghurt und Käse. Der Joghurt bildete oft das Hauptgericht. Von glutenfreien Lebensmitteln hatte man noch nie gehört. Eine Freundin erzählte mir, dass es in Deutschland glutenfreies Mehl gebe, aber eine einzige Packung kostete damals fünf Deutsche Mark. Es war verboten, Devisen zu tauschen, und auf dem Schwarzmarkt kostete eine Deutsche Mark bis zu zehn Lewa, bei einem Durchschnittsgehalt von hundertzwanzig Lewa. Ich musste mir etwas einfallen lassen, um meinem Sohn helfen zu können.

Ich lernte einen zwanzig Jahre älteren Mann kennen, der über erhebliche finanzielle Mittel verfügte. Dank ihm konnte ich drei Jahre lang ein sorgenfreies Leben führen und meinem Sohn die Diät finanzieren, die er benötigte. Der Mann, mit dem ich das Bett, aber nicht das Leben teilte, war der unvermeidliche Kompromiss. Es kostete mich nicht viel, doch Liebe war es nicht. Immerhin konnte so ich meinen Sohn ernähren, mir die schönen Kleider kaufen, von denen ich immer geträumt hatte, mir hübsche Möbel anschaffen und Konzerte besuchen. Ich konnte es mir leisten, mit meinem Sohn in Ferien zu fahren und sogar Auslandsreisen zu unternehmen.

Es war ein ausgeglichenes Geben und Nehmen. Ich bekam eine finanzielle Unterstützung, und der Mann erhielt dafür die Gegenwart einer Frau. Er wohnte allein; von seiner Arbeit sprachen wir nie, ich wollte ihn nicht mit unnötigen Fragen belasten. Er besaß ein Tonbandgerät und eine Stereoanlage, bewohnte eine Vierzimmerwohnung im Zentrum von Sofia und fuhr einen Mercedes … Er führte ein Leben, wie die meisten Menschen in Bulgarien es erst zwanzig Jahre später kennenlernen sollten.

Nach meiner Scheidung hatte ich begriffen, wie ich mit den Männern umgehen musste. Meine Mutter und meine Großmutter hatten die Ehe als Hölle erlebt – mit diesem Vorbild hatte ich gebrochen. Ich hatte meinen Mann verlassen und mir eine Existenz nach meinen eigenen Regeln aufgebaut. Ich vermied es, mich zu verlieben, ich war viel zu sehr mit meinem Sohn beschäftigt, um einem solchen Gefühl Raum geben zu können. Ich wollte es auch gar nicht. Ich hielt mich an das Versprechen, das ich mir gegeben hatte. Ich wollte nicht mehr leiden, nicht mehr zwischen extremen Gefühlen hin- und hergeworfen werden, an einem Tag liebkost werden, am nächsten geschlagen … Ich schleppte schon genug mit mir herum. Ich wollte mich an niemanden mehr verlieren. Ich versuchte das richtige Maß an Selbstkontrolle zu erreichen, jenes, aus dem Selbstvertrauen erwächst. Stein für Stein errichtete ich eine Mauer, die mich vor jedem Gefühl schützte – niemand sollte mich mehr erreichen können, für den Rest meines Lebens. Vielleicht gibt es auch andere Methoden, sich zu schützen, ich kannte nur diese.

Eines wusste ich jedoch genau, ich strebte für mich einen anderen Lebensweg an. Ich kann mich nicht erinnern, früher jemals eine große, starke Liebe erlebt zu haben, eine, in der man sich vergisst, bei der man ganz und gar in die Gefühle des anderen eintaucht.

Meine Seele blieb jungfräulich, mein Herz verschlossen.

Hatte ich den Schlüssel dazu ins Meer geworfen, damit ihn niemand mehr fand? Ich weiß es nicht. Was ich jedoch weiß, ist, dass ich mich mit dieser Selbstkontrolle wohl fühlte.

In meinen Liebesaffären verhielt ich mich eher wie ein Mann. Ich schuf die Illusion, die mein Liebhaber brauchte, ich gab ihm das Gefühl, einzigartig zu sein, bezeugte ihm Respekt, schmeichelte seinem Ego. Anschließend ging ich, ohne dass es mich wirklich berührt hätte.

Ich lenkte die Männer, ich zog sie an, ich tändelte mit ihnen.

Das Lachen war stets mein größter Trumpf im Umgang mit den Männern. Ich suchte keine tiefen Gespräche, ich tat unkompliziert und umgab mich mit einer Atmosphäre von Leichtigkeit. Schnell hatte ich verstanden, dass die Männer intelligenten Frauen misstrauen, und gelernt, wie man ihnen etwas vormacht. Ich gab ihnen, was sie suchten. Ohne mich dumm zu stellen, betonte ich meine anderen Qualitäten: meinen unbeschwerten Charakter und meine Art, das Leben auf die leichte Schulter zu nehmen.

Ich las viel, und wenn sich Gelegenheit bot, konnte ich auch mit meinen Kenntnissen glänzen. Doch oft geschah das nicht.

Niemals, unter keinen Umständen, wurde ich laut. Ich hörte dem jeweiligen Mann stets aufmerksam zu, selbst wenn mich nicht interessierte, was er erzählte. Und ich erteilte keine Ratschläge, wenn ich nicht darum gebeten wurde.

Ich hatte auch verstanden, wie wichtig es ist, schön zu sein, sich gut zu kleiden. Ich, die Tochter von Zorka, die keinerlei Gefühl und Interesse für die Frau in sich hatte, ging jeden Monat zur Maniküre und Pediküre und einmal die Woche zum Friseur. Ich verschaffte den Männern das stolze Gefühl, eine schöne Frau an ihrer Seite zu haben.

All das habe ich ganz allein gelernt. Meine Mutter entledigte sich ihrer Pflicht, mich aufzuklären und anzuleiten, indem sie mir in der Pubertät einfach eröffnete, dass ich nun jeden Monat meine Regel haben würde, was bedeute, dass ich in der übrigen Zeit aufpassen müsse, nicht schwanger zu werden. Ich mag ihr manches verdanken, sicher aber nicht das Gefühl, eine Frau zu sein. Eine erfolgreiche Frau, das war in meinen Augen eine, die arbeitete, die gut angezogen war und einen guten, ebenfalls erfolgreichen Mann an ihrer Seite hatte. Ich wollte all das haben, was es bei mir zu Hause nicht gegeben hatte, und zwar möglichst viel davon. Was mir dazu noch fehlte, war der passende Mann. Ich habe nicht direkt nach ihm gesucht, ich war mir sicher, er würde irgendwann auftauchen. Ich probierte manchen aus, verwarf viele und hatte keine Angst, es immer wieder aufs Neue zu probieren.

Vielleicht war ich kühner, als es die damalige Zeit erlaubte.

In der grauen Epoche der sozialistischen Moral, in der alle in denselben billigen Kleidern herumliefen und in der es in den Läden lediglich Schminke der Marke *Aroma* zu kaufen gab, führte ich ein buntes Leben. Ich zeigte, dass ich anders war. Ich wusste auch, dass die Welt nicht an der jugoslawischen Grenze endete, und ich interessierte mich dafür, was jenseits des Eisernen Vorhangs passierte. Ich wollte die Welt und ihre Freuden kennenlernen.

Mein Verhältnis zu besagtem wohlhabenden Mann wurde in beiderseitigem Einverständnis gelöst. Wir trennten uns Ende 1984, und ich trat meine erste Stelle als Krankenschwester in der Poliklinik Nr. 48 an. Die Gesundheit meines Sohnes hatte sich inzwischen erheblich gebessert, ich brauchte nicht mehr so viel zusätzliches Geld für seine Nahrung. Deshalb kam ich finanziell jetzt allein zurecht. Ich wollte noch viel lernen, und Arbeit schreckte mich nicht, selbst wenn es jeden Morgen dreißig Patienten zu versorgen galt. Alles andere war mir nicht so wichtig.

Zwei Revuetheater gab es damals in der Hauptstadt, eines im japanischen Hotel und eines im Hotel Sofia. Die Vorstellungen dort waren eher langweilig, zogen aber dennoch viel Publikum an, weil sonst nichts angeboten wurde. Ich studierte das Programm, als wäre es das des Broadway, und sah dort zum ersten Mal die Stars des Varietés, die man sonst nur aus dem Fernsehen kannte.

Diese beiden Bars waren die einzigen, an denen man die Stars bei einem Glas Whisky live hören konnte. Ein einfacher Whisky kostete fünf Lewa. Brot kostete damals dreißig Stotinki, eine Fahrkarte für die öffentlichen Verkehrsmittel fünf Stotinki, ein Kilo Käse 2,40 Lewa, ein Kilo Schweinefleisch 2,80 Lewa. Kaum jemand verfügte also über das Einkommen, solche Lokale zu besuchen. Ich hatte damals eine Freundin, Nelly, deren Liebhaber uns alle Türen öffnete. Dank der beiden ging ich öfter aus als die meisten Bulgaren. Nellys Freund war ein Pokerspieler, der das Nachtleben von Sofia kannte und wusste, wo etwas los war. Doch eines Tages heiratete er eine Französin und ging mit ihr nach Paris. Nelly heiratete einen Schweizer und verließ ebenfalls das Land. Ich blieb allein zurück. Die Ehe mit einem Ausländer war für viele Bulgaren die einzige Möglichkeit, der tristen Realität zu entkommen.

Die Menschen lebten damals sehr kärglich und bei Kerzenlicht. Stromsperren waren an der Tagesordnung; auf drei Stunden Strom am Tag konnte man sich verlassen, wenn man Glück hatte, gab es eine mehr. Witze kursierten: »Tropfen auf Tropfen ergibt einen See. See auf See ergibt einen Staudamm. Staudamm auf Staudamm ergibt ein Wasserkraftwerk. Wasserkraftwerk auf Wasserkraftwerk ergibt ein Atomkraftwerk. Atomkraftwerk auf Atomkraftwerk ergibt eine Kerze.« Wer ein wenig aus der Masse herausstechen wollte, wurde rasch auf den Boden der tristen Realität zurückgeholt – und vor allem durfte man nie versuchen, über einem Parteimitglied zu stehen.

Kriminalität gab es damals überhaupt nicht: Die Angst vor der Polizei war allgegenwärtig, und wenn doch etwas passierte, so erfuhr die Öffentlichkeit davon nichts. Alle Medien waren in den Händen der Kommunistischen Partei, die auch die Nachrichten dominierte: Stets ging es um die Erfüllung des Vierjahresplans und die Fortschritte auf unserem Weg in eine glänzende Zukunft.

Alles Schöne, das in unserem Land hergestellt wurde, wanderte ins Ausland. Wir selbst trugen nur unmodische Kleider und standen für Bananen und Orangen an. Geistige Nahrung in Form von Büchern und Opern gab es wohl, aber die Bäuche blieben leer. Aber selbst die geistige Nahrung stand unter strenger Kontrolle – manche Filme ließen die Zensoren nie in die Kinos.

In all dieser Tristesse war ich immer auf der Suche nach etwas frischerer Luft und ein wenig Farbe, und ich fand sie auch. Aber viel war es nicht: zwei Bars, drei Restaurants mit gezwungenermaßen wenig abwechslungsreichen Speisekarten, und Korikom, das Kaufhaus, das einen Hauch Westen versprach: Hier zahlte man mit Devisen, unerreichbar für neunundneunzig Prozent aller Bulgaren. Wer im Ausland gearbeitet hatte, konnte hier mit Devisengutscheinen zahlen, die zu einem sehr ungünstigen Wechselkurs ausgestellt wurden. Echte Devisen zu besitzen war verboten. Den Schwarzmarkt kontrollierten die damals in Bulgarien sehr zahlreichen Vietnamesen. Alles in Bulgarien lief zu der Zeit nur über Beziehungen. Ein Dollar kostete drei Lewa, man gab die eingetauschten Dollar jemandem, der das Recht hatte, im Korikom einzukaufen, und der besorgte einem Schokoladentafeln, Schokoladeneier, ein Bügeleisen, eine HiFi-Anlage – solche Qualitätsware fand man sonst nirgends. Nur wenige hatten solche Dinge zu Hause. Ein Tonbandgerät oder eine Stereoanlage waren bedeutende Statussymbole. So gesehen hatten es die Fernfahrer am besten und natürlich die Familien der Parteielite: Sie besaßen all das und fragten sich nie, warum die anderen jahrelang auf den Kauf eines Lada warteten. Sie wussten nicht einmal, dass man mit einer Wartenummer Schlange stehen musste, wenn man einen Farbfernseher kaufen wollte. Tage und Nächte standen die Menschen vor dem größten – und einzigen – Kaufhaus von Sofia Schlange. Wollte man Kalbfleisch haben, so musste man die Verkäuferin kennen und ihr etwas zum Tausch anbieten, an das sie sonst nicht herankam. Wenn ich beispielsweise meinem Sohn die Zeitschrift *Pif* kaufen wollte, musste ich der Zeitungshändlerin einen Gefallen tun. Der Tauschhandel stand in voller Blüte, wie in vorgeschichtlicher Zeit.

Einmal gewann ich im Lotto – dem einzigen vom Staat

organisierten und somit legalen Glücksspiel. So konnte ich mir endlich auch einen Fernseher leisten. Ich hatte den Schein gemeinsam mit einer Freundin abgegeben, wir teilten uns den Gewinn: Sie kaufte sich auch einen Apparat.

Abgesehen von kleinen, sehr, sehr seltenen und sehr kurzen Ausflügen in die »schöne weite Welt« im Umfeld meiner Freunde führte ich ein eintöniges Leben, das aus der Poliklinik, meiner Wohnung und meinem Sohn bestand. Bis zum Februar 1985, als ich während einer Nachtwache zum ersten Mal Zdravko begegnete.

Er war sehr selbstbewusst, hatte runde blaue Augen, lange Wimpern und rote Wangen. Ein wenig Schminke hätte genügt, und er hätte jeden Clown ersetzen können. Dadurch wirkte er eher wie ein Fernsehkomiker als wie ein Arzt. Anfangs machte er sich immer über meinen ernsten Gesichtsausdruck lustig.

Zunächst sah ich ein wenig auf ihn hinab. Er sprach Dialekt und trat für meinen Geschmack ein wenig zu forsch auf. Ein richtiger Bauer eben. Stets kam er ins Zimmer, ohne anzuklopfen. Eines Tages fragte ich ihn, wo er denn sein Stethoskop gelassen habe, und er entwaffnete mich mit der Antwort: »Brauche ich nicht, ich bin ein Kräuterheiler.«

Er hatte einen erfrischenden Humor, und trotzdem vergaß ich ihn bald wieder. Er war einfach nicht mein Typ …

Monate später führte uns das Leben erneut zusammen. Jeden Sommer verpflichtete der Staat die Studenten zu kostenloser Erntehilfe. Sie zogen in Brigaden aufs Land, und es war eine Brigade des Gesundheitsdienstes, in der ich Dr. Zdravko Gorgiev wiederbegegnete.

Schon am ersten Tag sagte er zu mir:

»Genau dich brauche ich.«

Das ärgerte mich. Ich beschloss, ihn während der kommenden zwei Wochen links liegen zu lassen. Er hatte die Zimmerverteilung übernommen und arrangierte es ohne Rücksprache mit mir so, dass sein Schlafzimmer als Wohnzimmer diente und wir beide in meinem Zimmer schlafen würden. Ich habe nicht protestiert, es standen immerhin zwei Betten darin. Noch am gleichen Abend, ich war schon eingeschlafen, schlüpfte er in mein Bett.

»Was soll das werden?«

»Ich habe vergessen, dir zu sagen, dass ich nicht allein einschlafen kann.«

»Gut, aber warum bist du nackt?«

»Ich habe eine Schlafanzug-Phobie.«

Er war wirklich entwaffnend. Man konnte ihm einfach nicht böse sein. Er benahm sich so natürlich, dass man gar nicht auf die Idee kam, sich über ihn aufzuregen.

An diesem Abend schliefen wir wie Bruder und Schwester nebeneinander, danach entwickelte es sich anders.

Zdravko fing an, mir von seinen Eltern und seinen Freunden zu erzählen und mich in alle seine Pläne einzuweihen. Ich wehrte mich nicht dagegen, aber ich lag auch nicht auf der gleichen Wellenlänge: Ich amüsierte mich über seine Scherze, ging aber davon aus, dass er nach diesem Brigadeeinsatz wieder aus meinem Leben verschwinden würde. Für mich war es nur ein Abenteuer … Doch es ist anders gekommen. Am Tag der Abreise gab er mir seinen Wohnungsschlüssel.

»Ich erwarte dich am Samstag.«

Ich ging am Sonntag hin. Zdravko hatte seit vierundzwanzig Stunden nicht das Haus verlassen, um mich nicht zu verpassen. Seit diesem Tag leben wir zusammen, zweiundzwanzig Jahre lang. Ich fühlte mich bei ihm geborgen, ich konnte ihm in allem vertrauen. Ich gestand ihm, dass ich gute und schlechte Seiten hätte, ich wollte, dass er mich kennt, wie ich bin, und mich akzeptiert. Er war sehr verantwortungsvoll, er sorgte für meinen Sohn genauso wie für mich. Er war und ist kinderlieb, und im Grunde blieb er in meinem Leben, weil er gut mit meinem Sohn zurechtkam. Er kaufte ihm die gleichen Geschenke wie seinem eigenen Sohn, und die beiden verstanden sich prächtig. Zdravko weiß, wie man das Herz von Kindern erobert. Er kannte keine Scheu, Kinder zu küssen und zu umarmen, niemals, gleich welche Krankheit sie hatten. Oft habe ich zu ihm im Scherz gesagt:

»Du hast den Mund voller Kinderkrankheiten!«

Jemand, der mit ihm in Mosambik gearbeitet hatte, erzählte von ihm:

»Dort unten sah man Kinder, die voller Schleim waren und so schmutzig, dass man sie kaum noch erkennen konnte. Er hat sie gewaschen, sie in saubere Laken gehüllt und geküsst. So machte er es mit all den Kleinen, auch solchen, bei deren Anblick man einen richtigen Schreck bekam. Er hat ihnen Liebe gegeben.«

Das Charmanteste an ihm ist immer sein Humor gewesen, seinetwegen war er allseits beliebt. Auch die ernstesten Situationen vermochte Zdravko mühelos mit einem Scherz aufzulockern. Mit ihm habe ich gelernt, was es heißt, Tränen zu lachen, zu lachen, bis man Bauchschmerzen bekommt. Er hat mir gezeigt, was echte Unbekümmertheit ist.

Er stellte mich seinen Verwandten, seinen Eltern, seinen Freunden vor, er hat mich sozusagen gezähmt. Ich las ihm Gedichte oder aus *Der kleine Prinz* vor, und an den Stellen, die er auswendig konnte, fiel er ein. So kehrte endgültig die Farbe in mein Leben zurück, und ich begann zu glauben, den Mann gefunden zu haben, mit dem ich bis ans Ende meines Lebens zusammensein wollte.

Wir unternahmen Wanderungen in den rumänischen Karpaten. Damals war Rumänien noch viel ärmer als Bulgarien. An der Schwarzmeerküste kamen wir uns wie Touristen aus dem Westen vor. Für kaum mehr als eine Schachtel Zigaretten konnte man dort in den besten Restaurants essen gehen. In den Karpaten trafen wir auf Holländer und Deutsche mit luxuriösen Reisemobilen, wie wir sie noch nie gesehen hatten.

Zdravko arbeitete viel, er übernahm zusätzliche Schichten, um ein wenig mehr Geld zu verdienen. Außerdem versuchte er nebenbei alle möglichen kleinen Geschäfte, um dem grauen Alltag ein wenig Farbe abtrotzen zu können. Das führte zu Ausflügen bis nach Jugoslawien, wo sich bulgarische Instrumente, aber auch Kleider gut verkaufen ließen. Nach zwei Tagen im »Koffergeschäft«, wie man es nannte, kam er mit hundertfünfzig Deutsche Mark zurück, was damals sehr viel Geld war.

So lebten wir bis zur politischen Wende. Dann kamen die Demokratie und das Ende des Sozialismus. Das Warten auf die strahlende Zukunft war vorbei. Am 10. November 1989 arbeitete ich in Sofia im Krankhaus Nr. 1 auf der Station für Innere Medizin. Es war ein Tag wie jeder andere, abgesehen von dem, was die Nachrichten vermeldeten. Es war kaum zu fassen: Der totalitäre Todor Schiwkow trat ab. Schiwkow hatte immer ausgesehen, als stünde er unter Drogen, den Mund leicht geöffnet, was ihm ein dümmliches Aussehen verlieh … fünfunddreißig Jahre war er an der Macht gewesen, nun hatten seine Getreuen einen Staatsstreich angezettelt. Draußen war es bitterkalt, doch es lag Hoffnung in der Luft, wenn wir abends zu den Versammlungen gingen.

Im Juni 1990, vor den ersten demokratischen Wahlen, gab es in Sofia eine Demonstration, an der eine Million Menschen teilnahmen. Man skandierte Slogans, forderte Veränderungen und einen Neuanfang. Wir alle wussten nicht, was die Zukunft bringen würde, aber es konnte nur besser werden. Doch es wurde nicht besser.

Ein Freund von Zdravko machte einen Zigarettenladen auf. Zdravko half ihm und erhielt ebenfalls eine Kommission. Wie so viele war auch er das karge Leben leid. Brot, Mehl, Zucker, Speiseöl, alles war rationiert. Um Joghurt und Milch musste man stundenlang anstehen. Der Winter war kalt und finster, man hatte Geld, konnte aber nichts kaufen. Nur Salz und Essig bekam man auch ohne Schlangestehen. War man irgendwo eingeladen, so brachte man keine Blumen mit, sondern etwas zu essen.

Zdravko arbeitete in der Notfallstation des Viertels und half aller Leute Kinder. Dank ihm hatten wir wenigstens ein bisschen Wurst auf dem Tisch, was schon ein Luxus war. Und wir konnten uns noch mit unseren Kindern einen vierzehntägigen Ausflug nach Griechenland leisten. Dort kamen wir uns vor wie im Schlaraffenland. Nur vierhundert Kilometer von Sofia entfernt sahen wir große Geschäfte, voll mit allem, was uns fehlte. Dergleichen hätte ich mir im Traum nicht vorstellen können. Nach dieser Reise war uns klar, dass wir nicht länger in Bulgarien bleiben wollten. Zdravko stellte einen Antrag, um nach Angola gehen zu können, und ich wollte in Libyen arbeiten. Das waren damals die beiden einzigen Möglichkeiten, doch ich wollte unbedingt ein neues Leben beginnen.

Ich ließ alle meine Papiere ins Englische übersetzen, was sehr viel Geld kostete. Zehn Tage dauerte es, ehe man mich zu einem Vorstellungsgespräch lud. Anfang der neunziger Jahre machte man nur Einzelverträge. Später gab es richtige Anwerbebüros.

Ich bekam einen Termin in der libyschen Botschaft in Sofia – in Anwesenheit eines bulgarischen Diplomaten und dreier eigens zu diesem Zweck angereister Vertreter libyscher Krankenhäuser.

Ich war damals zweiunddreißig Jahre alt, ich trug einen knielangen schwarzen Rock und eine gelbe Seidenbluse. Ich war ziemlich schick, und ich machte mir große Hoffnungen.

Das war im Oktober 1990, doch erst im März 1991 erhielt ich Antwort.

Während dieser langen Wartemonate beantragte mein Mann, dass wir als Ehepaar nach Angola gehen konnten. Es gab also noch eine zweite Möglichkeit.

Als man schließlich meine Papiere für Libyen akzeptierte, bat ich meines Sohnes wegen darum, in einer Stadt eingesetzt zu werden, in der es eine bulgarische Schule gab. Zdravko besorgte innerhalb weniger Stunden die Papiere für unsere Heirat, die zwei Wochen vor meiner Abreise stattfand. Er hatte volles Vertrauen in mich. Er wusste, dass ich allein zurechtkommen würde. Ich reiste mit einem ruhigen Gefühl ab, ich hatte keine Zweifel, dass sich Zdravko genauso wie ich um meinen Sohn kümmern würde …

Und so flog ich nach Bengasi.

Ich ging weg, um aus der Misere herauszukommen. Den Entschluss dazu hatte ich an dem Tag gefasst, als ich meinem Sohn eine Tracht Prügel verabreichte, weil er eine von zwei Tomaten aufgegessen hatte. Ich wollte Reis zu diesen Tomaten kochen, und er hatte eine davon einfach gegessen!

Eine Tracht Prügel wegen einer Tomate … So konnte es nicht weitergehen.

4

Eine Rose für die Unschuld

Wo sind die anderen? Ich ahne, dass sie in den Nachbarzellen sind, in Einzelhaft wie ich. Aber wie viele und wer? Ich kenne sie nicht, weil wir nicht im selben Krankenhaus gearbeitet haben. Und sie wollen uns nicht einmal zusammenbringen. Dass einige entlassen wurden und dass wir nur noch zu fünft diese seltsame Gastfreundschaft genießen, weiß ich damals nicht.

Ich lerne die anderen erst später kennen.

Zuerst Nassia, eine liebenswerte, eher verschlossene Person, jung, schön, blond, ein wenig konservativ, verheiratet mit einem Arzt, sie hat ein Kind und ist erst nach vier Jahren Wartezeit nach Libyen gekommen. Sie stammt aus einem bulgarischen Provinzstädtchen, ihr Vater war beim Militär. Als man sie verhaftete, wartete sie darauf, dass ihr Mann ebenfalls eine Stelle in Bengasi erhielt. Später kam heraus, dass man sie nicht wegen der Aids-Geschichte denunziert hatte, sondern bloß wegen einer Eifersüchtelei. Sie hatte ein paar Mal mit einem der Diabetologen gesprochen, Mansour, der in Bulgarien studiert hatte. Die Oberschwester des Krankenhauses, eine Libyerin, hatte ein Auge auf Mansour geworfen, doch er beachtete sie nicht. Zu der Zeit als Djuma Micheri, der Hund, im Krankenhaus herumschnüffelte, bemerkte er, dass Nassia beim Telefonieren den Hörer mit der

Hand abschirmte, wie man es häufig tut, wenn man in lauter Umgebung ein Telefongespräch führt. Er jedoch witterte etwas. So lächerlich es ist – er erzählte es ihr selbst, als er sie beim Verhör mit Elektroschocks folterte.

»Du wolltest etwas verheimlichen, wage es nicht zu lügen!«

Vergeblich versuchte sie ihm zu erklären, dass sie sich nicht vor Mithörern schützen, sondern im Lärm des Krankenhauses nur ihren Gesprächspartner verstehen wollte.

Nichts von dem, was man ihnen sagte, hatte irgendeine Bedeutung, und vor allen Dingen nicht die Wahrheit.

Dann war da Valia, eine große Frau mit schwarzen Haaren und grünen Augen, eine sehr lebhafte Person, ziemlich frech, jemand, über den man nicht hinwegsah. Sie arbeitete schon zum zweiten Mal in Libyen und war eine sehr erfahrene Krankenschwester. Ihr Mann war Militärarzt, sie lebten in Libyen zusammen. Während der Hund seine Schnüffelaktion in Sachen Aidsepidemie durchführte, freundete er sich sogar mit Valia an und half ihr, ein Problem mit ihrer Wohnung zu lösen. Danach verhaftete er sie. Ganz freundschaftlich.

Valentina, die Kleine, Krankenschwester wie schon ihre Mutter, kam zur gleichen Zeit wie Nassia und Valia nach Libyen. Ich habe gehört, alle Ausländer hätten sich über sie beschwert, nicht über ihre Arbeit, sondern über ihre mangelnde Teamfähigkeit. Sie zeigte zudem den Libyern ganz offen ihre Verachtung, was einem natürlich niemand verzeiht. Ohne Unterstützung durch andere Ausländer war sie zur leichten Zielscheibe geworden: isoliert, ohne jemanden, mit dem sie auch nur einmal eine Zigarette hätte teilen können, Opfer ihres Bedürfnisses, anders zu sein und Distanz zu halten. Ich weiß nicht, wann man entschied, sie auf der Liste zu behalten, aber schon in der ersten Nacht auf der Polizeistation hörte man sie durch die Gitterstäbe schreien:

»Ich hasse diese Umgebung! Ich will mit dem Botschafter sprechen!«

Snezhana war die erste Leidensgenossin gewesen, die ich in der Nacht unserer Entführung gesehen hatte. Sie war etwas älter als wir anderen, stammte aus Sofia, hatte tiefe Ringe unter den Augen, lange, bereits ergrauende Haare und machte den Eindruck, als hätte sie schon viel durchgemacht. Ich erinnere mich, wie sie zitterte, als wir im Bus saßen. Um sie zu beruhigen, wandte ich einen von mir oft benutzten Trick an.

»Welches Sternzeichen bist du?«

»Löwe.«

»Löwen haben keine Angst.«

Im Gefängnis weinte sie die ganze Zeit. Stets verlangte sie, dass man ihre Zelle offen ließ. Eines Nachts, als wir jede für sich in unseren Zellen saßen, sah ich sie auf einem Bürostuhl im Gang. Die Aufseherin, Salma, und ein Polizist spielten mit ihr: Sie schubsten den Bürostuhl zwischen sich hin und her. Snezhana sang dazu ein Kinderlied, sie sang und weinte gleichzeitig. Die beiden stießen sie immer brutaler hin und her, und Salma beschmierte ihr Gesicht mit Ruß. Snezhana war wie in Trance. Das Spiel gefiel den Wärtern. Sie vertrieben sich die Zeit, indem sie Snezhana ihre Würde nahmen. Die Löwin ließ es klaglos über sich ergehen.

Still sah ich zu. Es war so demütigend, dass ich weinen musste. Damals hatte ich noch Tränen. Die wirklichen Schrecknisse standen uns noch bevor. Nur ein oder zwei Mal weinte ich in meiner Zelle, danach versiegten meine Tränen. Im folgenden Jahr verstand ich, was es heißt, »allein auf der Welt« zu sein. Es ist ein Gefühl völliger Ohnmacht.

Man kann nicht leugnen, dass die Libyer bei all ihrer primitiven Psychologie die ideale Gruppe zusammenstellten. Sie hatten Frauen ausgesucht, die sich nicht nur nicht kannten, sondern sich auch in keiner Beziehung nahestanden, mit völlig unterschiedlichem sozialem Hintergrund, von unterschiedlichem Charakter und mit unterschiedlichen Vorlieben – bis hin zur Ernährung.

Erst später verstanden wir, dass die größte Herausforderung darin bestand, der Versuchung zu widerstehen, uns untereinander zu bekämpfen.

Mit mir geht man bei den Verhören zunächst vorsichtig um, man verspricht sich große Dinge von mir. Ich weiß inzwischen, dass meine Bekanntschaft mit Dr. Saad der Hauptgrund ist, warum sie sich auf mich konzentrieren. Daneben dürften auch meine Freundschaften zu anderen Europäern eine Rolle spielen.

Jede Nacht werde ich zum Verhör gebracht.

»Welche elektrischen Geräte besitzt du?«

»Eine Waschmaschine, einen Kühlschrank, einen Fernseher, ein Radio, ein Bügeleisen …«

»Hast du chronische Krankheiten?«

»Nein.«

»Nimmst du Medikamente?«

»Nein.«

»Kennst du die Praktikanten auf deiner Station?«

»Ja.«

Ich zähle die Namen der Studenten auf, an die ich mich erinnern kann. Kaum fällt der Name Ashraf, da wird er ins Zimmer geführt, mit wirrem Haar und bärtig.

»Kennst du ihn?«

»Vom Sehen, ja.«

Schon wird er wieder hinausgebracht, und sie stürzen sich auf mich.

»Du bist seine Geliebte, er selbst hat es uns gesagt.«

»Ich habe ihn seit seinem Praktikum nicht mehr gesehen.«

»Wir haben Beweise!«

»Nein, unmöglich!«

Es war einfach lächerlich. Ashraf stand kurz vor seinem Examen. Er hatte im Sommer des Vorjahres ein fünfundvierzigtägiges Praktikum im Kinderkrankenhaus absolviert. Dort erinnerte man sich an ihn so, wie auch ich ihn erlebt hatte: Er benahm sich wie ein junger Europäer, er war gut gekleidet, zu allen stets freundlich, er zog die Aufmerksamkeit auf sich, redete viel und verärgerte auch manchmal seine Kollegen. Er war zu wohlerzogen und zu glatt, um von den Libyern als einer der ihren akzeptiert zu werden. Manchmal wirkte er ein wenig nachgiebig, doch die jungen arabischen Frauen fanden ihn sehr anziehend.

Er wohnte in einem Studentenheim unweit der Wohnungen des Klinikpersonals. Ashraf ist Palästinenser, auch wenn seine ganze Familie seit mehr als fünfundzwanzig Jahren in Libyen lebt und arbeitet. Er war zwei Jahre alt, als sie ihre Heimat verließ. Sein Vater ist Mathematikprofessor. Die Familie, die dem Regime gegenüber loyal war und keinerlei Probleme machte, hatte genügend Geld, um ihren Kindern eine gute Ausbildung zu finanzieren. Ashraf war der einzige Sohn, er hatte noch vier Schwestern. Als man ihn im Februar 1999 verhaftete, stand er zwei Monate vor dem Abschluss seines Medizinstudiums. Er fühlte sich wohl in Libyen und musste sich keine finanziellen Sorgen machen. Doch es gab auch eine Tragödie in seinem Leben: Seine Verlobte, die an Niereninsuffizienz litt, starb 1997.

Unter der Folter rang man ihm die Behauptung ab, ich hätte die Dialysebehandlung seiner Verlobten durchgeführt und ihm anschließend den Vorschlag unterbreitet, sich an einer groß angelegten Aktion zur Verbreitung des HI-Virus zu beteiligen. Eine völlig haltlose und unlogische Anschuldigung. Ich lernte Ashraf erst Monate nach dem Tod der jungen Frau kennen, über den er sehr unglücklich war. An ihrer Behandlung hatte ich keinerlei Anteil gehabt, schon allein deshalb, weil ich zu dieser Zeit in einem anderen Krankenhaus arbeitete. Doch solche Tatsachen zählten einfach nicht.

Nach Ashraf führt man einen Arzt des Krankenhauses »7. Oktober« zu mir, einen Libyer, einen Unbekannten mit einem mehrere Tage alten Bart und Veilchen auf beiden Augen: Er ist ganz offensichtlich übel geschlagen worden.

Wie ein Automat plappert er los, ich hätte oft mit Ashraf Ausflüge unternommen, wir beide seien ein Liebespaar. Dann kommt jemand anderes herein, ein Techniker, der die Dialysegeräte wartet, ebenfalls Libyer. Er zittert vor Angst.

»Waren sie ein Liebespaar?«

Er nickt.

Anschließend erklärt man mir, Ashraf habe bereits alles gestanden: Ich hätte ihm eine Flasche mit Blut und dazu Geld gegeben, um das Verbrechen auszuführen. Er sagt es mir selbst im Verlaufe der darauf stattfindenden »Gegenüberstellung«.

Mit gesenktem Blick gibt Ashraf von sich:

»Sie war meine Geliebte, sie hat mir Geld angeboten. Sie ist meine Anführerin, sie hat mich in all das hineingezogen.«

Ich nehme an, er steckt mit der Polizei unter einer Decke, und verachte ihn dafür.

Als wir gemeinsam zu unseren Zellen zurückgeführt werden, falle ich über ihn her:

»Du bist ein Lügner! Warum sagst du so etwas? Warum?«

Ich kann mir einfach nicht erklären, was einen Menschen dazu bringt, so schreckliche und falsche Dinge zu behaupten.

Als ich dann die Elektroschocks kennenlerne, verstehe ich es. Ashraf war zehn Tage zuvor verhaftet und vom ersten Augenblick an gefoltert worden. Die Elektroschocks rauben einem derart den Verstand, dass man sich sogar selbst verleugnet.

19. Februar 1999, Polizeistation in der Nasser-Straße, Tripolis.

Zum ersten Mal hat man mich tagsüber zum Verhör geholt, man führt mich in das Büro des Generals. Man hat mir ein Video gezeigt, das Aufnahmedatum ist der 17. Februar. Die Tür meiner Wohnung ist mit rotem Wachs versiegelt. Man sieht Männer, die Siegel zerschneiden und die Eisentür öffnen. Die innere Holztür steht offen, sie ist aufgebrochen worden, ich hatte sie beim Gehen abgeschlossen.

Der Chemiker, Abdul Madjid, durchwühlt die Wohnung, als wäre er zum ersten Mal hier: Er öffnet den Kühlschrank und hält mit erstauntem Blick der Kamera eine bulgarische Wurst hin, als wäre das ein sensationeller Fund. Dann tritt er zum Wandschrank und tut so, als entdecke er die fünf Plasmaflaschen. Schon werde ich mit Fragen bombardiert:

»Was sind das für Flaschen?«

»Mein Mann hat sie vor drei Monaten hier gelassen. Er wollte sie wieder zu seiner Arbeitsstelle in der Wüste mitnehmen.«

»Du lügst!«

Und so weiter, ohne Ende. Die Flaschen … Du lügst …

Da behauptet Abdul Madjid, die Flaschen seien untersucht worden, Resultate lägen bereits vor. Man warte nur noch die Bestätigung durch den Leiter des Instituts für Mikrobiologie in Tripolis ab.

Am Abend hält man mir zwei Blätter unter die Nase, auf denen am Rand in Bezug auf drei der Flaschen vermerkt ist: »Positiv«.

Ich bin wie vor den Kopf geschlagen, völlig gelähmt. Sie wollen mich vernichten, sie fabrizieren Beweise!

Ich schreie, ich zittere vor Angst und Wut. Mir wird klar, dass ein monströser Plan gegen mich ins Werk gesetzt wird und ich nichts dagegen tun kann.

»Das ist nicht möglich, ich habe nie etwas in diese Flaschen getan, auch nicht in andere. Ich habe keine Ahnung, was da drin war, sie waren leer!«

Jetzt, nach vielen Jahren, habe ich so viel verstanden, dass man die Laboruntersuchung mit einer Probe unbekannter Herkunft durchgeführt hat. Es ist auch nicht klar, was man da testen wollte, schließlich waren die Flaschen leer … Der größte Widerspruch war, dass das Datum der Laboruntersuchung vor dem der offiziellen Beschlagnahme der Flaschen lag. Das Hauptbeweisstück wäre somit analysiert worden, bevor man es überhaupt entdeckt hatte!

Es war ein Kinderspiel für sie. Zwischen meiner Entführung am 9. Februar und dieser lächerlichen nachgestellten Beschlagnahme am 17. Februar konnten sie mit diesen Flaschen anstellen, was sie wollten. Doch ich hatte ihnen die Wahrheit gesagt, Zdravko hatte vorgehabt, sie wieder mitzunehmen. Aber wo war er?

Auch er geriet bald in den Strudel der Ereignisse. Man verhaftete ihn, als er überall nach mir suchte. Er hatte erfahren, dass ich nicht auf meiner Arbeitsstelle erschienen war, und mich auch sonst nirgends erreicht. Ein schwedischer Ingenieur, der mit ihm in der Wüste arbeitete und nebenbei die Funktion des schwedischen Konsuls in Bengasi bekleidete, hatte herausgefunden, dass man bulgarische Krankenschwestern verhaftet hatte.

Halb wahnsinnig vor Sorge machte sich Zdravko auf den achthundert Kilometer langen Weg nach Bengasi, wo er am 13. Februar ankam. Auf der Suche nach mir klapperte er sämtliche Polizeistationen ab. Statt im Schutz des schwedischen Konsulats zu bleiben, übernachtete er arglos in unserer Wohnung, wo man ihn dann verhaftete. Das einzig Positive war, dass der schwedische Ingenieur die bulgarische Botschaft in einem Fax informierte, man habe mehrere ihrer Staatsbürger festgenommen. All das habe ich natürlich erst sehr viel später erfahren.

Im Verlauf eines der endlosen Verhöre im Monat Februar zeigte mir der Hund schweigend den Rucksack meines Mannes. Er brauchte nichts zu sagen, ich verstand auch so, dass das seine Verhaftung bedeutete. Eines Abends führten sie ihn bei einem Verhör herein.

Er war zerzaust, unrasiert, schmutzig, wirkte gealtert; sein Blick war leer, er sah durch mich und alles andere hindurch. Sie wiederholten vor ihm die Geschichte mit den Blutplasmaflaschen und der absichtlichen Verbreitung des Virus. Auf Bulgarisch, damit mein Mann es auch verstand, sagte ich:

»Weder ich noch mein Mann haben etwas mit dieser Sache zu tun.«

Ich wusste nicht, wo und wann sie ihn verhaftet hatten. Zdravko sagte kein Wort. Stumm wie ein Phantom ließ er sich wieder hinausführen. Ich sollte ihn lange nicht wiedersehen.

Zentrale Untersuchungskommission, Tripolis, 25. Februar.

Zum ersten Mal sehe ich bulgarische Diplomaten. Der Außenminister hat einen Sondergesandten geschickt, der die Angelegenheit in Zusammenarbeit mit unserem Konsul aufklären soll. Einige Monate später wird dieser Sondergesandte selbst Botschafter in Libyen werden und den bisherigen ablösen.

Mit den anderen Gefangenen erwarte ich, dass der Diplomat diese finstere Geschichte regelt. Ich habe jedoch den Eindruck, dass ihm die Anwesenheit des libyschen Dolmetschers des Untersuchungsleiters unangenehm ist.

Er leitet das Gespräch mit der Frage nach meinem Namen ein. Der Dolmetscher versichert, alles gehe juristisch korrekt zu und werde den bulgarischen Behörden übermittelt.

Der Diplomat blickt mich flüchtig an und erklärt:

»Wie ich sehe, fehlt Ihnen nichts.«

Zu diesem Zeitpunkt bin ich noch nicht gefoltert worden. Aber die Bedingungen, unter denen ich in Haft gehalten werde, der Schmutz und mein Erschöpfungszustand müssten diesen Leuten doch auffallen!

»Bitte, helfen Sie uns, es ist furchtbar …«

»Wir tun, was wir können. Ich soll Sie von Ihrem Mann grüßen, es geht ihm gut, er ist in der Wüste bei der Arbeit …«

Da erkenne ich, dass Zdravko auch in der Zelle sitzt. Noch ein Stück Hoffnung ist verloren. Der bulgarische Staat weiß nichts oder will nichts wissen … Wie auch immer, ich bin ganz allein.

Nassia und Valia sind bei dieser Begegnung nicht dabei, sie sind schon geschlagen worden und nicht präsentabel.

Kaum ist der Sondergesandte verschwunden, da taucht der Hund im Hof der Polizeistation auf, begleitet von echten, dressierten Polizeihunden.

Salma, die Wärterin, öffnet meine Zelle.

»Komm raus!«

Vor der Zellentür will ich meine Schuhe anziehen, doch sie sind fort. Salma gibt mir Latschen.

Wie sich herausstellt, haben sie meine Schuhe dazu benutzt, um die Hunde auf meinen Geruch anzusetzen. Später erfahre ich, dass sie auch Kleidungsstücke und Shampoo aus meiner Wohnung holen ließen. Man führt uns in den Hof der Polizeistation und verlangt, dass wir uns auf dem Asphalt niedersetzen. Ich habe keine Ahnung, was sie planen, bis sich ein Untier von einem Köter kläffend auf mich stürzt.

Er beginnt nach meiner Hand und meinem Pullover zu schnappen, zerreißt ihn. Ich schreie, ohne zu wissen, was. Nassia erzählt es mir später.

»Sie wollen mich umbringen! Woran habt ihr ihn riechen lassen?«

Der Hund zieht ein Stück Stoff aus einer Tüte.

»Daran!«

In der Hektik erkenne ich nicht, was das sein soll, ich schreie ohne Unterlass. Ihnen ist das völlig egal. Sie führen mich wieder hinein, und nun dreht sich das Verhör um mein angebliches Verhältnis mit Ashraf. Sie hätten Beweise, behaupten sie. Sie zeigen mir einen Body.

»Der gehört mir nicht.«

»Natürlich gehört er dir. Du hast ihn bei Ashraf vergessen.«

Dutzende Male wiederholte ich:

»Dieses Kleidungsstück gehört mir nicht. Es gehört mir nicht. Es gehört mir nicht.«

Da schaltet sich der Dolmetscher ein.

»Solche Sachen trägt man in Libyen nicht, es muss dir gehören. Wir Menschen können uns vielleicht irren, aber so ein Polizeihund bestimmt nicht.«

Ich habe dieses Kleidungsstück zum ersten Mal in meinem Leben gesehen.

Später, als man uns in einem Gebäude auf dem Gelände der Polizeihundeschule einsperrte, verstand ich, wie das mit der Geruchsidentifikation funktionierte. Man lässt den Hund am Schuh einer Person riechen, die man dann mit anderen in einer Reihe antreten lässt. Der Hund, der die Witterung des Schuhs in der Nase hat, stürzt sich natürlich gleich auf dessen Besitzer.

Das passte auch dazu, dass Salma mir beim Verlassen der Zelle nicht meine Schuhe gegeben hatte. Doch das hatte weiter keine Bedeutung, sie hätten alles für diesen Betrug nehmen können.

Bis zum 25. Februar, dem Tag, als die bulgarischen Diplomaten kamen, war ich nicht ernsthaft geschlagen worden. Erst die Sache mit dem Body gab das Startsignal für die wahre Folter. Es begann damit, dass ich gefesselt wurde, und zwar auf eine ganz besondere Weise: Sie banden mir die Hände zusammen und hängten mich an der Tür auf, so dass mein ganzes Körpergewicht an den Handgelenken zerrte. Der Schmerz setzte innerhalb von Sekunden ein.

Ich schlug mit den Füßen gegen die Tür, versuchte, irgendwo Halt zu finden, doch das war unmöglich, die Tür war zu glatt. Der Hund fragte langsam und gedehnt:

»Nun erzähle uns von Ashraf. Wie viel Geld hast du ihm gegeben? Und wann? Woher hast du es? Wir haben Beweise, ihr wart ein Paar. Ihr habt Ausflüge in die Gegend von Bakour unternommen, wir haben Fotos, leugne nicht.«

Ich heulte, ich verstand nicht einmal mehr richtig, was er überhaupt sagte.

Dann führten sie erneut Ashraf herein, der sofort losschrie:

»Die ist es! Die hat mich angeworben! Es ist alles ihre Schuld! Sie hat mir Geld gegeben …«

»Er lügt!«

Das war alles, was ich sagen konnte. In solch einer qualvollen Körperhaltung werden die Minuten zu Stunden. Zehn Sekunden genügen, und der ganze Körper verwandelt sich in höllischen Schmerz.

Man brachte mich in meine dunkle Zelle zurück. Quietschen und metallisches Türenschlagen waren alles, woran ich mich orientieren konnte.

Tripolis, 12. März 1999, Arresttrakt in der Nasser-Straße. Dreißigster Tag meiner Gefangenschaft.

Mein Herzschlag folgt dem Getrippel der Insekten. Ich sehe nicht einmal ihre Umrisse, nicht einmal einen Schatten, ich weiß nicht, wo die Mauer ist. Die Gitter meiner Zellentür hat man abgedichtet. Ich spüre den Fußboden unter der Matratze. Mein schmutziger Körper stinkt wie ein Kadaver. Seit einem Monat habe ich mich nicht waschen können. Es ist feucht. Ein Geruch von Ammoniak und Einsamkeit hängt in der Luft, der Milchkarton für den Urin ist schon lange übergelaufen. Werde ich ihn irgendwann vor Durst austrinken? Darüber will ich gar nicht nachdenken. Ich weiß nicht mehr, welche Farbe die Sonne hat. Gerade hat man mir mein tägliches Stück Brot hingeworfen. Es ist noch hell draußen: Herzlichen Glückwunsch, Kristiyana! Es ist dein vierzigster Geburtstag!

Es ist nicht nötig, die Augen zu schließen, um dieser Finsternis zu entfliehen. Ich bin ganz woanders, an einem Strand, an jenem wundervollen Strand, an dem wir unsere Wochenenden verlebt haben. Es ist warm, der Wind ist angenehm, es herrscht eine sorglose Stimmung, das Grillfleisch ist fast gar. Ich höre die Stimme von Alex, er singt, wie immer. Guido tritt unter dem Sonnenschirm hervor. Zdravko tanzt mit einer Kollegin, er tritt ihr auf die Füße, lacht, hebt sie hoch und wirbelt sie herum.

Ich steige erfrischt aus dem klaren Meer, laufe barfuß über den Sand. Es weht eine milde Brise, die Luft ist rein, ich wünschte, ich könnte dieses Bild des Glücks für immer in meinem Kopf bewahren. Ich bin weit weg … so weit weg … Mit meinem Mann, meinen Freunden, sorglos an einem einsamen, endlos weiten Strand. Im Jahr davor hat Zdravko mir ein Parfüm geschenkt. Was gäbe ich nun dafür, ein wenig von diesem Geruch nach Freiheit und Weiblichkeit an mir zu spüren!

Und auf einmal bin ich wieder mitten im Gestank.

Einen ganzen Monat lang hatte man uns jetzt in Einzelzellen auf bloßen Matratzen vergammeln und warten lassen. Nur einmal alle vierundzwanzig Stunden hatten wir Wasser bekommen. Ich wusste nicht mehr, ob es Tag oder Nacht war. Mein einziger Orientierungspunkt war das Essen, das man uns hinwarf. Ich schlief nicht mehr als zwei Stunden am Tag, in der übrigen Zeit gingen mir unablässig die Verhöre im Kopf herum: Ashraf, der Mossad, Aids, das Virus in dem Blut. Ich wälzte mich auf der Erde, das unaufhörliche »Nein!« pochte in meinem Kopf. Ich sah, dass sie eine von uns herausholten und sie den Gang zwischen den Zellen putzen ließen; mich würden sie nie herauslassen, unter keinen Umständen, nicht einmal, um die Toiletten zu schrubben. Für ein bisschen Licht wäre ich zu allem bereit gewesen, aber man ließ mich nicht. Wir klopften gegen die Wände, um den anderen zu melden, dass wir noch da waren. Die Finsternis war undurchdringlich.

Während der Verhöre hielt man mir arabisch beschriftete Blätter unter die Nase.

»Unterschreib!«

»Ich unterschreibe das nicht, ich weiß nicht, was da steht. Ich will einen Dolmetscher, den Botschafter und einen Anwalt.«

Sie begriffen, dass sie so leicht mit mir nicht fertig wurden. Der Hund schnarrte mit seiner abscheulichen Stimme:

»Was willst du denn mit denen?«

»Ich bin unschuldig.«

Da lachte er laut auf.

»Wenn du unschuldig bist, schenke ich dir eine Rose!«

Als man mich zurückbrachte, schrie ich im Zellengang so laut ich konnte, damit alle mich hörten:

»Unterschreibt nichts ohne den Botschafter und einen Dolmetscher! Unterschreibt nichts!«

Unterschreibt nichts!

5
Ankunft im fremden Land

Am 30. März 1991 landete ich aus Sofia kommend in Libyen. Es war einer der letzten Tage des Ramadan.

Es ging mir damals gut. Ich trug ein elegantes, elfenbeinfarbenes Kostüm, das direkt aus einer Boutique zu stammen schien – freilich war es selbst geschneidert. Die Schuhe, Schlangenlederimitat, hatten allerdings dreihundert Dollar gekostet, ein Geschenk von Nelly, meiner Freundin, die in die Schweiz ausgewandert war. Ich hatte ihr russischen Kaviar geschickt, sie hatte sich mit den Schuhen revanchiert. Kaviar war damals in Bulgarien preiswert zu bekommen.

Der Flughafen wirkte nicht besonders einladend. Nirgends konnte man sich hinsetzen, es gab keine Läden, nicht das kleinste bisschen Luxus. Selbst mein Koffer, obwohl nur ein billiges Modell, wirkte hier elegant. Arbeiter, die sich wohl schon lange nicht mehr die Hände gewaschen hatten, warfen ihn auf ein stillstehendes Gepäckband.

Gleich beim Verlassen der Maschine beeindruckten mich die Männer in ihren Dschellabas und den kleinen weißen Kopfbedeckungen. So etwas hatte ich noch nie gesehen. Ich trat in die wohlriechende libysche Luft hinaus und hatte dabei die angenehme Empfindung, hier schon früher gelebt zu haben – so sehr hatte ich auf diesen Augenblick gehofft. Ich fühlte mich wie zu Hause. Ich kam als freie Frau in ein Land, in dem die Frauen kaum frei zu nennen waren, wie ich schon am nächsten Tag bemerkte. Ich beobachtete nämlich, dass die Männer alle Einkäufe selbst machten: Sie waren es, die auf dem Markt die Kleider für die Kinder einkauften, und die Unterwäsche für ihre Frauen gleich dazu. Man sah aber auch Frauen Auto fahren, und in aufgeschlossenen Familien trugen sie keinen Schleier. Die Stadt machte einen recht positiven Eindruck, wenn es mich auch sehr enttäuschte, dass das einzige Kino der Stadt den Männern vorbehalten war. Weitere Möglichkeiten der Unterhaltung schien es nicht zu geben.

Ich habe ziemlich kräftige Fesseln, was europäische Männer eher nicht schätzen; doch genau mit diesem meinem größten Schönheitsfehler entsprach ich einem Idealbild der arabischen Welt … Meine breiten Fesseln fand man dort überaus anziehend. Ich erntete wirklich seltsame Blicke!

Wir waren eine kleine Gruppe bulgarischer Krankenschwestern, die in den Kliniken von Bengasi arbeiten sollten. Ich hatte die anderen erst im Flugzeug kennengelernt. Außerdem gab es noch einen Anästhesisten, der erst später zu uns stieß.

Gleich am Tag nach unserer Ankunft hatten wir einen Termin bei Dr. Saad, Staatssekretär im Gesundheitsministerium. Er sollte jeder von uns ihren Einsatzbereich zuweisen. Wir waren eine halbe Stunde bei ihm. Er erschien mir ziemlich nervös und zerstreut. Er sollte sich nach unseren Fachgebieten erkundigen und auf unseren Papiere einen in seinen Augen geeigneten Arbeitsplatz vermerken. Ich bat darum, in der Kardiologie eingesetzt zu werden.

Also kritzelte er auf meine Akte: »Kardiologie, Intensivstation.« Von Anfang an hatte ich das Gefühl, dass er mich mit einem anderen Blick ansah als die übrigen … Ich war ihm offensichtlich sympathisch. Dass ich Englisch sprach, war gewiss ein Vorteil.

Doch in einer nachgeordneten Abteilung las man seine Notiz offenbar nicht richtig, da ich mich schließlich in der Abteilung für Allgemeinmedizin in der Universitätsklinik wiederfand. Schließlich schickte man mich an den Empfangsschalter einer Poliklinik.

Brief aus Bengasi an Zdravko, meinen Mann.

22. April 1991

Hallo Zdravko,
hier beginnt sich mittlerweile einiges zu klären und nimmt Gestalt an. Seit einer Woche arbeite ich im Aouari-Universitätsklinikum. Man hat mich am Empfang der Poliklinik eingesetzt, der manchmal auch die Rolle der Notaufnahme übernimmt. Ich habe zwei bulgarische Kolleginnen, die schon seit drei Monaten hier sind. Hier hat jeder mindestens einen Vorgesetzten, ich habe gleich zwei Oberschwestern, eine Libyerin und eine Albanerin, die mit einem Libyer verheiratet ist. Meine Arbeit ist nicht besonders schwierig, die Medikamente hier sind gut, alles importiert. Die meisten Patienten sind schmutzig und riechen unangenehm. Es stehen nur drei Behandlungsplätze zur Verfügung. Die Ärzte, mit denen ich zu tun habe, sind Hindus, Libyer, Ägypter und Palästinenser; man unterhält sich überwiegend auf Englisch, da die meisten nicht von hier sind. Alle sind freundlich zu mir, ich werde hier sicherlich keine Probleme bekommen. Meine Mitbewohnerin arbeitet in der urologischen Abteilung. In den ersten Tagen haben wir hauptsächlich in der Krankenhauskantine gegessen, aber mittler-

weile gehen wir dazu lieber nach Hause. Wir sind in ein anderes, schöneres Zimmer im dritten Stock umgezogen. Dort haben wir sogar eine Terrasse, wo uns viele Tauben besuchen. Hier muss man praktisch jeden Tag Staub wischen, da nachts häufig ein sehr heftiger, warmer Wüstenwind weht, den man Gibli nennt und der alles mit feinem rötlichem Staub überzieht.
Die Ärzte hier scheinen mir wenig qualifiziert, ihre Behandlungsmethoden sind langwierig, ineffizient, und manche Sachen fangen sie ganz falsch an. Wichtig für dich wird die Sprache sein. Unter der Woche kaufen wir in Bengasi ein, in der Stadt ist alles viel billiger. Ganz in der Nähe unserer Wohnung gibt es zwar zwei kleine Geschäfte, in denen man alle Lebensmittel bekommen kann, aber sie sind einfach zu teuer. Auf unserer Etage wohnen auch zwei Syrerinnen, ich versuche, mit ihnen Arabisch zu lernen, ich kann schon ungefähr dreißig Wörter. Ich gewöhne mich hier ein und versuche, alles so zu nehmen, wie es ist. Ich liebe dich.
Krissy.

16. Mai 1991, Bengasi

Mein Lieber,
ich habe deine beiden Briefe erhalten, du bist der Einzige, der mir schreibt, niemand denkt an mich. Ich fühle mich ziemlich verlassen hier, trotzdem geht es mir gut: Ich habe nun mal einen eisernen Willen, auch wenn manche mich für träge, verwöhnt, flatterhaft und schwach halten. Auf jeden Fall habe ich bisher noch nicht einmal geweint. Im Herzen bin ich fest entschlossen, so dass mir alles gleich ist, selbst wenn es Steine vom Himmel regnen sollte. Ich hoffe, das ist nicht das, was man Abgestumpftheit nennt.

Mit meinen Kolleginnen auf der Dialysestation, Bulgarinnen, komme ich gut zurecht. Sie finden mich nett und suchen gern meine Gesellschaft. Inzwischen arbeite ich allein, werde dabei aber ständig beobachtet. Ich habe mich daran gewöhnt, überwacht zu werden, es stört mich überhaupt nicht mehr. Das wird wohl noch einige Monate so gehen, dann lässt man mich bestimmt in Ruhe. Ich bin auch noch nicht bei allem ganz sicher, meine Arbeit ist sehr verantwortungsvoll, und ich muss wirklich gut aufpassen. Inzwischen spreche ich mit den Patienten sogar ein wenig Arabisch (ich kann bis hundert zählen!), und wenn ich etwas nicht verstehe, setze ich mein freundlichstes Lächeln auf und zucke entschuldigend mit den Schultern. Mit den Ärzten habe ich keine Probleme, sie sprechen alle Englisch. Die ersten Ausländer, die vor zehn oder fünfzehn Jahren hier gearbeitet haben, waren Jugoslawen. Es gibt immer noch viele hier, aber gerade in diesem Jahr kündigt man ihnen nach und nach die Verträge und ersetzt sie durch Bulgaren. So kommt es, dass ein großer Teil des Personals Serbisch spricht. Versuche bitte unbedingt, mit einem Arbeitsvisum und nicht mit einem Touristenvisum zu kommen, auch wenn du darauf ein wenig länger warten musst. Bestehe beim libyschen Konsulat freundlich darauf, denn die Einwanderungsbehörden sind hier ziemlich hinter Leuten her, die bloß mit einem Touristenvisum einreisen und dann trotzdem versuchen zu arbeiten. Man macht in solchen Fällen selbst den Ehegatten Scherereien. Bringe Kleider aus Sofia mit, das ist billiger, das Geld können wir für andere Sachen besser gebrauchen. Zu essen gibt es hier genug: zwar kein Schweinefleisch, aber frisches Rindfleisch, wir werden auch bulgarische Gerichte kochen können. Seit drei Wochen gibt es auf dem Markt

Aprikosen, und die Tomaten sind riesig. Man findet Ananas, Bananen, Kartoffeln und andere Gemüsesorten, deren Namen ich nicht kenne. Rund um unser Haus wächst Wein, für den sich hier niemand interessiert, ich habe mir schon welchen abgeschnitten und gefüllte Weinblätter gemacht. Ich werde dich also mit deinem Lieblingsgericht empfangen können! Ich habe nicht abgenommen, aber ich fühle mich wohl und unter den Leuten hier wirke ich schlank. Frage in Sofia nach, ob man einen Fernseher und einen Videorecorder verzollen muss, ich glaube, es ist unvermeidlich. Elektronische Geräte sind hier sehr teuer, und ohne Fernseher ist es ziemlich langweilig. Man hat uns versprochen, einen bulgarischen Club in der Nähe unserer Wohnungen einzurichten, es gibt dort ungenutzte Säle.
Morgen habe ich frei. In der Stadt gibt es viele Fotolabore, ich werde die Filme zum Entwickeln wegbringen. Die Qualität der Fotos ist hier ziemlich gut, ganz einfach weil das Papier und die Apparate importiert sind. Pass auf deine Gesundheit auf, überarbeite dich nicht, du bist schließlich Familienvater und meine geistige Stütze. Alles Gute zum Geburtstag. Ich liebe dich.
Kristiyana.

Es war keineswegs langweilig bei meiner ersten Arbeitsstelle, im Gegenteil, es war sogar interessant, und ich konnte dort ohne große Schwierigkeiten die gebräuchliche medizinische Terminologie lernen. Ich kannte nicht viele Fachausdrücke auf Englisch, aber ich habe die Lücken rasch gefüllt. Einen Monat arbeitete ich in der Poliklinik und fand es ziemlich störend, dass ich kein Arabisch sprach. Ich konnte nicht mit den Patienten reden, Englisch half mir natürlich auch nicht weiter. Es war nicht ganz einfach, aber es gefiel mir trotzdem. Ich war noch nie davor zurückgeschreckt, etwas Neues zu lernen, und darin blieb ich mir auch unter diesen Umständen treu.

Nach einem Monat rief mich der Chefarzt der Dialyseabteilung des Aouari-Krankenhauses an. Er erklärte mir, die Arbeit dort sei sehr anstrengend und straff organisiert, und er wolle auf seiner Station nur ausländische Krankenschwestern haben, die Englisch sprechen. Ich traf mich mit ihm, einem eher kleinen Mann um die vierzig, der ein hübsches Lächeln hatte, was er allerdings nur selten zeigte. Meist verbarg er sich hinter einer Maske. Dieser Mann war undurchdringlich, er sprach uns nur an, um Anordnungen zu erteilen. Er war streng bis zur Manie. Ich nannte ihn für mich den »Diktator«.

Zum ersten Mal in meinem Leben betrat ich einen Dialyseraum. Ich war sehr überrascht, es sah dort weniger wie in einem Krankenhaus als wie in einem Atomkraftwerk aus. Ich ließ mir nichts anmerken, war aber doch ziemlich verunsichert. Aber ich war zugleich fest entschlossen, mich zu bewähren. Wenn die anderen europäischen Krankenschwestern, die Ägypterinnen und Syrerinnen es geschafft hatten, würde es mir auch gelingen. Es dauerte einige Monate, bis ich mich mit der neuen Arbeit vertraut gemacht hatte. Danach wurde es richtig interessant. Ich gab mir große Mühe, ich lernte jeden Tag dazu, und ich konnte bald immer mehr. In der Zwischenzeit suchte ich nach einer weiteren Stelle, um mein Gehalt aufzustocken. Ich bekam schließlich nur unregelmäßige und geringe Vorschüsse: vierundzwanzig Dinar, damit kam man nicht weit. Und ich wartete sehnsüchtig auf Zdravko. Er sollte in einigen Monaten nachkommen, vielleicht wurde von da an ja alles einfacher.

Auf unserer Station hatten wir Patienten jeden Alters. Wenige Kinder nur, ich erinnere mich an eins oder zwei, eher Jugendliche, Erwachsene und ältere Leute. Am Anfang hatte ich zwei Patienten pro Tag zu betreuen, am Ende waren es vier. Sobald der Patient mit dem Apparat verbunden ist, muss man ständig den Druck überwachen und das Gerät im Auge behalten. Man gibt dem Patienten zu trinken und zu essen. Bis 1992 wurden teils ältere, teils neuere Apparate verwendet. Danach wurde alles neu organisiert und die Station komplett modernisiert.

Unser Stationsarzt gab sich große Mühe. Er war sehr anspruchsvoll, insbesondere, was die Hygiene betraf, und so war es bei uns ziemlich sauber. Nach jeder Dialysesitzung warf man die Nadel und den Filter in einen Spezialbehälter. Einige ägyptische und libysche Krankenschwestern hielten sich jedoch nicht an die Vorschriften. Beispielsweise schoben sie die Nadeln nach Gebrauch nicht in die Hülle, was zur Folge haben konnte, dass sich die Reinigungsfrau, die den Plastiksack wechselte, stachen und mit der Hepatitis eines Patienten ansteckten. Doch niemand kümmerte sich um die Gesundheit des Reinigungspersonals, und die Putzfrauen selbst waren ganz und gar unvorsichtig. Die Krankenschwestern trugen Schutzhandschuhe, aber sie waren manchmal zu klein, und das Material ähnelte eher Plastikfolie als Latex. Ich versuchte das Problem anzusprechen, doch es änderte sich nichts.

Die Patienten erhielten keinerlei Informationen über notwendige Schutzmaßnahmen. Normalerweise hätten sie an einem Dialysetag mindestens zwei Mal duschen müssen, um die mit dem Schweiß ausgeschiedenen Giftstoffe abzuspülen. Sie unterließen es jedoch, und wenn sie wiederkamen, rochen sie nach Harnstoff und Kreatinin.

An meinen freien Tagen kümmerte ich mich um den Haushalt, immer in Erwartung der Ankunft von Zdravko und meinem Sohn. Ich konnte es mir noch nicht leisten, ein Taxi zu nehmen und in die Stadt zu fahren – das Krankenhaus lag dreizehn Kilometer vom Stadtzentrum entfernt. Öffentliche Verkehrsmittel gab es nicht. Die Wohnungen der Krankenschwestern befanden sich auf dem Gelände des Krankenhauses, es waren zweistöckige Gebäude, eigens für die ausländischen Arbeitskräfte errichtet. Während all der Jahre habe ich in der kleinen Wohnung gelebt, die man mir am Anfang zugewiesen hatte. Wir übernahmen sie ziemlich schmutzig und schrubbten zwei Tage lang, um sie in einen bewohnbaren Zustand zu bringen. Ich hatte ein Bett, einen Tisch, einen Stuhl, einen Kühlschrank, ein Badezimmer und eine Toilette.

Zdravko und mein Sohn kamen fünf Monate später, allerdings mit einem Touristenvisum. Dr. Saad wollte seine Papiere sehen. Mir war das gar nicht recht, ich wollte ihm nichts schuldig sein, aber schließlich habe ich sie ihm doch gebracht. Er schickte meinen Mann zu einem Vorstellungsgespräch in ein Kinderkrankenhaus, und er wurde dort sofort genommen. Zdravko kehrte nach Bulgarien zurück, um von der libyschen Botschaft ein Arbeitsvisum zu erhalten, und war einen Monat später wieder in Libyen, wo er seine Stelle als Kinderarzt in einer Poliklinik antrat. Dr. Saad bat ihn als Gegenleistung darum, sich um seine fünf Kinder zu kümmern, insbesondere um einen kleinen Jungen, der Asthma hatte. Die beiden Männer verstanden sich auf Anhieb, und Zdravko behandelte die Kinder kostenlos. Unsere Familien hatten keinen engeren Kontakt, trotzdem entstand im Laufe der Monate eine Art Freundschaft zwischen Saad und uns. So kam es, dass er oft bei uns vorbeischaute – er musste dazu nur über den Hof des Krankenhauses gehen – und wir über alles und nichts plauderten, hauptsächlich über die Arbeit, aber auch über die Kinder. Anfangs versuche Saad, mich mit libyschem Charme zu umgarnen – was ein wenig zu direkt wirkt, wenn man diese Sorte Männer nicht kennt –, aber ich zog mich geschickt aus der Affäre, und schließlich schätzte er mich einfach als gute Krankenschwester und Freundin aus dem Westen, mit der er ab und zu ein wenig »Luft schnappen« und sich von seiner aufreibenden Arbeit erholen konnte.

Elf Monate lang bekam Zdravko kein Gehalt ausbezahlt. Ich musste eine weitere Stelle annehmen, damit wir zu dritt unser Auskommen hatten. Wir Krankenschwestern bekamen unser Geld immer bar aus der Krankenhauskasse, was wir einfach per Unterschrift im Rechnungsbuch quittierten. Einen Gehaltszettel gab es nicht. So erhielt ich jeden Monat neunzig Dinar in bar. Bei meiner zweiten Stelle bekam ich hundertzwanzig Dinar im Monat. Zweihundertzehn Dinar für drei Personen, das war knapp, aber machbar. Bis Zdravko eines Abends nach Hause kam, die Taschen voller Banknoten! Er legte eine kleine Straße, die an der Eingangstür begann, über einen Sessel lief und in einem Geldhaufen auf dem Tisch endete.

Das waren mehr als zweitausend Dinar: sein Monatsgehalt, beinahe zweihundert Dinar, mal elf! Der größte Geldschein war damals zehn Dinar wert …

Endlich hatte er sein Geld bekommen, und davon kaufte er mir ein sehr schönes Armband und einen Videorecorder. Was für ein Fest! Fünfhundert Dinar das Armband, vierhundert Dinar der Videorecorder … von dem Rest konnten wir einen Teil nach Bulgarien schicken, auch wenn es öfter Pannen gab und es zwei oder drei Monate dauern konnte, bis es ankam – nichts funktionierte normal.

Es war schön, zu Hause Filme anschauen zu können. Leider hatte ich dazu mit meinen beiden Stellen fast keine Zeit mehr. Wenn ich nach Hause kam, fiel ich oft gleich ins Bett.

Im zweiten Jahr hatten wir uns einen kleinen Freundeskreis

aufgebaut, lauter Ausländer, und uns ein Auto gekauft, um an den freien Tagen und den Wochenenden an den Strand zu fahren. Der lag siebzig Kilometer vor der Stadt, es gab dort traumhafte Stellen, ein riesiger, menschenleerer Strand. Hier trafen wir uns mit unseren Freunden.

Der libysche Strand ist ungefähr zweitausend Kilometer lang, feinster Sand entlang dem Mittelmeer. Sauber, ruhig, menschenleer. Tourismus gibt es in Libyen nicht, dieser natürliche Reichtum ist völlig ungenutzt. Nichts als Dünen und noch mehr Dünen, Palmen, blaues, klares Meer. Hier konnte man vergessen, dass man in Libyen war. Man hätte an jedem sonnigen Ort der Welt sein können. Am Strand lebten wir unser wahres Leben. Wir waren bis zu vierzig Personen, überwiegend Europäer. Von April bis Oktober konnten wir dort jede Woche zwei sorglose Tage verbringen. Wir bauten uns am Strand unsere eigene Welt auf: Zelte, Liegestühle, Grillstände, Musik, nette Leute. Mitte der neunziger Jahre stieß eine Gruppe Polinnen zu uns, die sich in unserem Strandclub recht wohl fühlte. Es dauerte nicht lange, und sie hatten sich alle einen Engländer geangelt.

Zdravko machte damals die Bekanntschaft eines Engländers, der für das südkoreanische Konsortium Dong Ah in der Wüste arbeitete.

Es handelte sich um ein Milliardenprojekt, das »Great Man Made River Project«, das Wasserlager unter der Wüste anzapfen und über Pipelines in die Städte leiten sollte. Die südkoreanische Firma beschäftigte zahlreiche ausländische Spezialisten. Zdravko war dort aufgrund seines Temperaments und seines Charakters sehr beliebt.

Terry, der Engländer, machte ihm den Vorschlag, in der Wüste zu arbeiten. Zdravko sagte zu. Er stellte sich bei der südkoreanischen Firma vor, kündigte seine alte Arbeitsstelle und zog in die Wüste, eintausendeinhundert Kilometer von Bengasi entfernt. Dort verdiente er drei Mal so viel wie zuvor. Er war für die medizinische Versorgung der zweitausend Bewohner einer Arbeitersiedlung zuständig und fand exzellente Arbeitsbedingungen vor. Ihm standen alle Möglichkeiten der modernen Medizin zur Verfügung – Apparate, Notfallausrüstung, Medikamente, modernste Untersuchungstische, Organisation nach koreanischem Standard.

Ich blieb allein zurück. Wir schrieben uns Briefe, welche die täglich verkehrenden Busse mitnahmen, oder telefonierten. Wir nutzten jede Gelegenheit, die ihn beruflich nach Bengasi führte. Doch das war selten, er blieb dann eine Nacht und fuhr am nächsten Tag wieder zurück. Alle sechs Monate verbrachte er zwei Wochen Urlaub in Bengasi und zwei Wochen in Bulgarien. Insgesamt arbeitete er nacheinander in vier Arbeitersiedlungen, allerdings in kleineren.

Für mich ging das Leben weiter, hauptsächlich mit den Freunden am Strand. Sie waren nett, fröhlich und hatten im Unterschied zu den Bulgaren nur Spaß und Vergnügen im Sinn. Niemand wäre auf die Idee gekommen, seine persönlichen Probleme und Schwierigkeiten in unsere Oase zu tragen. Alles Unangenehme ließ man hinter sich, um diese schönen Augenblicke nicht zu trüben. Leider wurden einige der Freunde dann auch in diese unglückselige Affäre hineingezogen.

Edmond war ein Albaner aus Tirana, der als Gefäßchirurg auf der Dialysestation arbeitete. Er war ein gnadenloser Perfektionist. Er beherrschte vier Sprachen und hatte ursprünglich versucht, mit seiner Frau über Ägypten in die USA zu gelangen, aber es war ihm nicht geglückt. Die Arbeit war sein einziges Vergnügen. Er war so versessen, dass er Fisteln fotografierte, um ein Handbuch zu diesem Thema zu erstellen. Er lebte wie ein

Tier, achtete nicht auf das, was er aß, und investierte sein gesamtes Geld in chirurgische Fachliteratur. Er baute ständig Luftschlösser … Sein Traum war es, in Albanien ein privates Dialysezentrum aufzubauen. Ich weiß nicht, ob es ihm gelungen ist. Er verließ Libyen vor der Verhaftungswelle und wurde wegen des öffentlichen Genusses von Alkohol in Abwesenheit zu drei Jahren Gefängnis und einer Geldstrafe verurteilt.

Guido war ein Schweizer aus Bern. Er hatte an einer technischen Hochschule studiert und arbeitete in einer Papierfabrik in Bengasi. Er bewohnte ein Haus auf dem Gelände der Fabrik. Wir lernten uns 1994 kennen, damals war er noch keine dreißig Jahre alt. Er war ziemlich groß, blond, hatte blaue Augen, war charmant, aber ein wenig phlegmatisch – er bekam einfach den Mund nicht auf. Überhaupt schien er sich nicht besonders für das zu interessieren, was um ihn herum vorging.

Dennoch veranstaltete er fröhliche Empfänge in seinem Haus – er war von Natur aus gastfreundlich, konnte mit Menschen umgehen, war aber auch naiv und nicht besonders ehrgeizig. Er lebte in Scheidung. Die Frau, von der er sich trennte, war Ukrainerin. Er hatte sie in Omsk kennengelernt, wo er gearbeitet hatte. Sie besaß schon ein Kind aus einer früheren Ehe und hatte Guido sicher nur wegen seiner Schweizer Nationalität geheiratet. Er war nicht unbedingt ein lustiger Geselle, und manchmal tat er Dinge, auf die man nicht gekommen wäre – im Grunde war er ein großes Kind. Doch da Guido blond war und gut aussah, war er in Libyen eine Sensation, in der Schweiz fiel er sicherlich niemandem auf. Außerdem hatte er einen Kleinbus, mit dem er seine Freunde zum Strand mitnahm. Er war ein gutmütiger Typ, jemand ohne Hintergedanken. Niemand fühlte sich unwohl in seiner Gesellschaft. Doch auch Guido barg einen großen Kummer in seinem Herzen, den er mir einmal anvertraute.

Er war früher heroinabhängig gewesen, aber durch Methadon davon weggekommen. In Libyen zu leben war für ihn zweifellos eine Art Flucht vor der Realität, die er schwer ertrug.

Ich gab ihm Vitaminspritzen zur Stärkung – er hatte gerade eine Hepatitis B überstanden. Ich versuchte, ihm so gut wie möglich zu helfen. Allerdings konnte ich wenig für ihn tun, und viel mehr als für seine Ängste interessierte ich mich für seine Leberuntersuchungen. Oft fuhren wir im Anschluss an den Strandaufenthalt zu ihm. Wir verbrachten dort amüsante Abende, doch er betrank sich, um sich zu betäuben, nicht, um in Stimmung zu kommen. Am Ende sank er irgendwo nieder, schlief ein und überließ uns seine Wohnung.

Im Gefängnis musste ich manchmal an Guido denken. Er hatte mich in seiner Befragung als stark und dominant beschrieben. Vielleicht hatte er aus Angst etwas übertrieben oder hatte einfach gesagt, was man von ihm erwartete. Vielleicht hatte man ihm gedroht, ihn in Libyen festzuhalten. Mit Ruhm hat er sich bei dieser Geschichte jedenfalls nicht bekleckert. Es gibt andere Möglichkeiten, um sich solchen Dingen zu entziehen. Von einem Westeuropäer hätte ich etwas mehr Mut erwartet. Andere haben einfach geschwiegen. Er dagegen hat Eifer an den Tag gelegt.

Wie auch immer – den Hass und das Unverständnis habe ich besiegt und durch Gleichgültigkeit ersetzt. So sind eine Menge weiße Flecken in meinem Innern entstanden, vereiste Inseln, eine davon ist Guido.

Auch Alexander, einundfünfzig Jahre alt, ein Schotte, Ingenieur bei Brown and Root, tauchte auf meinen Fotos auf. Er war die Seele der ganzen Gruppe, intelligent, hatte immer ein Lächeln auf den Lippen. Er wirkte nicht wie jemand, der etwas verbergen musste, trotzdem hatte er sicher seine Geheimnisse. Sein Vater war Offizier gewesen, der seine ersten zehn Berufsjahre auf einem U-Boot verbrachte. Seine Firma übte in Bengasi die Bauaufsicht über die riesige Baustelle des »Great Man Made River Project« aus. Gegenwärtig ist Brown and Root der größte Auftragnehmer des amerikanischen Verteidigungsministeriums im Logistikbereich.

Ein Abend ohne Alex war nicht denkbar. Er war groß, hatte grüne Augen, war etwas untersetzt, ein Künstler … Er war ein hervorragender Sänger und Musiker, was er gern unter Beweis stellte. Außerdem war er ein ausgezeichneter Erzähler. Er war stets geistreich, ganz gleich, ob er etwas Trauriges oder etwas Lustiges erzählte. In Gesellschaft griff er zur Gitarre und spielte stundenlang seine Lieder. Er hatte ein interessantes Repertoire, und je mehr er trank, desto mehr sang er auch, und das mit einer Stimme wie Pavarotti. Er glänzte auch als Koch, und er verstand etwas von Gewürzen. Er liebte das Leben, beklagte sich niemals. Alex war ein Charmeur, der jedem das Gefühl gab, etwas Besonderes zu sein. Er war sehr beliebt. Es war für unsere kleine Truppe ein großer Verlust, als er im November 1998, drei Monate vor meiner Verhaftung, das Land verließ.

Der Winter kann in Libyen furchtbar langweilig sein. Doch auch in der Regenzeit wussten wir uns zu unterhalten. Wir organisierten Wettbewerbe: Es galt, eine Strecke von drei Kilometern auf einer zuvor mit Hinweisen markierten Strecke zu überwinden. Es kam darauf an, bis zum Ende durchzuhalten, dann erst wurde es lustig. Entlang der gesamten Strecke standen Zuschauer und hatten ihren Spaß an den kleinen Missgeschicken der Konkurrenten. Einer verlief sich hinter einer Palme, ein anderer war abgehängt worden, zwei waren in einem Graben verschwunden … Der Spielleiter zählte die komischen Momente des Laufs auf. Der Gewinner durfte Bier aus einer Gummi-Saugglocke trinken, wie man sie zum Reinigen von Abflüssen verwendet, was gar nicht so einfach ist. Diese »Schnitzeljagd« war ein in den vierziger Jahren auf Malaysia aufgekommenes Spiel, so erzählte es jedenfalls ein Engländer. Das ist die beste Gruppentherapie, die ich kenne, nichts fördert derart das Gemeinschaftsgefühl und das Klima. Jeden Freitag verabschiedeten wir uns unter Lachen bis zum nächsten Mal. Nur einmal kam es vor, dass ein Engländer eine rassistische Bemerkung über einen Malteser machte. Wir haben ihn ausgeschlossen. Die Gruppe duldete es nicht, dass irgendjemand verächtlich behandelt wurde.

Der Höhepunkt unserer Herbstsaison war Halloween. Der 31. Oktober beflügelte unsere Phantasie. Die Leute aus dem Westen trugen oft gekaufte Kostüme, wir Bulgaren nähten unsere selbst. Zdravko hatte sich einmal als Schornsteinfeger verkleidet, und alle hatten seine Mütze berührt, weil das Glück bringt.

Es gab alle möglichen Leute in unserem Grüppchen, unter anderem auch einen John Kennedy, einen Iren, der sich für Pferderennen begeisterte. Er wohnte in einer Villa, wie praktisch alle Ausländer, die sich ein Haus mieten konnten. Nur die Osteuropäer und die Philippiner lebten in den staatlichen Siedlungen. Wir trugen alle Spitznamen. Meiner lautete Christina Onassis, da gab es einen Torro Bocolino, einen Fliegenden Teppich, einen Paul McCartney …

Vor Gericht hat man mir neun Fotos von Personen mit dem Namen John gezeigt, die alle in Bengasi arbeiteten. Sechs davon kannte ich. Das Gericht interessierte sich allerdings offensichtlich nicht für Leute aus dem Westen, ihnen geschah nichts. Offiziell drohte Ausländern in Libyen vier Jahre Haft, wenn man sie mit Alkohol erwischte, doch die Polizei hat nie jemanden deswegen behelligt. Ich hörte einmal die Geschichte eines Engländers, den man betrunken in der Stadt aufgegriffen hatte. Die Polizisten nahmen ihn freundlich zur Wache mit, gaben ihm Tee zu trinken, spendierten ihm eine kalte Dusche und ließen ihn nach einigen Stunden wieder ziehen. Bodo, ein Deutscher, wusste zu berichten: »Mich hat man einmal angehalten. Ich war so sternhagelvoll, ich konnte gar nicht aus dem Auto steigen. Die Polizisten wirkten verlegen, sie haben mir geraten, ganz langsam zu fahren – die Straße war von Bäumen gesäumt –, und haben mir eine sichere Heimkehr gewünscht. Das war alles.«

Die Engländer brauten sich ihr eigenes Bier.

Anderthalb Liter Schnaps brachten auf dem Schwarzmarkt fünfundzwanzig Dinar. Man machte ihn aus Zucker, Früchten und Tomatenmark. Der bulgarische war natürlich der beste! Man hat mich übrigens auch wegen des Verkaufs von Alkohol verurteilt. Verkauft hatte ich bestimmt keinen, ich besaß aber welchen. Bei der Durchsuchung meiner Wohnung fand man eine Kiste Sekt, allerdings alkoholfreien. So genau hat man aber nicht hingesehen.

Marken-Whisky oder -Wodka kostete neunzig Dinar die Flasche. Das war nichts für mich, das konnten sich nur Leute leisten, die ein paar tausend Dollar im Monat verdienten. Ich hatte nie Zugang zum grauen Markt, wo man solche Sachen bekam, trank aber gern ein Glas, wenn ich irgendwo eingeladen war.

Ähnlich war es mit dem Geld ich kenne keinen Ausländer, der nicht ab und zu auf dem Schwarzmarkt getauscht hätte. Zwischen 1992 und 1998 bekam man auf dem Goldsuk für einen Dollar drei Dinar, auf der Bank war der Wechselkurs umgekehrt. Da konnte keiner widerstehen, und die Libyer wussten, dass sich niemand an die Vorschriften hielt.

Viele Ausländer in unserem Bekanntenkreis verdienten im Vergleich zu uns enorm viel Geld. Doch als Krankenschwester hatte ich immerhin ein mittleres Einkommen, und mein Mann verdiente als Arzt recht gut. Es reichte, um alles zu bezahlen –

wir konnten uns ein Auto leisten, uns kaufen, was uns gefiel, und noch Geld nach Bulgarien schicken. Große Sprünge konnten wir nicht machen, aber es war endlich ein normales Leben.

Nur mein Sohn fehlte mir. Es hatte für ihn in Libyen keinen bulgarischen Unterricht mehr gegeben, und ohnehin hatte es ihm in Bengasi nicht gefallen. Deshalb war er zu seiner Großmutter zurückgekehrt. Das war meine einzige Sorge. Ohne mich, das wusste ich, würde er nicht viel für die Schule tun und sich auch sonst eher gehen lassen.

Außer mir hatte er niemanden, der ihn ein wenig angetrieben hätte, damit er seinen Weg im Leben fand.

6

Der Zauberkasten

Eines Nachts, nachdem man mich nackt ausgezogen hat, um durch Salma die Aussage des unglückseligen Ashraf kontrollieren zu lassen, dass ich keine Blinddarmnarbe habe, kommen sie zu dritt: der Hund, der General und der Chemiker als Dolmetscher.

Ein Riesenlärm, alle Zellentüren fliegen auf, alle Krankenschwestern müssen heraustreten. Man verbindet uns die Augen, stellt uns wie zur Exekution vor eine Wand und befiehlt uns, mit ausgebreiteten Armen auf einem Bein zu balancieren. Mit verbundenen Augen ist das sehr schwierig. Wenn ich schwanke oder hüpfe, werde ich bestraft. Ein dickes, von Plastik umhülltes Metallkabel wird mir auf die Fußsohle geschlagen. Die perfekte Peitsche. Es gibt einen bulgarischen Volkstanz im 7/8-Rhythmus, der Ratschenitza heißt und ein wenig an irische Volkstänze erinnert. Diesen Ratschenitza tanze ich im Rhythmus der Kabelschläge. Linker Fuß, Schlag, rechter Fuß, Schlag, und so weiter, bis ich zusammenbreche, und das über mehrere Tage.

Ich habe gar keine Fußsohlen mehr. Man sieht nur noch Blasen, Blut und Eiter. Trotzdem muss ich mit ausgebreiteten Armen an der Wand stehen. Lasse ich sie sinken, saust das Kabel auf meinen Körper nieder, wahllos. Ich bin nur noch ein einziger

Bluterguss, man sieht kaum noch irgendwo die ursprüngliche Farbe meiner Haut. So geht es Tag und Nacht, manchmal nehmen sie statt des Kabels einen Stock, aber das macht keinen Unterschied mehr. Mein ganzer Körper schwillt an. Ich komme kaum noch in die Jeans, in der ich verhaftet worden bin. Am Ende muss ich auch noch laufen. Sie finden es lustig, wenn ich den Zellengang hinauf- und hinabrenne. Mein Gesicht sparen sie jedoch stets aus, ich soll vorzeigbar bleiben. Mit der Zeit weiß ich nicht mehr, wer ich bin, ich kann meinen eigenen Körpergeruch nicht mehr ertragen, ich stinke entsetzlich. Nach fünfundvierzig Tagen ohne Waschgelegenheit riecht mein Schweiß nur noch nach Angst. Ich versuchte, mir an den Wänden der Zelle die Fingernägel abzuschleifen. Langsam verwandele ich mich in ein Tier, ich denke nur noch daran zu überleben.

Am meisten prügelte uns Mohamed. Er sah gar nicht aus wie ein Polizist, und er wirkte auch keineswegs abstoßend, eher ganz normal, ein Brillenträger. Er schlug, ohne Fragen zu stellen, ohne Gefühl, methodisch, als verfolge er einen genauen Plan. Kaum hatte er aufgehört, verhielt er sich uns gegenüber wieder, als sei nichts geschehen. In einer der letzten Nächte auf dieser Polizeistation hat man uns einmal für einen Moment allein gelassen. Wir standen mit erhobenen Armen da und konnten kurz ein paar Worte wechseln. Valia flüsterte:

»Wie lange geht das noch?«

Ich antwortete nicht, ich zog nur meine Kleider hoch, und sie sah, dass ich vor lauter Schlägen ganz schwarz war. Man hatte mich am Vorabend mit dem Kabel oder dem Stock traktiert, ich weiß es nicht mehr. Mit einem Laken hatte man mich mit den Handgelenken am Fenster aufgehängt, meine Zehenspitzen berührten kaum den Boden. Mohamed spuckte mir ins Gesicht. Er schmierte mir Asche in den Mund und spielte mit einer Zigarette an mir herum. Er näherte sie meinem großen Zeh, da, wo der Nagel beginnt, und hielt sie dort, ohne die Haut zu berühren, so lange, bis mich die Glut versengte.

Dann schlug er mich wieder mit dem Kabel, bevor er die Frage stellte:

»Kennst du Serdjika?«

Ich verstand nicht, ich fragte ihn, ob es eine Philippinin sei. Später wurde mir klar, dass er Snejanka sagen wollte. Ich kannte sie nicht.

War Mohamed mit uns fertig, kam Salma. Sie hatte ein anderes Repertoire, sie ließ uns singen. Snezhana stimmte meist ein Kinderlied an. Salma war ein Ungeheuer, grausam auf weibliche Art. Sie verlangte von den Polizisten, uns mit ihren Nagelschuhen auf die nackten Füße zu treten.

Salma sah es gern, wenn uns vor Schmerz der Atem stockte.

Sie war ungefähr fünfzig Jahre alt und hauste in einem Winkel des Ganges vor den Zellen. Dort hatte sie zwei Matratzen, eine Decke und einen Kessel zum Teekochen. Sie war für uns verantwortlich, die Polizeistation war ihr Zuhause. Manchmal beobachtete ich sie durch die Ritzen meiner Zelle, und so sah ich eines Abends, wie sich ein junger Mann, ein Polizist von vielleicht zwanzig Jahren, zu ihr legte. Er ließ seine Hand unter ihre Decke gleiten. Und diese Frau mit ihrem Schleier, die so ehrsam, wenn nicht jungfräulich tat, zuckte unter seinen Händen. Ihre Glieder umschlangen sich, sie zeigten keinerlei Scham, wie Tiere. Salma betete fünf Mal am Tag und behauptete, sie hätte seit zwanzig Jahren keinen Mann mehr berührt. Dieselbe Salma, die es offenbar nach verbotenen Zärtlichkeiten gelüstete, hat einmal Valia die Zunge ins Ohr gesteckt, als diese nach einer Elektroschockfolter um Wasser bat. Sie hat von Snezhana verlangt, arabische Gebete zu sprechen, ihr einen Schleier übergezogen und sie eines Morgens mit auf den Hof genommen, um mit ihr zu beten.

So seltsam es klingt, wir hingen trotzdem an Salma, wir nannten sie Mama Salma. Das Ungeheuer, die ehrsame Zeugin unseres langsamen Sterbens, eine Frau ohne Gefühl, die reglos dem Leiden zusah, ganz einfach, weil sie keine Regungen hatte. Und doch hatte ich Tränen in den Augen, als sie uns eines Tages ankündigte, dass sie versetzt werde. Vielleicht ist es das, was man das Stockholm-Syndrom nennt: Man geht eine Bindung zu seinen Peinigern ein, jedenfalls zu jenen, die von allen die noch am wenigsten schlimmen sind.

Die »gute« Salma heulte wie ein Schlosshund, als man mich zum ersten Mal zur Elektroschockfolter abholte, und vielleicht habe ich ihr deshalb eine Träne nachgeweint. Dennoch verachte ich sie, weil sie zugesehen hat – mit ihren grünen Augen, die vielleicht sogar schön waren.

Valia war die Erste, die man zum Verhör anderswo hinführte als in das Büro des Kommissariats. Als man sie zurückbrachte, schwankte sie, als sei sie betrunken. Ehe man sie in ihre Zelle schob, konnte sie uns ein Wort zuflüstern: »Elektroschocks.«

Sie hat es vor mir erleiden müssen.

Bevor ich dann abgeholt wurde, hat man mich duschen lassen. Ich sollte sauber sein, der Hund hat mir sogar neue Kleider gegeben. Ich schlief außerhalb der Zelle, auf der Matratze, an der Seite von Salma.

Sie gab mir von ihrem Brathähnchen ab und spendierte Limonade. Dieser ungewöhnliche Luxus konnte kein Zufall sein. Am nächsten Tag verstand ich den Grund. Sauber und gut angezogen brachte man mich mit verbundenen Augen in ein Gebäude der Schule für Polizeihunde.

Ich hörte einen Mann vor Schmerzen schreien. Sofort drängte

sich mir der furchtbare Gedanke auf, dass es vielleicht Zdravko war.

Damals konnte ich noch nicht wissen, dass da in Wirklichkeit ein Polizist schrie, um mir zur Einstimmung Angst einzujagen. Folterer sind erfahrene Leute, die Psychologie des Terrors ist ihr tägliches Brot.

Der Hund nahm mir die Augenbinde ab und begann:

»Wir haben das Aidsvirus in den Flaschen gefunden, wie kommt das?«

»Wenn das Virus darin war, muss jemand die Flaschen damit kontaminiert haben.«

»Antworte!«

»Ich weiß nichts.«

Meine Antworten waren stets kurz und verneinend.

»Ich weiß nicht. Ich weiß nicht. Ich weiß nicht.«

Ich schaute starr auf das Bild von Gaddafi an der Wand gegenüber.

»Weißt du, wer das ist?«

»Der Präsident.«

»Weißt du auch, dass dieser Mann mein Onkel ist und dass er mir erlaubt hat, mit dir zu machen, was ich für richtig halte?«

Ich weiß nicht, ob Gaddafi wirklich sein Onkel war, vermutlich nicht. Was ich verstand, war, dass ich mich in einer ausweglosen Situation befand.

Der Hund befahl: »Karaba!« – Stromschläge –, und ging hinaus.

Seine Leute haben mich auf eine Matratze gepackt und an meinen Fingern und Zehen Kabel befestigt. Mir gegenüber saß der Chef der Schule für Polizeihunde. Ich sah den Apparat, ein Kasten, er erinnerte an ein altes Feldtelefon mit einer Handkurbel, nur etwas größer. Es war ein Elektrogenerator.

Der Kasten erzeugt einen lähmenden Schmerz. Wenn es ein körperliches Gefühl gibt, das dem Wahnsinn entspricht, dann muss es dieses sein. Man kann sich nicht in sich verkriechen und das Leiden abwehren. Nicht eine einzige Zelle des Körpers entkommt dem Schmerz.

Eine Umdrehung mit der Handkurbel, und man zuckt zusammen, ein paar schnelle Umdrehungen, und man versinkt in einer schwarzen Spirale. Man kann nicht einmal das Bewusstsein verlieren, das ist das Allerschlimmste, die Dosis ist genau berechnet, gerade so viel, dass man den Tod in unmittelbarer Nähe spürt, ohne sich ihm entgegenstürzen und so entkommen zu können.

»Aids, das Kinderkrankenhaus, gestehe. Ashraf. Los, erzähle!«

Eine erneute Umdrehung der Kurbel.

Zu dritt beugen sie sich über meinen Kopf. Sie unterhalten sich in einer Sprache, die nicht Arabisch ist, es klingt nach Hebräisch.

Ich weiß nicht, ob ich wirklich noch da bin oder ob ich mich schon von meinem Körper abgelöst habe. Doch, ich bin da, ich habe Schmerzen.

Der Hund hält mir ein kleines Tonbandgerät ans Ohr, damit ich die Stimme einer Frau hören kann, die auf Bulgarisch sagt:

»Ja, sie hat uns die Flaschen mit dem Blutplasma gegeben. Wir haben ein wenig davon auf Spritzen aufgezogen und den Kindern verabreicht.«

Eine andere Stimme sagt ebenfalls auf Bulgarisch:

»Es war Kristiyana, die uns das Geld und das Blutplasma gegeben hat. Wir haben es Kindern injiziert.«

Ich sterbe, ich habe solche Schmerzen.

»Du weißt davon.«

»Ich weiß nichts.«

»Du weißt es.«

Man holt Nassya. Ich liege immer noch auf der Matratze, ich schaue ins Leere. Sie beugt sich über mich.

»Kristiyana, bitte, sage ihnen alles! Sage die Wahrheit!«

Danach kommt Valentina. Der Hund fragt sie:

»Ist Kristiyana eure Anführerin?«

»Ja.«

In diesem Moment war ich völlig zerschmettert. Ich hatte drei Zeugen gegen mich: Ashraf, Valentina und Nassya. Welchen Sinn hatte es da noch, Widerstand zu leisten? Nassya, die ich gar nicht kannte. Ich hatte die blondierte junge Frau zum ersten Mal an jenem unseligen 9. Februar im Bus gesehen. Als man sie an jenem Abend ansprach, dachte ich zuerst, sie sei Ukrainerin oder Polin.

Valentina, die »Kleine«, auch sie Krankenschwester im Kinderkrankenhaus. Nichts verband mich mit ihr, nicht einmal ein Foto. Da hörten die Stromstöße auf.

Zwei Stunden später ging es weiter. Sie wiederholten die gleichen Fragen, ich wiederholte die gleichen Antworten. Auch bei der zweiten und dritten Runde Elektrofolter blieb ich dabei.

Ich dachte, ich könnte es aushalten. Sie schleppten mich mit ihrem Kasten in das Büro des Leiters der Polizeihundeschule.

Diesmal gab es Publikum, der General und seine getreuesten Schergen, außerdem stand da ein eisernes Bettgestell mit kaputten Federn. Sie banden mich wie einen Hund mit Lederschlaufen an das Bettgitter. Abdul der Chemiker bediente die Handkurbel.

»Wer steckt hinter der Verschwörung?«

»Ich weiß nicht.«

Ich krümmte mich wie ein Wurm, man konnte das versengte Fleisch riechen.

»Welche Rolle hast du dabei gespielt?«

Schweigen. Ich konnte nicht mehr. Auch mein Geist war wie angesengt. Ich wollte nur noch, dass sie aufhörten, diese Zuckungen waren schlimmer als der Tod. Weinen oder betteln konnte ich nicht mehr, ich war bloß noch ein Klumpen Angst und Reflexe. Um zu weinen, muss man denken. Ich hatte kein Gehirn mehr. Da machte ich die Erfahrung, dass man wirklich vor Angst mit den Zähnen klappert und dies nicht bloß eine Redensart ist.

Ich zitterte am ganzen Körper. Unmöglich, es zu unterdrücken, ich hatte keine Kontrolle mehr über mich.

Sie hatten mich ausgelöscht. Das war nicht mehr ich. Mit einer Stimme, die völlig von meinem Körper losgelöst war, hörte ich mich heulen:

»Ich bin schuldig! Ich habe das verseuchte Blut besorgt!«

Da hörten die Stromstöße auf. Mein Körper zitterte immer noch.

»Wo hattest du es her?«

»Aus Bulgarien.«

»Wie hast du das gemacht?«

Ich wusste nicht, was ich sagen sollte, ich hatte gedacht, sie wollten bloß ein Geständnis, aber das Schlimmste sollte noch kommen, nun erwarteten sie Details.

»Wer sind die Drahtzieher? Wer sind die anderen? Wo habt ihr euch kennengelernt? Was war der genaue Plan? Wie sind sie mit dir in Verbindung getreten?«

Elektroschocks trieben die Geschichte aus mir heraus, der Terror förderte ein unglaubwürdiges Szenario samt erfundenen Personen zu Tage.

»War Terry Keen dein Anführer?«

Terry, der Engländer, ein Kollege von Zdravko, er war auf meinen Fotos zu sehen.

»Nein.«

Stromstoß.

»Wer dann?«

»Jimmy.«

Die Handkurbel stand still.

»Schreib es auf!«

Es gelang mir nicht, ich zitterte zu sehr. Ich erfand etwas anderes, um Zeit zu gewinnen, ich musste ihnen die Antworten liefern, die sie haben wollten.

»Jimmy, eigentlich heißt er John.«

»Wer ist das?«

»Ein Engländer.«

»Wie hat er dich kontaktiert?«

»Er hat im Krankenhaus angerufen und um ein Treffen gebeten, es sei wichtig. Ich habe ihn zu mir nach Hause eingeladen.«

John erfand ich, weil sie mir Fragen über Terry stellten. Das Schlimmste für mich wäre es gewesen, auch noch einen Freund hineinzuziehen. Aber ich musste auch eine Beschreibung von John liefern: »Groß … hellbraune Haare … blaue Augen … kein Bart … elegant.«

Es gab diesen Mann nicht. Jedes Detail seines Äußeren entsprang einer Umdrehung der Handkurbel.

Noch eine Umdrehung.

»John ist zu mir nach Hause gekommen, er hat mir zwanzigtausend Dollar angeboten, ich habe sie genommen. Ich habe jeder der anderen Krankenschwestern tausend Dollar gegeben, und Ashraf fünftausend.«

Ashraf habe die Geschichte erfunden, ich hätte ihn mit einem Foto erpresst, das ihn in einer kompromittierenden Situation mit einer bulgarischen Ärztin zeigte.

Manchmal verhörten sie uns gleichzeitig, sie trugen dann den Kasten von einem Zimmer ins andere, rangen einem von uns eine erfundene Information ab und liefen zum anderen, um ihn nach Einzelheiten zu befragen oder umgekehrt. Und so musste ich mich nach der Geschichte von Ashraf richten, und er sich nach meiner.

Eines Tages verhörten sie uns im selben Raum. Wie in zwei Särgen lagen wir da, Folterbett an Folterbett. Ashraf trug ein langes, schmutziges arabisches Gewand, das sie ihm bis über die Taille hochzogen. Darunter war er nackt, das Elektrokabel war an seinem Penis befestigt. Ich weiß nicht, ob er die Erniedrigung noch spürte. Ich empfand nichts mehr dabei, wenn sie mich entkleideten, ich war nur noch ein Tier, ich erinnerte mich nicht mehr daran, eine Frau zu sein. Kein Körper mehr, keine Scham mehr, ich war vollkommen geschlechtslos. Vielleicht ging es ihm ebenso.

Wir weinten und schrien gleichzeitig. Ein hysterisches, zweistimmiges Lied stieg aus den Stromstößen auf, vermischt mit den Worten, die sie hören wollten. Er heulte, ich heulte. Er sagte, ich hätte ihm Geld gegeben, ich sagte ja.

Es kam sogar vor, dass ich den Hund fragte:

»Wie viel habe ich ihm gegeben?«

Er antwortete:

»Fünftausend Dollar.«

»Dreitausend Dollar.«

Und der Hund lachte. Das Delirium erreichte unter der Stromfolter seinen Höhepunkt. Alles war von Bedeutung. Der Spielort: das Büro des Chefs der Polizeihundeschule. Die Ausstattungsstücke: die Blutplasmaflaschen, die man um uns aufgebaut hatte. Eine Hand auf der Kurbel des Generators.

»John brachte eine Flasche Whisky mit.«

Je unsinniger es war, desto eher wurde es akzeptiert. Sie wollten in mir eine verkommene Person sehen, die zu allem bereit ist.

»John hat von mir verlangt, eine Gruppe aufzubauen, um die Kinder mit dem Blutplasma zu infizieren, andernfalls sei meine Familie in Todesgefahr.«

Diese Idee hatte mir der General eingeflüstert, er hatte mir damit gedroht, meinen Sohn zu entführen und ihn in meinem Beisein genauso wie mich zu foltern, sollte ich nicht gestehen. Der Dolmetscher behauptete auch, mein Mann habe sich beide Arme gebrochen, ich solle mich also besser erinnern.

Viel Strom ist durch meinen Körper geflossen, bevor die Zahl der verseuchten Kinder sie zufriedenstellte.

Auch ein junger, gut aussehender libyscher Arzt beteiligte sich an dieser abscheulichen Aktion. Er war schon dabei gewesen, als man meine Fußsohlen folterte. Damals hatte er mir in aller Seelenruhe den Ratschlag gegeben:

»Sag einfach alles, was du weißt.«

»Ich weiß nichts, ich habe nie dort gearbeitet. Schauen Sie sich meine Füße an, sind das Ihre Methoden?«

»Manchmal ist das nötig, um die Wahrheit herauszufinden.«

Der hübsche libysche Arzt schaute nun zu, während die anderen versuchten, die Zahl der infizierten Kinder herauszubekommen. Stromstoß: dreihundert. Erneuter Stromstoß: vierhundert. Noch ein Stromstoß: tausend.

Plötzlich sagte er:

»Hört auf, sie weiß es nicht.«

Auf die gleiche Weise versuchte man aus der Kleinen herauszubekommen, wem sie eine Aidsspritze gegeben habe. Stromstoß.

»Wer war das erste Kind?«

»Ein Mädchen.« Stromstoß: »Ein Junge.« Stromstoß: »Ein Mädchen.«

Sie wussten selbst nicht, was sie eigentlich hören wollten. Im Verlauf der Jahre wurde klar, dass sie sich auf eine Zahl von vierhundertdreißig Kindern versteift hatten, die wir angeblich infiziert haben sollten. Sie haben lange nach diesen Kindern gesucht.

Doch die Eltern der kranken Kinder glaubten den Folterern. Am Anfang des Prozesses umfasste die Anklageschrift dreihundertdreiundneunzig Namen. Als es zum Verfahren in Bengasi kam, war die Zahl auf vierhundertsechsundzwanzig angewachsen. Jahre später, als die Entschädigungslisten vorbereitet wurden, waren es vierhundertneunundzwanzig Namen.

Bis zum Schluss ist der vierhundertdreißigste Fall nicht aufgetaucht. Außerdem stellte sich heraus, dass Dutzende Namen doppelt genannt und manche Kinder nie in diesem Krankenhaus gewesen waren.

Doch all das hatte keine Bedeutung. Wir mussten die Schuld anderer auf uns nehmen. Am Ende hat eine ganze Reihe von Ländern ohne Murren an vierhundertsechzig Familien je eine Million Dollar bezahlt.

Stromschläge, Zuckungen, Krämpfe, als würde mir jemand mit dem Löffel im Gehirn herumwühlen. Ich hatte keine Widerstandskraft mehr.

»John hat zu mir gesagt, es sei ein wissenschaftliches Experiment. Aids hat er nicht erwähnt.«

Auf die Idee mit dem Experiment kam ich, weil ich nicht lange zuvor *Bittere Medizin* von Arthur Hailey gelesen hatte, ein

Buch über einen Pharmakonzern. Schon akzeptiere ich alles. Ich bin mit allem einverstanden. Ich habe versucht, Ashraf zu erpressen. Ja, das Wäschestück gehört mir. Ja, ich habe mich bereit erklärt, die Gruppe zu organisieren. Ja, John hat mir Geld gegeben.

Ich bettelte darum, dass man mit den Elektroschocks aufhört, dass sie mir einfach sagen sollten, was sie hören wollen, ich war bereit, alles zu wiederholen. Doch nein, sie wollten es aus mir herausholen.

Also erzählte ich ihnen eine Mischung aus Arthur Hailey und den Versatzstücken, die sie mir suggerierten. Sie hatten drei Zeugen gegen mich aufzubieten, die durch die Folter gegangen waren. Ich wusste, was immer ich sagte, es hatte keine Bedeutung mehr. Ich konnte das nicht durchhalten. Alles, was ich wollte, war, dass die Stromstöße aufhörten.

Einmal warf ich beim Versuch, den Krämpfen zu entkommen, beinahe das Bett um, auf dem ich angeschnallt war.

Wie ich Nassia kennengelernt habe? Ich sage, ich hätte sie im Dezember 1997 zum ersten Mal gesehen. Ein Fehler. Ich konnte nicht wissen, dass sie erst drei Monate später nach Libyen gekommen war. Während ich meine Geschichte erfand, erfanden Ashraf und Nassya ihre eigenen. Davon, dass das nicht immer zusammenpasste, ließen sich die Polizisten in ihren Kombinationen nicht weiter aufhalten: John hatte mich angeheuert, ich Ashraf und er wiederum die Krankenschwestern.

Mehrfach führten sie uns mit Ashraf zusammen. Damals, er war völlig verzweifelt und nur noch ein Schatten seiner selbst, erfand er eine neue Figur.

»Es gibt einen Ägypter in der Gruppe.«

Man fragte mich:

»Wer ist es?«

»Adel, er arbeitete mit John. Er kontrollierte die Flaschen.«

Ashraf hatte von achtundvierzig Flaschen gesprochen. Bei mir zu Hause hatte man fünf gefunden.

Stromstoß.

»Wo sind die dreiundvierzig anderen?«

»Ich weiß es nicht.«

Stromstoß.

»Ich habe sie den anderen gegeben.«

»Wo hast du ihnen die Flaschen gegeben?«

»Ich weiß nicht.«

Stromstoß. Der Dolmetscher souffliert mir:

»Im Café des Hotel Tibesti, eingewickelt in Zeitungen.«

Ich war so froh, die richtige Antwort zu haben, dass ich sie wie eine brave Schülerin wiederholte. Das ersparte mir einige Umdrehungen der Handkurbel, welch ein Glück.

»Wo sind die zehntausend Dollar?«

Zdravko und ich hatten ein Konto bei einer maltesischen Bank eröffnet, auf das sein Gehalt floss und über das ich Devisentransfers abwickelte. Seit unserer Ankunft hatten sich dort fünfundvierzigtausend Dollar Ersparnisse angehäuft, alles aus nachvollziehbarer Quelle, wie man aus unseren Arbeitsverträgen ersehen konnte.

»Warum auf Malta, wo die Devisen doch über London laufen?«

Das hatte einen ganz einfachen Grund: Es war eine britische Bank, und die Gesellschaft, für die Zdravko arbeitete, besaß dort ihre Konten.

Von Anfang an hatten sie versucht, eine Verbindung in den Westen zu konstruieren. Also fragten sie: Warum, warum, warum? Wo sind die zehntausend Dollar? Sie sahen auch, dass irgendetwas nicht stimmte. Auf unserem Konto waren die zehntausend Dollar von John jedenfalls nicht, nur offizielle Gehaltszahlungen. Mir blieb keine Wahl.

»Ich habe sie ausgegeben.«

Der Dolmetscher wollte witzig sein.

»Ja, ja, Geld rollt, schnell ist es weg …«

Die Tage liefen wieder unterschiedslos ineinander, ich weiß nicht mehr, wie oft ich mit gespreizten Gliedern an den Kabeln hing. Sieben Personen wechselten sich darin ab, mich zu foltern. Es ging immer wieder von vorne los. Am meisten engagierte sich der Chemiker. Er gab sozusagen das Drehbuch vor. Er konnte den guten wie den bösen Bullen spielen, er versuchte, mich zu kaufen. Danach folterte er mich. Er beherrschte perfekt die klassischen Methoden der Quälerei. Wenn meine Zehen von den Kabeln verbrannt waren, so klemmte er sie immer wieder an den gleichen Stellen an, wieder und wieder. Ich bekam nervöse Tics, mein Gesicht grimassierte wie das einer Verrückten. Da ermahnte ihn der Hund:

»Pass auf die Psyche auf.«

Der Kasten konnte einfach alles. Aber der Chemiker war auch sehr gewissenhaft. Jahre später habe ich verstanden, wieso. Er war verwundbar. Bei unserer Verhaftung war er Leiter der pharmazeutischen Beschaffungsabteilung im Gesundheitsministerium gewesen. Durch seine Hände waren alle Importe von Blutplasma, anderer Blutprodukte und Impfstoffe gegangen. Es hieß, Anfang der neunziger Jahre in Österreich produziertes, kontaminiertes Blutplasma sei nach Libyen gelangt. Damals wusste ich von diesen Dingen nichts, ich begriff nur, dass er aus mir jemanden machen wollte, der mit verseuchtem Blutplasma gehandelt hatte, um auf Anstiftung des Mossad den Untergang der Dschamahirija, der Libyschen Volksrepublik, herbeizuführen.

Als der Chemiker alles bekommen hatte, was er wollte, ging er hinaus. In der Tür drehte er sich noch einmal mit breitem Lächeln um und sagte zu mir:

»Es ist doch ein Zauberkasten!«

7

Das Unaussprechliche

Als Erholung von den Elektroschocks ließen sie mich über einen dornigen Acker laufen. Ich hatte keine Haut mehr unter den Füßen. Sie mussten mich hinter sich herschleifen, ich konnte nicht mehr gehen. Die Dornen hatten sich ins nackte Fleisch gebohrt. Der Chemiker zielte von hinten auf meine Beine und feuerte mehrere Schüsse ab, damit ich schneller lief. Dann erleichterten sie mir die Sache und ließen mich auf Knien über Schotter rutschen.

Das ging besser, ich spürte nichts. Es gibt verschiedene Stufen physischen Leidens – ich glaube, ich habe sie alle durchlaufen. Manchmal kam alles auf einmal: Schmerzen in den Beinen, gelähmte Muskeln, die Haut in Fetzen und ein völlig zermalmtes Hirn, oder ein Krampf, der den ganzen Körper erfasst. Während ich versuche, das Entsetzen zu beschreiben, wird mir klar, dass es unmöglich ist. Es gibt keine Worte für das, was wir durchgemacht haben.

Als ich mich eines Tages von dem Folterlager erhob, hatte ich kaum noch Haare auf dem Kopf. Der General hatte die letzte Elektrode angeschlossen. Ich hatte keine Ahnung, wann mir die Haare ausgefallen waren. Vielleicht als ich mich hin und her gewunden hatte.

Ich war fast bewusstlos durch die Elektroschocks und schrie »O mike«, was auf Bulgarisch »Oh Mama« heißt. Der Chemiker dachte, ich würde auf Englisch »Oh, my god!« ausrufen. Hysterisch grinsend rief er:

»Wo ist er denn jetzt, dein Gott? Hier ist er nicht!«

Zu dem Zeitpunkt glaubte auch ich, er sei nicht da. Und er zeigte sich mir auch sehr lange nicht mehr.

Eines Tages setzte man mir eine Sauerstoffmaske auf, während ich mit verbundenen Augen dalag, und gab mir eine Spritze. Der Hund erriet, dass ich keine Ahnung hatte, was mit mir geschah, und rief mir zu:

»Wir stecken dich jetzt mit Aids an!«

Ich glaubte es nicht, aber es wäre mir auch egal gewesen. Das Einzige, wovor ich Angst hatte, waren die Elektroschocks. Ich zitterte schon beim Gedanken daran und schlug auf der Horrorpritsche um mich.

Eine Männerstimme ertönte:

»Bleib ruhig, es gibt keine Elektroschocks.«

»Wer sind Sie?«

»Mister Z.«

Später erfuhr ich, dass der mysteriöse Mister Z ein Anästhesist vom Geheimdienst war. An seinen ganzen Namen kann ich mich nicht erinnern, Abdul irgendwas …

Ich spürte, wie etwas durch meine Venen rann, und hörte von weit weg die Stimme vom Hund:

»Sag, wie viele Plasmaflaschen du mit Aids infiziert hast!«

Das Mittel wirkte, ich fühlte mich entspannt, leicht, fast euphorisiert. Ich hatte Lust zu reden.

»Ich habe nichts in die Behälter gefüllt. Vielleicht war ja jemand bei mir und hat etwas reingetan.«

Was dann kam, weiß ich nicht mehr. Morgens erwachte ich

auf der Matratze, auf der ich auch in den Büroräumen der Hundeschule geschlafen hatte.

Dreimal gaben sie mir die »Wahrheitsdroge« und stellten mir dabei Fragen. Für mich waren die Verhöre mit dieser Spritze eine regelrechte Erholung, ganz unverhofft. Aber damit war es auch bald wieder vorbei. Außerdem waren sie sicher unergiebig, denn gleich ob mit oder ohne Droge, ich sagte bestimmt immer dasselbe.

Eines Tages saß ich wieder im Büro der Dressurschule und hatte die beiden Anführer vor mir, den General und den Hund. Sonst war niemand anwesend.

»Zieh dich aus!«

Es war wie in einem Alptraum. Gleich einem Roboter ließ ich meine Kleider fallen.

Der General hielt eine Art Elektrostab in der Hand. Pervers, wie er war, hatte er wahrscheinlich seinen Spaß daran, sich dieser Waffe zu bedienen. Er ließ sie zunächst über meine Brustwarzen kreisen. Elektrostöße von solchen Geräten sind eigentlich schmerzhaft, aber kein Vergleich mit den Elektroden des »Zauberkastens«; stark genug, um eine Reaktion zu provozieren, aber ich war so viel Schlimmeres gewöhnt … Der General wollte mich erniedrigen. Der Stab glitt über meine Haut.

Er steckte ihn mir zwischen die Beine. Ich spürte nichts. Mein Körper war abgestumpft.

Die Perversion hatte keine Wirkung mehr, man konnte mich nicht mehr treffen, ich war weit weg.

Nackt, mitten im Zimmer, wie ein Schreckgespenst.

Der Hund fuhr die Innenseite meiner Schenkel entlang. Dann ließ er von mir ab.

Der andere schien ungerührt, er guckte nur. Es war ein erbärmlicher, sinnloser Versuch.

Der Hund hatte mit diesem Stock aus Kunstharz getan, was er sich anders nicht erlauben konnte. Doch nichts konnte mir noch etwas anhaben. Ich war ihnen innerlich längst entkommen.

Während der letzten Tage versuchten sie erneut, etwas aus mir herauszubringen, das ich bisher beharrlich verschwiegen hatte. Und dabei blieb ich.

Wo John und Adel seien? Ich schwieg. Nichts konnte mein Schweigen brechen, mein Mund war versiegelt. Ich war abgemagert, ich aß nichts mehr. Ich schlief ohne Alpträume und ohne Tränen. Ihre Abscheulichkeiten hatten mich versteinern lassen.

Ich wusste inzwischen, wohin ich mich flüchten konnte. Auf dem Regal im Büro des Chefs stand fast in Reichweite ein Fläschchen, auf dem ein Totenkopf abgebildet war, ein Mittel gegen Ungeziefer bei Hunden. Ich hatte es bemerkt, als sie sich unablässig damit abmühten, mir mit ihrem Repertoire an Giftmitteln zu drohen.

Ich war erleichtert. Ich konnte es jederzeit einnehmen, wenn sie wieder mit ihren Elekroschocks anfangen würden, und alles wäre vorbei. Ich hatte jetzt die Wahl zwischen Elektroschocks, Geständnis und dem Tod. In mir kehrte etwas Ruhe ein. Ich wusste, dass sie mich nicht mehr für ihre Zwecke vereinnahmen konnten.

Mir war jedes Zeitgefühl abhanden gekommen. War es April oder Mai? Im Hof der Hundeschule tauchten zwei Polizistinnen in Zivil auf. Ich fürchtete, der General habe beschlossen, seinen Wunschtraum fortzusetzen und mir intime Qualen zuzufügen, und zwar von Frauenhand, denn ich wusste, dass er es nicht selbst tun würde, um die islamische Moral zu wahren. Doch dazu kam es nicht. Ich sollte in einen Polizeiwagen einsteigen und mich neben eine der Polizistinnen auf die Rückbank legen.

Von mehreren Wagen eskortiert, fuhren wir los. Die Fahrt dauerte lange, bis zum Krankenhaus von Bengasi. Dort sperrte man mich in ein Zimmer, meine neue Zelle. Es sah aus wie frisch renoviert, es gab ein Bad, Toiletten und ein Bett – ein echter Luxus.

Ich blickte aus dem Fenster auf die Bäume im Hof. Die Blätter sahen aus wie kleine Männchen am Galgen, Hunderte Gehenkte …

In einem Nebenraum drang unablässig Lärm aus einem Radio, was außer mir niemand hörte.

Am nächsten Tag kam der Hund mit einer Tüte voller Papiere: Pässe und Fotos. Er hatte Bilder von allen Ausländern zusammengesucht, die in der Gegend arbeiteten, und breitete die Fotos auf dem Tisch vor mir aus.

»Welcher davon ist John?«

Ich sah mir die Gesichter an und antwortete, selbst wenn ich sie wiedererkannte:

»Ich weiß es nicht, er ist nicht dabei.«

Dann zeigte er mir Araber.

»Welcher ist Adel?«

Ich antwortete dasselbe.

Der Hund zischte wie eine Schlange:

»Das habe ich mir schon gedacht!«

Er sammelte die Fotos ein und rief mir, bevor er die Tür hinter sich zuwarf, noch zu:

»Vergiss nicht, der Elektroschocker liegt im Auto!«

Beim nächsten Mal kam er in Begleitung eines Staatsanwalts aus Bengasi, eines etwa vierzigjährigen, sympathischen jungen Mannes.

Der Hund gab mir ein Zeichen, ich solle reden, und ich begann mit meiner Geschichte.

Ich spulte ab, was ich während der Foltersitzungen auswendig gelernt hatte, stumpfsinnig und seelenlos, ich betete mein Sündenregister herunter, lauter Missetaten, die ich nicht begangen hatte. Der Staatsanwalt hörte aufmerksam zu, ohne eine Reaktion zu zeigen.

Als ich fertig war, äußerte er Zweifel:

»Was du erzählst, hat sich vielleicht nicht ganz so zugetragen. Irgendwann in den nächsten Tagen werden wir uns unter vier Augen sehen.«

Ich weiß nicht, wie sie seine Zweifel ausgeräumt haben. Vielleicht, indem sie ihn ganz einfach dazu gebracht haben, der Sache nicht weiter nachzugehen. Die Begegnung, die er mir in Aussicht gestellt hatte, fand jedenfalls nie statt.

Zehn Tage hielten sie mich in dem Zimmer fest. Ein-, zweimal kamen Leute, die durch die Tür kurz einen Blick auf mich warfen. Ich kannte sie nicht. Man brachte mir Essen aus dem Hotel Tibesti. Ich aß nichts, ich hatte mindestens zehn Kilo abgenommen und redete nicht mehr. Es war meine stumme Phase. Ich starrte auf einen Punkt, empfand nichts und sah nichts außer den Blättern, die aussahen wie kleine Männchen am Galgen.

Während der Rückfahrt zu meiner verdreckten Zelle mit der widerwärtigen Matratze schloss ich die Augen, um zu beten und zu vergessen. »Mein Gott, lass mich sterben. Ein Autounfall. Bitte. Verschone die anderen, aber erlöse mich von alldem.«

Mit mir im Auto saßen zwei junge Polizistinnen, der Fahrer und der General. Uns folgte, mit mehreren anderen Insassen, der Hund in seinem Privatwagen. Neunzig Kilometer vor Bengasi wurde meine Bitte erhört: Der Wagen vom Hund geriet plötzlich auf die Gegenfahrbahn, kam von der Straße ab und überschlug sich auf einem Acker.

»Ich danke dir, Gott.«

Alle überlebten. Aber während man ihnen aus dem Wagen half und sich ringsum eine Menschenmenge bildete, verharrte ich wie gelähmt vor den liegengebliebenen Gewehren und stützte mich auf den Sitz neben mir. Etwas zu unternehmen kam mir nicht in den Sinn. Ich verspürte eine eigenartige Befriedigung, gepaart mit Furcht.

Gab es in mir noch so etwas wie geistige Kräfte? War das Auto durch die Kraft meiner Gedanken von der Straße abgekommen?

»Du Biest!«

Ich begriff, dass ich gemeint war. Ich wand mich um und blickte in das aufgebrachte und wirre Gesicht des Fahrers. Ich weiß nicht, wie er darauf kam, dass mein Gebet ihn fast das Leben gekostet hätte.

Ich sah ihn ausdruckslos an.

Wir fuhren weiter, und auf den tausend Kilometern, die folgten, ging es mir besser, einfach weil es diesen kurzen Moment göttlicher Gerechtigkeit gegeben hatte.

Ich dachte an meine Großmutter. Man sagte ihr nach, sie könne hexen, denn sie praktizierte hin und wieder Flüche und Verwünschungen dieser Art.

Meine Großmutter Anna lebte bei uns. Wenn meine Eltern stritten, flüchtete ich mich in ihr Zimmer. Ich weiß nicht, ob sie mich mochte, sie zeigte keine Zärtlichkeit. Großmutter Anna, die nicht lesen und schreiben konnte, war in den zwanziger Jahren als junges Mädchen in die Hauptstadt gekommen. Alles, was sie wollte, war eine Anstellung als Hausmädchen bei reichen Leuten. Sie war sechzehn und hat nie erzählt, wie sie in der Stadt überlebt hat. Ich weiß, dass sie, als sie dreißig war, mit einem Russen zusammenlebte, der aus seiner Heimat geflohen war. Er hatte sie aufgenommen. Der Russe trank und schlug sie. Sie ertrug ihn zwanzig Jahre lang, bis sie ihn eines Tages verfluchte:

»Auf dass die Straßenbahn dich in Stücke reiße!«

Das war im Juni 1959. Am darauffolgenden Tag war Sofia Schauplatz einer großen Tragödie: Die Schranke eines Bahnübergangs wurde nicht rechtzeitig heruntergelassen, und der vorbeifahrende Zug riss eine Straßenbahn mit sich fort. Sechzig Menschen kamen ums Leben. Meine Großmutter, der Straßenbahnfahrer und eine andere Frau waren die einzigen Überlebenden. Der Russe konnte nur anhand seiner Stiefel identifiziert werden …

Ich weiß nicht, ob meine Großmutter im Himmel oder in der Hölle erhört wurde. Jedenfalls reagierten höhere Kräfte auf ihre Verwünschungen.

Ihr Nachbar hatte einst ein Loch gegraben, in dem er seinen Müll entsorgte. Der Gestank drang bis ins Zimmer meiner Großmutter. Ständig herrschte sie ihn deswegen an, aber er weigerte sich, das Loch zuzuschaufeln. Völlig entnervt warf der Nachbar eines Tages einen Klumpen Erde nach ihr, um sie zum Schweigen zu bringen, woraufhin sie schrie:

»Krümmen sollst du dich vor Schmerzen!«

Tags darauf hatte er einen Herzinfarkt. Das Loch blieb, aber die Hexe war zufrieden.

Meine unglückliche, böswillige Großmutter Anna war eine Kämpfernatur. Ich hatte keine Angst vor ihr. Sie erwartete ständig, sie würde einen Autounfall haben und sterben, und lebte doch immer weiter. In meinem letzten Urlaub sah ich sie wieder. Noch bevor sie mich begrüßte, rief sie:

»Gib mir Geld, damit ich die Stromrechnung bezahlen kann!«

Ich gab es ihr.

»Jetzt geh mir ein Bier kaufen!«

Ich kaufte ihr eines. Meine Großmutter hatte mich zwei Jahre lang nicht gesehen und scheinbar nicht vermisst. Eine Woche später starb sie. Als hätte sie nur auf mich gewartet, bevor sie ging. Sie starb auf ihre Weise, mit einem Zigarettenstummel zwischen den vergilbten Fingern.

Während der Foltersitzungen ließen der Hund und der General nicht ein Gebet aus. Sie unterbrachen ihr schmutziges Handwerk, um ihrem Gott Respekt zu erweisen – scheinheilig! Für einen kurzen Moment gewann Allah die Oberhand über ihr Tun.

Zu dem Zeitpunkt brauchte es wenig, um mich in Angst und Schrecken zu versetzen. Ich musste nur das Elektroschockgerät sehen – allein die Erinnerung daran lähmte mich. Als sie von mir verlangten, mein auf Arabisch verfasstes Geständnis zu unterschreiben, hingen die Kabel an meinen völlig zerschundenen Zehen. Sie stießen Ashraf in den Raum. Ohne mich anzusehen, betete er seinen Text herunter:

»Sie hat mir die bulgarische Staatsbürgerschaft versprochen, und fünfhunderttausend Dollar. Sie hat mir erklärt, die Operation diene dazu, die Beziehungen Libyens zu seinen Nachbarländern zu verschlechtern. Dahinter steht der Mossad.«

Es war das erste Mal, dass mir dieser Teil der Geschichte zu Gehör kam, und ich prägte ihn mir ein, denn ich wusste, dass ich ihn würde wiederholen müssen.

Sie diktierten mir folgende Sätze: »Ich bin für die Aidsansteckung verantwortlich. Ich habe den Krankenschwestern die Plasmaflaschen ausgehändigt.« Ich fügte hinzu: »Ich bin keine Agentin des Mossad und habe keinerlei Interesse daran, dass sich die Beziehungen Libyens zu wem auch immer verschlechtern.«

Ich hatte keine Ahnung, warum ich alles noch einmal wiederholen sollte. Zum Schluss bewies ich einen Rest Stolz und weigerte mich zunächst, das Geschriebene zu unterzeichnen. Der dicke Justizbeamte Ossama holte aus und versetzte mir einen Schlag in den Nacken. Daraufhin unterschrieb ich. Ich war nicht mehr ich selbst. Sie mussten nur so tun, als würden sie die Kabel anschließen, und schon zitterte ich unwillkürlich am ganzen Leib. Ich war mit allem einverstanden. Ich hatte vergessen, was Hoffnung ist. Ich wollte schlafen und nie mehr aufwachen.

Als der Hund das nächste Mal zurückkehrte, versprach ich, ihm zwei Tage später die Wahrheit zu sagen. Das machte ihn neugierig.

Als endlich der Dolmetscher kam, nahm ich alle Kräfte zusammen und fing an:

»Nichts von dem, was ich zu Protokoll geben musste, entspricht der Wahrheit. Ich habe es gesagt, weil ich mit Elektroschocks gefoltert worden bin.«

»Tut mir leid, aber die Dokumente sind schon unterwegs. Du hast verloren!«

Er war vollauf zufrieden mit sich. Aber seine Ironie konnte mich nicht erschüttern. Ich hatte soeben das Entscheidende gesagt und geleugnet. Es war mir völlig egal, ob mein Widerruf Bestand haben würde. Hätte ich es nicht getan, hätte ich psychisch nicht überlebt. Ich wollte mich läutern. Außer dem Tod konnten sie mir nichts mehr zufügen. Aber ohne Seele konnte ich nicht leben. Ich wollte wieder erhobenen Hauptes durchs Leben gehen.

Tag und Nacht blieb ich gefesselt. Manchmal baumelte ich vier Tage lang unter der Decke, ohne den Boden zu berühren. Ich dachte, mein Körper würde auseinanderbrechen, so verspannt war er. Ich schrie, sie nahmen mich herunter und hingen mich wieder auf, über Stunden hinweg, Ewigkeiten lang.

Jede Einzelne von uns ist durch die Hölle gegangen. In den zehn Tagen, die ich mit dem Hund in Bengasi zubrachte, konnte Nassya durchatmen. In der Zeit hatte sie Ruhe, keine Verhöre, keine Elektroschocks, nicht ständig Namen und unbekannte Gesichter, Verschwörung, Aids und Mossad. Damit war es nach meiner Rückkehr vorbei. Das wurde mir am Morgen klar. Im Flur war es auffällig unruhig, was mich stutzig machte. Ich hörte einen Aufschrei, eine der Polizistinnen brüllte. Unter dem Vorwand, ich müsste auf die Toilette, konnte ich heraus und sah, was die Panik verursacht hatte: Nassyas blutige Hausschuhe. Der Boden der Zelle war rot, ihre Matratze voller Blut. Nassya war nicht mehr da.

Die Beamten kamen und suchten schnell nach einer Lösung. Für sie war es ein Fiasko, mit dem sie nicht gerechnet hatten. Ich sah, wie sie einen Bericht verfassten, in dem stand, dass ich in der Nacht meine Zelle verlassen und Nassya gezwungen hätte, sich die Pulsadern aufzuschneiden. Sie ahnten nicht, dass Nassya, als sie wieder einmal die Stimme des Hundes hörte, nicht mehr konnte. Seine Rückkehr bedeutete für sie nach zehn Tagen Ruhe erneut Elektroschockfolter. Das hat sie nicht ertragen. Morgens fanden sie sie bewusstlos. Sie hatte sich die Pulsadern mit einer Glasscherbe durchtrennt.

Sie wurde gerettet. Als sie im Krankenhaus aufwachte, lief sie mit ihren Infusionen durch den Gang und schrie:

»Sind hier irgendwo Bulgaren?«

Daraufhin kamen zwei bulgarische Krankenschwestern, denen Nassya Folgendes sagen konnte:

»Ich heiße Nassya und komme aus Sliven. Wir sind fünf Bulgarinnen, die von der Polizei festgehalten werden, wir werden mit Elektroschocks gefoltert und geschlagen.«

Sie war unter falschem Namen eingeliefert worden, aber als sie ihre Pulsadern wieder zunähten, konnte sie noch sagen:

»Wir sind zu fünft. Wir werden gefoltert. Mit Hunden. Wir werden beschuldigt, Aidsviren verbreitet zu haben.«

Am darauffolgenden Tag erhielt sie Besuch von Ossama, dem dicken Beamten. Er gab ihr eine Ohrfeige und fragte:

»Was willst du?«

»Einen Botschafter.«

»Wenn wir mit dir fertig sind, wirst du deinen Botschafter schon sehen.«

Eine Krankenschwester informierte dennoch die bulgarische Botschaft und berichtete von dem Vorfall, woraufhin man ihr sagte:

»Keinen Ton, sonst könnte dir dasselbe passieren.«

Am 29. April sah ich zum zweiten Mal einen Bulgaren, Roman Petrov, der stellvertretend die Botschaft in Tripolis leitete. Er war jung, nicht sehr groß, hatte angegraute Haare und sehr ausdrucksstarke Augen hinter seiner Brille. Ich konnte mir nicht vorstellen, dass es sich bei ihm um einen echten bulgarischen Diplomaten handelte. Ich hielt ihn für jemanden, den die Libyer schickten und der Bulgarisch sprach. Ich war so verängstigt, dass ich mich nicht einmal mehr an seinen ersten Besuch erinnerte.

Im Laufe der Jahre hatte ich oft genug mit ihm zu tun, um festzustellen, dass er ein intelligenter Mensch war. Er analysierte und erklärte die Dinge so, dass man ihm in allem Glauben schenkte.

An jenem Tag durften wir nicht miteinander sprechen. Unsere Ärmel waren bis zu den Fingerspitzen heruntergezogen, um die Spuren der Folter zu kaschieren. Roman Petrov sagte:

»Ich hoffe, es stellt sich nicht heraus, dass Sie etwas mit dieser schmutzigen Angelegenheit zu tun haben.«

Er wusste, dass Nassya sich die Pulsadern aufgeschnitten

hatte. Und schon im Februar hatte er die anderen Bulgaren gesehen, die nach einer Woche gemeinsamer Haft mit uns freigelassen worden waren. Sie hatten berichtet, dass wir geschlagen wurden und dass man uns unter unmenschlichen Bedingungen festhielt.

Als er sich von ihnen verabschiedete, hatte der Hund zu Schwester Tinka gesagt:

»Und vergesst bloß nicht, dass ihr nur zu Besuch hier wart!«

Damals hatte Roman Petrov die Dinge nicht vertieft, sondern einen sehr diplomatischen Bericht verfasst und dem libyschen Außenministerium dafür gedankt, dass man ihm den Besuch gewährt hatte. Von Gewalt war keine Rede, auch hatte er keine Rechenschaft über unsere Haftbedingungen gefordert. Jahre später war dieses Dokument im Prozess das Hauptargument der Libyer gegen uns. Wir behaupteten, geschlagen und gefoltert worden zu sein, und sie entgegneten uns:

»Ihr Diplomat hat Sie damals gesehen. Warum hat er sich nicht beschwert?«

Wir wussten keine Antwort auf diese Frage.

In seinem offiziellen Bericht, der nach Sofia geschickt wurde, hatte Petrov geschrieben, allem Anschein nach seien wir psychisch und physisch in guter Verfassung. Als er ging, wandte er sich an Nassya:

»Dein Bruder lässt dich grüßen. Denke daran, dass uns das Leben von Gott geschenkt wird und wir es nicht nehmen dürfen.«

Wir schwiegen. Eine von uns fehlte. Valentina, die Kleine, war zu dem Zeitpunkt an den Elektroschocker angeschlossen oder ganz einfach nicht präsentabel.

Petrov hatte uns dreißig Dinar gegeben. Und die offizielle bulgarische Pressemitteilung, die am 30. April herauskam, war so diplomatisch verfasst, dass sie surrealistisch anmutet:

[...] Bei der Begegnung stellte sich heraus, dass die bulgarischen Staatsangehörigen ungeachtet der relativ langen Haftzeit in guter physischer Verfassung sind. Sie gaben an, gut verpflegt zu werden, und erkundigten sich, ob ihre Angehörigen in Bulgarien über ihre Situation informiert seien. Petrov hat unsere Mitbürger mit Geld und Zigaretten versorgt und ihnen versichert, dass er mit ihren Verwandten in Bulgarien in ständigem Kontakt stehe. Der stellvertretende Leiter der bulgarischen Botschaft in Tripolis erhielt vom libyschen Staat die Zusicherung, dass alles Menschenmögliche getan werde, um die Untersuchungen voranzutreiben und die Situation so schnell wie möglich zu klären. Es wurde ausdrücklich darauf hingewiesen, dass die Behörden die Begegnung trotz anders lautender rechtlicher Bestimmungen in der libyschen Gesetzgebung, denen zufolge inhaftierte Personen vor Abschluss der Ermittlungen keinen Besuch erhalten dürfen, genehmigt haben.

Roman Petrov hat erklärt, dass der bulgarische Außenminister und die bulgarische Botschaft in Tripolis in ständigem Kontakt mit den libyschen Behörden stehen und die Entwicklung der Angelegenheit aus nächster Nähe verfolgen, um zu gewährleisten, dass die Interessen sowohl der betroffenen bulgarischen Mitbürger als auch der insgesamt sechshundert Bulgaren in Libyen gewahrt sind. Bislang wurde keine Anklage gegen unsere inhaftierten Landsleute erhoben.

Einige Tage später saß ich in einem Saal des Justizpalastes einem Staatsanwalt gegenüber. Er war klein und runzlig und sah aus wie eine alte Eule. Ich kam aus der Hölle, war tagelang im Dunkeln eingesperrt gewesen und stank nach Verbranntem, Eiter und Dreck. Ich hatte keine Erinnerung mehr an ein anderes Leben. Der Dolmetscher übersetzte, was die Eule sagte:

»Du hast eine Verschwörung organisiert, durch die über vierhundert libysche Kinder infiziert wurden.«

Er las mein Geständnis. Ich wusste, dass ich es nicht mit der Polizei zu tun hatte, was mir die Kraft gab, ihm Folgendes mitzuteilen:

»Nein. Ich habe das alles gesagt, weil ich mit Elektroschocks gefoltert worden bin.«

Es war das erste Mal, dass ich das Geständnis widerrufen konnte, zu dem ich genötigt worden war. Das war wichtig für mich, aber dem Staatsanwalt war es völlig egal.

Er las erneut die Geständnisse von Ashraf und Nassya, verglich sie mit meinem und sagte mit finsterer Miene:

»Du wirst unterschreiben, und zwar hier und jetzt!«

Ich hatte Angst, den arabischen Text zu unterzeichnen, woraufhin er wütend wurde.

»Glaub mir, wenn du hier drei Stunden zusammengeschlagen worden bist, wirst du unterschreiben.«

Ich dachte an den Elektroschocker im Auto von dem Hund. Ich konnte nicht mehr. Der Dolmetscher insistierte:

»Was hier steht, ist das, was du tatsächlich gesagt hast …«

Da unterschrieb ich in dem Glauben, dort stünde auch, dass man mich gefoltert hatte, damit ich gestehe, und dass ich das Geständnis widerrief. Nassya und Ashraf widerriefen nicht. Sie hatten nicht begriffen, dass sie einen Staatsanwalt vor sich hatten. Die Polizisten hatten sie psychisch völlig fertig gemacht.

8

Leben in der Hundeschule

Als wir Besuch von unserem Diplomaten erhielten, interessierte mich nur eines: Zdravko. Er saß ein Stück von mir entfernt. Wir konnten uns ansehen. Er konnte nicht wissen, was ich durchmachte, und ich wusste noch nichts über seine Haftbedingungen. Er sah nicht gut aus, mein armer Mann, aber er wirkte unversehrt. Ich dachte nicht einmal darüber nach, welchen Anblick ich selbst bot.

Ich hatte mich schon lange nicht mehr im Spiegel betrachtet, aber als ich meinen Mann sah, wusste ich Bescheid. Er war gealtert, abgemagert und trug einen Bart. Er war erledigt.

Müde fragte er mich:

»Wissen unsere Familien, wo wir sind?«

»Ja.«

Das war es. Vorbei. Dreißig Dinar, ein paar Zigaretten, und jeder verschwand wieder in seiner Zelle. Kein Zdravko mehr. Völlig verzweifelt verließ ich den Raum. Hatten diese Monster ihm seine Seele geraubt? War sein Lächeln für immer verschwunden?

Der General rief mich sofort im Anschluss zu sich. Er schlug mich ohne Grund, gegenüber dem Diplomaten hatte ich schließlich keinen Ton gesagt. Schläge ins Gesicht, Gebrüll. Zdravko war noch ganz in der Nähe auf dem Flur und muss meine Schreie gehört haben. Wahrscheinlich schrie ich nach ihm, und er war machtlos. Er konnte sich nicht rühren und mir nicht helfen.

Zu dem Zeitpunkt war ich schon gefügig und am Ende. Als man uns im Auto zu unseren Zellen in der Hundeschule zurückbrachte, schrien mir die anderen ins Gesicht:

»Du kommst hier nicht lebend raus, und das weißt du auch!«

Für meine zerstörte Psyche hatte dieser Satz Gewicht. Ich glaubte, was sie sagten.

Zurück in meiner Zelle, wurde ich sofort mit Handschellen ans Fenster gekettet und hing dort tagelang. Hin und wieder nahmen sie mich ab und hängten mich mit ausgestreckten Armen an den Schrank. Es war fast schon eine humanitäre Geste, als sie mich mit Handschellen auf einer Matratze schliefen ließen.

Sie haben alles an mir ausprobiert. Sie taten sogar so, als wollten sie mich hängen. Sie stülpten mir eine Kapuze über und zogen den Strick zu. Sie brauchten mich lebend, aber innerlich willenlos.

Als ich aufhörte zu essen, kam der Hund mit dem kleinen Gerät.

»Weißt du, was mit dir passiert, wenn du nicht isst?«

Ich vergaß, wie man träumt, ich wollte für immer einschlafen.

Ein ganzes Jahr lang haben wir nicht miteinander gesprochen. Wir kannten unsere Namen, weil wir sie gleich am Anfang etliche Male bei der Polizei gehört hatten.

Nassya, Ashraf und ich waren in der Hundeschule eingesperrt. Valia, Valentina, Snezhana und Zdravko waren in der Polizeistation. Als ich Nassya das erste Mal sah, wollte ich sie auf Anhieb kennenlernen, und zum Glück kam es auch so. Ich hielt sie für sanft, sensibel und bescheiden. Erst viel später lernte ich sie wirklich kennen. Sie war verschlossen und ertrug niemanden in ihrer Nähe.

Nach und nach entdeckte ich ihren wunderbaren, mitunter sarkastischen Humor und ihre besondere Ausdrucksweise, Eigenschaften, die ich nicht besaß. Und ihre schwarzen Augen! Ich war ganz beeindruckt von diesem unerschütterlichen, abwesenden Blick und dem Kontrast zwischen den Augen und ihrer hellen Haut und den platinblonden Haaren.

Sie verströmte Sanftmut und Stille.

Trotz aller Unterschiede sprachen Nassya und ich dieselbe Sprache. Dass wir uns gegenseitig ergänzten, erhielt uns am Leben.

Als ich einmal Wäsche zum Trocknen aufhängte und die Wärter einen Moment unaufmerksam waren, fragte mich Nassya am Fenster ihrer Zelle flüsternd:

»Hast du die Wahrheit gesagt?«

»Welche?«

»Dass wir uns nicht kennen.«

»Wir kennen uns doch auch nicht!«

»Entschuldige, ich habe gelogen.«

»Versuche, künftig bei der Wahrheit zu bleiben …«

Diese wenigen Worte gaben Nassya die Kraft, ihre Aussage vor der Staatsanwaltschaft zu widerrufen, was natürlich nicht berücksichtigt wurde: Gültig blieb ihre erste Aussage, wie bei Ashraf auch.

Die Libyer hatten jetzt alles, was sie brauchten. Ihrer Gesetzgebung entsprechend reicht das Geständnis einer einzigen Person, um alle übrigen von ihr erwähnten Personen mit zu verurteilen. Jetzt hatten sie mein Geständnis, und es war ihnen egal, auf welche Weise sie es erhalten hatten.

Eines Abends erlaubte uns der wachhabende Polizist, trotz unseres Redeverbots im Hof der Hundeschule zu singen. Überrascht hörte ich Nassya bulgarische Lieder singen wie eine echte Sängerin. Es war ein besonderer Moment, gemeinsam dieses Lied aus einer freien Welt zu hören:

In meiner Mansarde unter den Sternen
Ist das Fenster mein Weg,
Auf dem ich mich aufmache,
Um sie zu fragen, ob mein Fenster
ewig erhellt sein wird,
Ob die Beatles und Dichter von heute
ewig für mich singen werden.

Der Flur hallte von ihrer Stimme wider. Ihr Lied war lauter als das Jaulen und Bellen der Hunde, dem ansonsten einzigen Geräusch an diesem Ort.

Das Telefon bringt uns zusammen und trennt uns wieder.
Ist unsere Liebe nicht öde?
Wenn ich rede, sagst du nichts.
Und ich sehe deine sanften Augen nicht ...

Wir applaudierten stürmisch.

Es war wie ein Geschenk und eine Flucht von diesem Ort, an dem wir schon so lange lebten, ohne zu wissen, wie lange noch … Eine Flucht in die Liebe.

Ein seltener Moment, in dem wir unsere Gesichter aus der Nähe sahen. Wir, die bulgarischen Krankenschwestern, die wir uns noch gar nicht kannten.

Als wir noch am Boden lagen und die Angst noch nicht vollständig Besitz von mir ergriffen hatte, hörte ich, wie jemand laut Dialekt redete. Es war Valia. Ich fragte sie, aus welcher Stadt sie stammte.

»Aus Byala Slatina.«

Eine kleine Stadt im Norden Bulgariens, in der ich nie gewesen bin.

Valia hatte eher rauhe Umgangsformen. Sie war so etwas wie eine Anführerin. Sie wollte ständig Zigaretten, und wir gaben ihr welche. Sie war ein männlicher Typ und interessierte sich nicht für die anderen. Erst später zeigte sich ihr großes Herz.

Die kleine, zierliche Valentina, die eine Uniform trug, war schweigsam. Wenn sie zur Toilette begleitet wurde, trieb Salma sie an. Sie nannte sie »Skorpion« – warum, habe ich nicht verstanden.

Wir würden uns erst noch kennenlernen. Und mussten dann zusammen leben.

Um jede von uns kreiste Tag und Nacht eine junge Polizistin, wie ein Schatten. Meine Begleiterin schlief mit in der Zelle, ging mit mir zur Toilette … Sie war ein Teil von mir.

Monatelang habe ich keine Geste der Menschlichkeit erfahren.

Einmal brachte man mich zurück zur Polizeistation, wo ich Valia und auch Smilian sah, die dort inhaftiert waren.

Sofort fragte Smilian:

»Brauchst du etwas?«

Ein erstes menschliches Zeichen seit einer Ewigkeit!

Ich antwortete:

»Nein, nur Freunde.«

Valia machte Tee. Sie hatte sich eingerichtet wie bei sich zu Hause. Snezhana trug ein Kopftuch und saß allein und schweigsam in ihrer Zelle.

Man brachte uns alle in die Hundeschule zurück. Der »Zwinger« wurde für die Kleine und Snezhana zum Zuhause. Beim Fegen wechselten wir ein paar Worte mit der Kleinen. Anders als die anderen fürchtete sie nicht, das Schweigegebot zu brechen.

»Ohne Beweise kann man uns nicht verurteilen!«

»Die Beweise haben sie aus dem Boden gestampft ...«

In der Hundeschule kümmerten sich drei Personen um die Tiere, darunter ein Inder, der Englisch sprach. Von ihm erfuhr ich die ersten Neuigkeiten von draußen.

»Das saudische Fernsehen hat über eure Verhaftung berichtet. Und Präsident Clinton ist in Bulgarien.«

Mit Gesten und Augenzwinkern verständigten wir uns bruchstückhaft über Neuigkeiten. Ich hatte eine kurze Nachricht an die Kleine verfasst und das Papier so klein zusammengefaltet, wie es nur ging. Ich legte es in eine Ecke auf der Toilette, wo sie es erst beim zweiten Mal bemerkte.

Man kann sich nur schwer vorstellen, was es heißt, ein Jahr lang von der Welt abgeschnitten zu sein. Man weiß nicht einmal mehr, ob es irgendwo auf der Welt noch jemanden gibt, der sich an einen erinnert.

Es war Mohammed, der Polizist vom Wachdienst, der mir den Glauben an Gott zurückgab.

Eines Tages kam er auf mich zu und sagte:

»Entschuldige.«

»Warum?«

»Ich habe mich an dir versündigt.«

»Warum, du hast mir doch nie etwas getan.«

»Du kannst dich nicht erinnern, aber ich habe dich einmal am Bett festgebunden.«

Da verstand ich, dass es auch unter ihnen Menschen gab, die

ein Gewissen hatten, die wussten, dass man ihnen etwas vormachte, und die angewidert waren von der Gewalt. Er war nur ein Polizist unteren Ranges, der Befehle ausführte, aber er fand es unerträglich.

Er erzählte mir, dass die Kleine nach einer Reihe von Elektroschocks alles von sich gegeben hatte und man ihn angewiesen hatte, sie anschließend mit einem Schlauch zu waschen. Danach hatte er sie ohnmächtig in ihre Zelle getragen.

Manchmal weckte er mich in meiner Zelle.

»Steh auf, es gibt Tee.«

Mohammed führte mich nach draußen in den Hof. Schweigend setzten wir uns auf eine Bank und rauchten. Er stellte mir keine einzige Frage und gab mir das wenige, was er hatte: Zigaretten.

Wenn ich Verlangen nach etwas Süßem hatte, brachte er mir zwei Löffel Zucker oder einen sirupgetränkten Kuchen, den seine Tochter gebacken hatte.

Eines Tages sagte ich zu ihm:

»Über mich wird Furchtbares berichtet …«

»Und du weißt, dass du eine reine Weste hast?«

»Ja.«

»Dann zweifle nicht.«

Er redete wenig, aber immer mit Sinn und Verstand. Er war nicht gebildet, aber weise. Durch Mohammed Tadjouri habe ich meinen Glauben an die Menschen zurückgewonnen.

Und er war nicht der Einzige. Auch Mustafa, ein junger Polizist, kam und entschuldigte sich.

»Verzeih mir, ich habe dich mit den Handschellen ans Fenster gekettet.«

Ich antwortete nicht, aber ich habe es ihm nicht vergessen. Mustafa brachte seine kleine Tochter zur Schule. Er versteckte sie nicht. Snezhana nähte ihr mit der Hand eine Jeans zum Spielen. Sie konnte sehr gut nähen. Sie hat alle Sessel in der Hundeschule geflickt. Dann war da noch Onkel Ali, ein gehorsamer, aber menschlicher Unteroffizier. Als der Hund ihm befahl, mich die ganze Nacht anzubinden, band er mich heimlich los. Ich brach zusammen und schlief auf der Stelle ein. Er ließ mich schlafen bis zum darauffolgenden Tag und band mich dann wieder an den Metallrahmen des Fensters, weil er fürchtete, der Hund könne auftauchen.

Ali war ein Mensch, was man von den Polizistinnen hingegen nicht behaupten konnte, deren Sadismus sich bei der kleinsten Gelegenheit zeigte. Die Einzige, die mir nicht die Dusche oder den Gang zur Toilette oder den Hofgang verweigerte, war Hanane. Sie hatte es nicht nötig, sich an mir zu rächen. Die jungen Polizistinnen waren arme Mädchen aus der Provinz, die von ihren Eltern in die Stadt geschickt worden waren, damit sie eine Uniform trugen, etwas Geld verdienten und eine kostenlose Mahlzeit bekamen. In Libyen ist der Beruf der Polizistin nicht angesehen, denn für ein Mädchen gilt es als unschicklich, weit weg von zu Hause zu sein. Nur Töchter aus sehr armen Familien gehen diesen Weg.

Diese Mädchen hatten eine unglückliche Kindheit hinter sich und waren enorm frustriert. Sie empfanden ein krankhaftes Vergnügen daran, andere zu erniedrigen, Macht selbst über unsere intimsten Bedürfnisse zu haben und jede unserer Handlungen zu kontrollieren …

Hanane schielte und war hässlich. Einmal, als sie mich zum Verhör brachte, trug sie ein weißes Kopftuch, auf dem ich eine Laus entdeckte. Natürlich bekam dann auch ich Läuse, zum ersten Mal in meinem Leben, und Hanane suchte sie mir dann wieder vom Kopf.

Im Sommer, wenn ich darauf bestand, jeden Tag zu duschen, entgegneten sie mir, dass sie selbst nur zweimal die Woche duschten und das überhaupt nicht in Frage komme. Ich verwandelte mich in eine Salzsäule. Es war 45 Grad heiß. Wir hatten Wasser, durften es aber nicht benutzen. Vom Schweiß, der tagelang am Körper klebte, wurde ich ganz wund. Mit den Nägeln versuchte ich mir die ekelhafte Krokodilshaut abzukratzen.

Diese jungen, schmutzigen, primitiven und bösartigen Polizistinnen waren Kinder ohne Zukunft, die uns den letzten Rest Würde nahmen.

Anouar war ein Offizier, der Englisch sprach. Oft kam er unangemeldet und beschimpfte mich:

»Du räudige Christenhündin, du …«

Ein Irrer mit Minderwertigkeitskomplexen, der auch vom Leben frustriert war und meinte, er habe etwas Besseres verdient. Wenn der Chef nach ihm rief, rannte er sofort los. Er hielt uns für schuldig, was er mir in verächtlichem Ton auch sagte, wenn ich ihm verständlich machen wollte, dass die Anklage gegen mich nur auf einem Lügengespinst beruhte.

»Kein Rauch ohne Feuer.«

Eines Tages erblickte ich unter den Arabern einen Mann mit blonden Haaren, um die fünfzig, der aussah wie ein Europäer. Er hatte mehrere Hunde mitgebracht und war einige Zeit mit dem Tierarzt beschäftigt.

Am liebsten hätte ich ihm zugeschrien, er solle die bulgarische Botschaft informieren und ihnen sagen, wo wir sind. Aber aus meiner Kehle drang kein Laut. Ich tat nichts. Er fuhr wieder weg. Eine zweite Gelegenheit bot sich nicht.

Allein schon deshalb nicht, weil ich mich gut daran erinnern konnte, wie man mich mit verbundenen Augen und ohne Schuhe in den Zwinger geführt hatte, um die Hunde auf mich zu hetzen.

Eines Tages betrachtete mich Nura, meine persönliche Wärterin, aus der Nähe.

»Du musst dir die Augenbrauen zupfen.«

Ich war schockiert. Seit Monaten hatte ich mich nicht im Spiegel angesehen. Mir war auch nicht danach. Ich verweigerte jede Art von Körperlichkeit und jede Identifikation mit mir. Keine Vergangenheit, keine Gegenwart und erst recht keine Zukunft. Und auch kein Gesicht mehr. Man hatte mir mein Lächeln geraubt, meine Augen waren düster geworden. Es gab nichts, was mir die Lust am Leben hätte zurückgeben können.

Aber Nura ließ zwei Tage lang nicht locker. Sie brachte mir eine Pinzette, und ich begann zu zupfen, vor allem, damit sie mich in Ruhe ließ.

Eigenartigerweise war diese Geste, zu der ich mich regelrecht überwinden musste, ein erster Schritt zurück ins Leben und vor allem zu mir selbst. Heute bin ich ihr dafür dankbar.

Nie zuvor in meinem Leben hatte ich mich gehen lassen … Einmal im Monat war ich zur Kosmetikerin gegangen, hatte immer gepflegte Hände und eine gepflegte Haut gehabt und mich geschminkt, und jetzt hatte ich Schuldgefühle, weil ich an meinen Körper dachte. Meine Psyche war zerstört, jeder Gedanke an Äußerlichkeiten war verschwunden. Mein Ich war in einem jämmerlichen Zustand, wenn es überhaupt noch vorhanden war. Nun aber war ich auf dem Weg zurück zu mir. Noch war es nur ein schmaler Grat, aber ich spürte, dass ich eines Tages wieder sicher und erhobenen Hauptes durchs Leben gehen würde.

In der Zeit, die wir in der Hundeschule verbrachten, wurden wir von dem Bau gewissermaßen aufgesogen und waren nurmehr ein Fortsatz der Mauern ringsum. Wir gewöhnten uns daran, und die Spannung untereinander ließ nach. Mit Nassya tauschte ich jetzt auf dem Gang vor unseren Zellen immer wieder ein paar Worte aus. Ich zeigte auf mich und flüsterte:

»Fische.«

Und sie entgegnete:

»Krebs.«

Viel mehr ging nicht, aber ein paar Informationen erlangten wir doch. Wir setzten die einzelnen Teile von uns wieder zusammen und stellten uns auf diese Weise wieder her.

Während wir im Hof die Matten wuschen, sagte die Kleine:

»Selma hat Snezhana gezwungen, auf das Kreuz zu spucken.«

Jede von uns gab irgendetwas auf bei dem Versuch, sich selbst zu erhalten. Vorwürfe brauchten wir uns keine machen, denn wir gingen alle durch dasselbe Fegefeuer.

Irgendwann stand das erste Weihnachtsfest im Gefängnis vor der Tür.

Im Vorbeigehen sagte Nassya leise zu mir:

»Fröhliche Weihnachten! Ich habe dich gern. Es soll dir das Herz erwärmen!«

Ich gab ihr zur Antwort, dass mir tatsächlich warm ums Herz werde und sie meine Seele berührt habe. Ich hatte vergessen, wie es ist, wenn man jemanden mag.

Man erlaubte mir, allein Tee zu kochen. Außerdem hob ich das restliche Fleisch aus dem gemeinsamen Topf auf und versteckte es, um daraus am darauffolgenden Tag Sandwiches für Nassya, die Kleine, Snezhana und Ashraf zu machen. Die Hunde, die wir füttern durften, bekamen dreimal am Tag ihr Fressen, das aus Eiern, Milch, Gemüse und Spaghetti bestand. Die anderen konnten etwas von den Hundeportionen abzweigen, was ich dann mit verwendete. Auf dem dornigen Acker, über den man mich gejagt hatte, fand ich Brennnesseln, die ich pflückte und kochte. Einer der Polizisten, der oft betrunken war, brachte mir ein Huhn mit, aus dem ich kalte Häppchen für ihn zubereiten sollte. Die Innereien legte ich für uns auf die Seite. Viel war es nicht, aber immerhin.

Allmählich lernte ich die anderen besser kennen und begann, sie an ihren Reaktionen auseinanderzuhalten. Inzwischen durften wir auch ein paar Worte miteinander wechseln, allerdings nur auf Arabisch.

Einmal verteilte ich auf dem einzigen Teller, den wir hatten ,die Reste von einem Huhn, das ich gekocht hatte. Brot hatten wir auch, aber kein Besteck. Aber ich war glücklich, überhaupt etwas zustande gebracht zu haben. Da sagte die Kleine:

»Ich will einen eigenen Teller.«

Mir kamen ihre Ansprüche völlig unsinnig vor angesichts der Tatsache, dass wir weder einen Slip noch Seife hatten ... Aber sie legte ihr Verhalten bis zuletzt nicht ab. Immer wollte sie irgendetwas, was sic unmöglich bekommen konnte. Vielleicht war es das Bedürfnis, sich von uns zu unterscheiden und auf sich aufmerksam zu machen, aber es war ungeschickt und machte sie zu einer Tyrannin.

Ashraf kochte auch. Er hatte die Gunst des Anführers gewonnen, weil er ihn umsorgte, ihn rasierte, Tee für ihn zubereitete. Seine Hilfe war uns willkommen, denn man holte ihn immer, damit er das Fleisch für die Hunde zerteilte, und er hob heimlich etwas für uns auf.

Er hatte versucht, die Wachen zu erweichen, aber auch er trug monatelang nachts Handschellen. Erst 1999, neun Monate nach seiner Verhaftung, ließ man ihn ohne schlafen.

Eines Tages, als die Wärter kurz weg waren, kam er auf mich zu und sagte:

»Verzeih mir.«

Es waren die ersten »normalen« Worte, seit man uns gefoltert hatte. Ich sollte ihm vergeben, dass er Dinge gesagt habe, die nicht stimmten, und mich als Anführerin eines Komplotts bezeichnet hatte, das es gar nicht gab. Anfangs verabscheute ich ihn. Er war vor uns verhaftet worden und wurde schon in den ersten Tagen gefoltert. Er hatte noch vor mir Elektroschocks erhalten, und dadurch wich mein Unverständnis. Ich verzieh ihm. Ich spürte, dass er das regelrecht brauchte. Aber es war nicht leicht.

Nassya wollte sich nützlich machen. Sie spülte die Töpfe, was niemand von ihr verlangte. Snezhana schwieg und tat, als sehe sie mich nicht. Die kurzen Momente, in denen man sich verständigen konnte, ohne dass die Wachen es bemerkten, ließ sie ungenutzt.

Anders Valia, die Kleine und Nassya. Valentina, die Kleine, war stur und versuchte, den Wärterinnen die Stirn zu bieten. Wenn man sie nicht auf die Toilette gehen ließ, war es beim nächsten Mal sie, die sich weigerte zu gehen. Das war ihre Art, Widerstand zu leisten. Ich mache ihr keinen Vorwurf, jeder verteidigt sich, wie er kann, aber sie schadete sich selbst. Oft befahlen sie ihr, das Auto vom Anführer zu waschen, um sie zu beschäftigen.

Der Leiter der Hundeschule benahm sich uns gegenüber ganz normal. Nach einer Zeit kaufte er uns regelmäßig Zigaretten, und als Gegenleistung wuschen Nassya und ich seine Wäsche und bügelten für ihn. Irgendwann bügelten wir auch die Wäsche der übrigen Offiziere, um die Zeit totzuschlagen. Snezhana nähte und besserte die Säume an den Uniformen aus.

Wir waren ein Sklavinnenharem.

Jahre später gab es nur einen, der sein erbarmungsloses Verhalten gestand. Er war tatsächlich der einzige der Täter, der sich seiner selbst schämte. Später hat man ihn, wie sechs andere unserer Peiniger auch, gezwungen, einen Prozess wegen Verleumdung gegen uns anzustrengen. Das Gericht sollte feststellen, dass wir bei unseren Aussagen über die Folterungen gelogen hatten. Sie scheiterten damit. Aber es war ein letzter Akt der Grausamkeit, dass sie uns zwangen zu beweisen, dass wir unsere Schilderungen nicht erfunden hatten.

Das einzig interessante Ereignis für uns während dieser ganzen Zeit fand am 30. Oktober 1999 statt.

Man führte uns in das Büro des Generals. Wir wussten von vornherein, dass wir zu schweigen hatten.

Dort sah ich Plamen Ikonomov, einen bulgarischen Diplomaten, den ich nicht kannte. Er war nervös und schien den Libyern nicht sehr gewogen zu sein. Anders als seine Kollegen vor ihm versuchte er jedenfalls nicht, sich bei ihnen einzuschmeicheln.

Es war eine kurze Begegnung, und doch war es das einzige Mal, dass wir den Eindruck hatten, wahrgenommen zu werden. Er verhielt sich nicht wie ein Diplomat, sondern wie ein echter Bulgare. Er war da, weil er etwas in Erfahrung bringen wollte.

Als Erstes sagte er:

»Gebt die Hoffnung nicht auf!«

Schweigen. Niemand durfte antworten.

Er sah uns eine nach der anderen genau an. Dann wandte er sich wütend an den Hund:

»Warum tragen meine Landsmänninnen kaputte Hausschuhe?«

Im Oktober ist es selbst in Libyen kalt, und wir liefen praktisch barfuß herum. Ikonomov wusste nicht, dass unsere Gliedmaßen schon lange unempfindlich gegen Hitze und Kälte waren.

Verächtlich entgegnete der Hund:

»Ich trage auch Hausschuhe.«

»Was Sie tragen, ist mir völlig egal, ich will, dass die Frauen gescheite Schuhe bekommen!«

Regungslos starrten wir auf den Boden.

Ich dachte: Endlich jemand, der uns anguckt und sich um uns kümmert. Man hat uns nicht vergessen. Dieser Mann hat mir das Herz erwärmt.

An uns gewandt, fragte er:

»Wurde Gewalt gegen Sie angewendet?«

Nachdem man uns neun Monate lang physisch und psychisch komplett in die Mangel genommen hatte, stellte endlich jemand die entscheidende Frage.

Schweigen.

Er übersah unser Elend nicht … Er verschanzte sich nicht hinter diplomatischen Vorschriften. Er wollte die Wahrheit wissen und ihnen genau das auch vermitteln. Sein Blick verdüsterte sich, und seine metallene Stimme war entschlossen und unerbittlich.

»Ich werte Ihr Schweigen als Ja und werde die zuständigen Behörden informieren!«

Es gab doch einen Gott.

Und ich dachte, er hätte uns verlassen.

Ikonomovs undiplomatische Haltung gab mir meine Sprache zurück.

Ich wollte nicht, dass die Begegnung zu Ende ging, ich wollte, dass er bleibt.

Ich wollte seine Hand nehmen und mit ihm fortgehen. Ich wusste, dass das unmöglich war, aber ich wollte ihn wiedersehen.

Ich fragte:

»Wo ist mein Mann?«

Zdravko war nicht bei uns, und ich wusste nicht, wo er sich aufhielt.

Empört rief Ikonomov:

»Warum ist ihr Mann nicht hier? Wer garantiert mir, dass er am Leben ist?«

Sie wurden nervös. Der Hund sagte, er sei im Gefängnis und man würde ihn herbringen, aber es habe alles seine Richtigkeit, er sei im Gefängnis von Djoudeida. Eine offizielle Haftanstalt.

Dabei wurden wir seit einem Jahr und zwei Monaten versteckt gehalten. Wir waren isoliert und gefoltert worden, bis der Terror die erhoffte Wirkung zeigte.

Ikonomov hörte sich das konfuse Gerede der Beamten über Zdravko nicht länger an und wandte sich erneut an uns:

»Gestehen Sie nichts, was Sie nicht getan haben!«

Daraufhin schaltete sich der Dolmetscher Idris ein, der alles übersetzte, was auf Bulgarisch gesagt wurde.

»Bei uns erdulden vierhundert Familien schwerstes Leid ...«

Ikonomov sah ihn ungerührt an und erwiderte:

»Das beweist noch lange nicht die Schuld dieser Frauen!«

Er ging. Wir sahen ihn nie wieder. Er war der einzige Diplomat, der den bulgarischen Behörden die Wahrheit sagte. Ja, man hatte uns geschlagen, erniedrigt, seelisch gebrochen. Und er hatte keine Angst, das auch zu äußern.

Ich habe seine Spur aus den Augen verloren. Die anderen Diplomaten kannten ihn nicht. Einmal hieß es auf eine Frage von mir vage, sein Sohn sei in Libyen überfallen worden.

Ich vermute, dass er für seinen Mut teuer bezahlt hat.

Niemand wagte es, seinem Beispiel zu folgen. Uns blieb die verstörende Erinnerung an einen Bulgaren, der dieser Bezeichnung würdig war, eine Erscheinung, die sich gleich wieder verflüchtigte.

Der nächste Besuch dagegen war traurig oder besser: richtiggehend banal. Kurz vor Weihnachten stattete uns der neue Botschafter einen Besuch ab.

Ich hatte mir erhofft, dass er uns wenigstens ein kleines Päckchen mit dem Nötigsten mitbringen würde: Zahnbürste, Handtuch, Kamm, Slip … Aber nichts davon.

Er tat, als sei dies eine Sitzung der KP.

»Bulgarien tritt der Europäischen Union bei, wussten Sie das schon?«

Die damalige politische Situation war mir völlig egal, ich brauchte Wäsche. Aber wir mussten höflich bleiben.

»Zu Hause ist viel Schnee gefallen, die Straßen sind unbefahrbar …«

So machte er weiter, ohne jedes Gespür für die ausdruckslosen Blicke, die auf ihn gerichtet waren.

Wir hatten uns seit Monaten nicht gewaschen, was gingen uns Bulgarien und die Straßen dort an? Unsere eigene Tragödie reichte uns. Was wir brauchten, war jemand, der uns aus dem libyschen Kerker befreite.

Valentina, die Kleine, fing an zu weinen.

Der Botschafter fuhr sie heftig an:

»Bloß keine Dramen hier!«

Er gab jeder von uns zehn Dinar und ging. Er verschaffte sich ein gutes Gewissen mit diesem Betrag, der so erbärmlich niedrig war, dass er nicht einmal unsere rudimentären Bedürfnisse gedeckt hätte. Zehn Dinar! Wenn man allein bedenkt, was der Wärter einbehielt, der für uns einkaufte und auch nie das Wechselgeld zurückgab …

In der anschließenden Pressemitteilung vom 27. Dezember

1999 stand zu lesen, die Begegnung habe »im Rahmen der Feierlichkeiten zum Jahreswechsel stattgefunden«. Man habe uns Weihnachtsgrüße und Neuigkeiten aus unserem Heimatland übermittelt, das im Übrigen keinerlei Zweifel an der »objektiven und unparteiischen Herangehensweise bei den Ermittlungen der libyschen Behörden« hege.

Kein Kommentar.

9 Hygiene

Man warf mir vor, Hunderte von Kindern infiziert zu haben. Während der Foltersitzungen stellte man mir ständig dieselbe Frage:

»Wer sind die Drahtzieher? Der Mossad?«

Unter körperlichen Qualen presste man mir ein surreales und völlig irrwitziges Geständnis ab: Ich sollte in krimineller Manier einen Arzt, der kurz vor der Zulassung stand, und sieben bewährte Krankenschwestern bestochen haben. Mein Ziel sei gewesen, die Kinder und damit die Hoffnung des libyschen Vaterlands zu vernichten. Und zwar gegen Geld, zehntausend Dollar, um genau zu sein. Wer eigentlich sollte zu Beginn des Jahres 2000 an die Existenz eines solchen Komplotts glauben? Das war es, was mich am meisten demütigte und worüber sich meine Wut in Unverständnis verwandelte. Wer stand wirklich hinter diesen terroristischen Manipulationen, in die man mich und die anderen verwickelt hatte? Dr. Saad war von der Bildfläche verschwunden. Er wurde verschont, weil man schließlich leitende ausländische Krankenhausangestellte beschuldigen musste.

Saad war ein eher nervöser und zerstreuter Typ, überaus ehrlich und fleißig, aber nicht gerade gewieft. Er war schon lange im Gesundheitsministerium und saß auch in der Direktion des

Roten Halbmonds. Er hatte also zwei Führungspositionen inne, weswegen er auch Feinde und viele Neider hatte. Er ging nicht gern mit seiner Macht hausieren, sondern leistete lieber konkret Hilfe und schickte auch nie jemanden fort, der sich an ihn wandte. Ich hatte mich mit ihm angefreundet. Ich hatte es nicht darauf angelegt, aber ich schämte mich dieser Verbindung auch nicht. Ob dies ein Glücksfall oder eher ein Fluch war, weiß ich nicht, aber er war ein Sekretär des Gesundheitsministers, und unsere berufliche Freundschaft konnte für Gerede sorgen.

Saad hatte immer schmeichelhafte Worte für mich gehabt und machte aus seiner Sympathie kein Hehl. Meine Kolleginnen waren neidisch gewesen, und natürlich glaubte niemand, dass zwischen uns nicht irgendetwas wäre: Alle, und vor allem die Frauen, dachten, dass seine Protektion natürlich ihren Preis habe. Ich versuchte erst gar nicht zu erklären, dass es zwischen uns nie anders zuging als im Krankenhaus auch. Niemand hätte es verstanden, und meiner Ansicht nach war es auch gar nicht so wichtig. Wäre ich inkompetent gewesen, wäre es nie zu dieser Freundschaft gekommen. Ich hatte meinen eigenen Charakter, und Saad respektierte mich. Er gehörte nicht zu meinem privaten Bekanntenkreis, aber er hatte einen besonderen Platz in meinem Leben. Er war der einzige Libyer, den ich zu mir nach Hause einlud. Die Philippininnen begegneten mir deshalb mit Respekt. Sie wussten, dass er praktisch Minister war und sie besser keine Kommentare abgaben. Die Bulgarinnen dagegen taten alles, damit die Gerüchteküche brodelte. Und was die Libyerinnen angeht, so war das Schwierigste, sie dazu zu bringen, die Hygienevorschriften einzuhalten.

Ich weiß noch, wie Dr. Aouad, der leitende Arzt in der Dialyse, eines Tages mit Blick auf sein Land zu mir sagte: *»Bloody country ...«*

Der »Diktator«, wie ich ihn nannte, arbeitete immer mit einer an Pedanterie grenzenden Genauigkeit. Im zweiten Jahr hatte ich meine Arbeit zwar noch schwierig gefunden, traute mir aber schon mehr zu und war eine der Besten in der Abteilung. Dr. Aouad verlangte mir viel ab. Er war nie zufrieden. Seine Kritik beruhte manchmal auf reiner Voreingenommenheit. Je besser ich wurde, desto höher stiegen seine Erwartungen. Er kam in den Dialyseraum, prüfte, wie die Patienten angeschlossen waren, blätterte in den Unterlagen und fuhr mit dem Finger über den Tisch, um zu sehen, ob dort Staub lag. Wenn er dann immer noch nichts gefunden hatte, fragte er die Namen der Patienten ab. Arabische Namen sind ausgesprochen schwierig, aber ich wusste von allen sogar beide Namen. Wenn er mir nichts nachweisen konnte, lief er wütend hinaus und versuchte es beim nächsten Mal wieder. Eines Tages lieferte ich ihm einen Vorwand, mich in Grund und Boden zu stampfen: Das Dialysegerät war veraltet, der Raum dunkel, eine Maschine war kaputt, und irgendwann hatten wir auch keine Utensilien mehr. Wir trugen fast nur noch Kunststoffhandschuhe wie Friseurinnen und keine Latexhandschuhe wie Krankenschwestern. Das war 1992. Ich fand, dass ich so nicht mehr arbeiten konnte, und die anderen Schwestern schlossen sich mir an: Wir stellten die Arbeit ein und schalteten die Maschinen ab. Damit wollte ich zeigen, wie beschwerlich die Arbeit für uns war, und auf diese Weise bessere Hygienebedingungen durchsetzen. Dass mein Vorgehen einem Streik gleichkam, ahnte ich nicht! Und Aktionen dieser Art sind in Libyen nicht wohlgelitten. Ich wollte nur richtige Handschuhe, sonst nichts. Alle hörten mir zu und pflichteten mir bei, die Syrerinnen, die Polinnen und Bulgarinnen und eine Ägypterin. Zusammen zogen wir los und suchten die leitende Ärztin auf, um ihr vorzutragen, dass es so nicht weitergehen könne.

Meine Stimme zitterte. Instinktiv wurde mir klar, dass das alles schwerwiegende Konsequenzen für mich haben könnte. Die Ärztin, eine Libyerin, wahrte den Schein, doch ich spürte, dass sie mich insgeheim dafür bewunderte, dass ich den Mut hatte zu protestieren. Zwar blieb sie sehr kühl und tat, als sei ich ihre Dienstbotin, doch hatte ihre Stimme nichts Vorwurfsvolles.

Wie dem auch sei, ich wusste mich bei meiner Minimalforderung jedenfalls im Recht und wusste auch, dass es sich mit meinem Selbstverständnis als Krankenschwester nicht vertragen hätte, nichts zu unternehmen. Am nächsten Tag rief Dr. Saad mich zu sich. Ich begriff, dass ich einen Fehler begangen hatte.

Ich begrüßte ihn freundlich, nahm bescheiden Platz und wartete auf sein Urteil. Er fragte mich:

»Wo ist das Problem?«

»Sie haben mich doch zu sich gerufen!«

»Jetzt sagen Sie mir, welche Probleme es bei der Dialyse gibt.«

Ich berichtete ihm, dass es keine Handschuhe gab, die Geräte defekt waren, Personal fehlte, dass die Klimaanlage nicht funktionierte, eine Schwester sich um vier Patienten kümmerte und wir nicht die nötigen Utensilien hatten. Er hörte mir zu, machte sich Notizen und befahl mir dann, mich wieder an die Arbeit zu machen.

Ich ging in meine Abteilung zurück, als wäre nichts gewesen, und beendete meine Schicht. Und Dr. Saad tat, was er konnte.

Eine Schwalbe macht noch keinen Frühling – ein Einzelner richtet wenig aus. Dr. Saad gab Anordnungen, aber sie blieben folgenlos. Was nicht am Geldmangel lag, sondern an fehlender Organisation und Nachlässigkeit.

Ein paar Tage später ließ Chefarzt Aouad mich zu sich kommen. Ein konkreter Anlass lag nicht vor, und so begab ich mich einigermaßen beklommen zu ihm. Der Diktator rief nie jemanden zu sich, um ihm Komplimente zu machen. Er empfing mich mit seinem normalen, versteinerten Gesichtsausdruck und streckte mir die Hand hin:

»Frieden, Kristiyana.«

»Ja, aber nur vorübergehend.«

Er bot mir an, leitende Schwester der Dialyseabteilung zu werden.

»Ich werde es mir durch den Kopf gehen lassen. Aber wenn Sie mich und die anderen Schwestern weiterhin wie Tiere behandeln, will ich nicht mehr in dieser Abteilung arbeiten, und schon gar nicht als leitende Schwester.«

Auf meine Offenheit ging er gar nicht ein. Für ihn existierte ich überhaupt nicht, und meine Reaktion berührte ihn nicht. Das Gespräch war beendet, und er erwartete eine Antwort. Aouad war ein ehrgeiziger Pedant von unerschöpflicher Energie, ein untypischer Libyer. Er war sehr umtriebig und hatte einen guten Riecher für Arbeitstiere, die er für sich einzuspannen verstand und dann bis zur Erschöpfung ackern ließ. Sein Vater war einer der Ersten, die Motoren nach Libyen importiert hatten, noch bevor die Italiener das Land verließen. Aouad hatte in Italien studiert. Seine Frau, die Tochter des ehemaligen libyschen Botschafters in London, war Hämatologin für Kinder und trug keinen Schleier. Sie hatten vier Kinder.

Aouad besaß eine Vorliebe dafür, andere vor Publikum bloßzustellen, was in arabischen Ländern absolut untypisch ist. Auch sonst fiel er auf mit seiner tadellosen äußeren Erscheinung und seinen diversen, makellos glänzenden Autos. Er trug stets Anzug und Krawatte und polierte Schuhe und benutzte ein gutes Aftershave. Man konnte nie wissen, wann er in der Abteilung auftauchen und nach dem Rechten sehen würde. Es konnte zu jeder

Tages- und Nachtzeit sein. Eine Freundin von mir, die sein Haus putzte, erzählte, er würde um halb sechs aufstehen, das Frühstück machen und seine Kinder mit militärischem Gruß wecken. Es hieß, er schlafe nie mehr als drei Stunden. Ich hatte den Eindruck, dass er Libyen und das System auf seine Weise verändern wollte. Er hatte hohe Ansprüche an die Arbeitsqualität, weit über den libyschen Standard hinaus. Er träumte von dem, was er in Italien gesehen hatte.

Seine Abteilung war militärisch durchorganisiert: sauber, ordentlich und strukturiert. Wenn er auf die Schnelle anordnete, Patienten und Personal auf Erreger zu untersuchen, wurden viele Hepatitis-B- und -C-Infizierte gefunden, aber kein einziger Fall von HIV. Er schützte, was er schützen konnte.

Doch besaß er eben kein Feingefühl, war ungebildet und kannte keinerlei Maß. Er behandelte mich auch dann noch rücksichtslos, als ich leitende Schwester wurde. Ich benahm mich ihm gegenüber genauso. Dabei gaben wir uns gleichgültig, im Grunde aber bewunderten wir einander. Wir provozierten uns ständig gegenseitig, es war ein schwelender Konflikt, in dem es uns nicht sosehr darum ging, wer mehr wegsteckte, sondern wer der oder die Bessere war. Ich wollte mich unangreifbar machen, und er zeigte mir, dass er meine Leistung nicht zur Kenntnis nehmen wollte. Aber wir waren aufeinander angewiesen. Er spürte, dass ich bereit war, alles für die Patienten zu geben, und das nutzte er aus. Und mir genügte es zu wissen, dass wir beruflich auf demselben Nenner waren und er mich verstand, wenn ich Handschuhe wollte.

1992 wurde die neue Dialyseabteilung aufgebaut. Es war eine andere Welt. Es kamen neue, computergesteuerte Geräte aus Schweden. Die Arbeit wuchs mir über den Kopf. Der Umzug der Abteilung zog sich hin, und die Nerven lagen blank, weil der

Diktator ständig einen anderen Standort für die einzelnen Elemente ersann. Endlich stand alles, und der gewohnte Rhythmus kehrte wieder ein. Ich war oft in seinem Büro, denn mir lag viel an meinem Team, und ich konfrontierte ihn ständig mit den Problemen der Krankenschwestern. Irgendwann machte er sich über mich lustig und sagte:

»Okay, Mama!«

Doch löste er die Probleme, wo er konnte, und das war für mich das Wichtigste. Ich hatte viel Selbstvertrauen gewonnen. Die Ärzte holten mich bei Patienten mit schwierigen Venen, und in heiklen Situationen konnten sie sich auf mich verlassen, was mir beruflich viel Befriedigung verschaffte. Ich behauptete die Stellung, manchmal auch voller Arroganz, weil ich wusste, wie weit ich gehen konnte. Ein halbes Jahr lang versuchte ich, Dr. Aouad »Dobrob« beizubringen, was auf Bulgarisch »guten Tag« heißt. Er antwortete mir nicht ein einziges Mal. Es machte ihm überhaupt nichts aus, mich wie Luft zu behandeln.

Eines Tages brüllte ich auf der Treppe »Dobrob, Doktor!«.

Er drehte sich um und grüßte mürrisch – und erwiderte seitdem stets meinen Gruß. Im Grunde war ich eine Sklavin, ein Objekt, und kein Mensch. Das konnte ich nicht hinnehmen, und so kämpfte ich darum, dass man sich wenigstens an die elementaren Umgangsformen hielt. Es fiel ihm schwer, seinen Stolz abzulegen und mich nicht zu übersehen, aber ich zwang ihn eben dazu. Er sah ein, dass ich nicht nur beim morgendlichen Gruß, sondern bei allem sehr hartnäckig war. Er sagte:

»Kristiyana, du verbreitest immer so viel Unruhe.«

Das war seine Art von Komplimenten. Er konnte nicht liebenswürdig sein. Er hatte ein charmantes Lächeln, das er aber nur wenigen zeigte. Er hatte es geschafft, in Libyen eine Dialysestation mit Modellcharakter einzurichten, sauber, mit modernen Maschinen und einem perfekten Management. Die Gänge waren blitzblank, denn er hatte eine Firma damit beauftragt, mehrmals am Tag sauber zu machen. Eines Tages fiel eine junge Frau, die die Fenster putzte, aus der ersten Etage auf einen Rosenstock. Alle waren so auf ihn fixiert, dass sie nur damit beschäftigt waren, den geknickten Rosenstock vor ihm zu verbergen, statt sich um die arme Frau zu kümmern!

Gegenüber anderen ging er bis zum Äußersten, und ich glaube, dass er im gleichen Maße selbstzerstörerisch war. Glücklich war er jedenfalls nicht, ich weiß auch nicht, warum. Wir standen uns nie so nahe, dass ich bis auf den Grund seiner Seele gedrungen wäre.

Im Jahr darauf verbrachte ich meinen Urlaub in Bulgarien und wurde von einer Kollegin vertreten. Als ich zurückkam, wollte ich meine Stelle aufgeben. Ich hatte beschlossen, dass ich meinen Beruf lange genug ausgeübt hatte und jetzt auch einmal an mich denken konnte, statt alle Energie in die Arbeit zu investieren.

Zdravko und ich kannten schon viele Leute. Eine junge Kollegin von mir wollte unbedingt in der Dialyse arbeiten und wurde dann dank meiner Hilfe dorthin versetzt. Diana war siebenundzwanzig, sie hatte einen deutschen Freund, und wir besuchten sie oft in ihrer Villa. Sie verschaffte uns Zugang zu einer anderen Welt. Sie gehörte zu der kleinen Minderheit der bulgarischen Krankenschwestern, die Englisch sprachen. Sie war geradeaus, intelligent und gebildet und eine der wenigen Bulgarinnen, denen ich mich wirklich nahe fühlte. Diana war seit langem mit ihrem deutschen Freund zusammen, obwohl sie wusste, dass sie keine Perspektive hatten: Er war verheiratet. Sie sprach darüber mit einem zynischen Unterton, der verriet, dass sie Lebenserfahrung hatte und sich keinen Illusionen hingab. Sie besaß schönen

Schmuck, den sie jedoch selten trug. Als ich sie fragte, warum, antwortete sie mir:

»Ich fürchte den Neid der anderen.«

In ihrem Urlaub fuhr sie nach Bulgarien, und zwei Monate später verkündete mir ihr Freund:

»Diana ist tot. Sie ist in Sofia in einer Seuchenklinik an Hepatitis B gestorben.«

Später stellte sich heraus, dass sie sich in der Dialysestation infiziert hatte. Ich war starr vor Entsetzen. Und ich erinnerte mich daran, wie oft ich ihr Vorwürfe gemacht hatte, weil sie bei einer stark blutenden Wunde vergessen hatte, Handschuhe anzuziehen.

Diana fehlt mir bis heute. Ich habe die Freundin verloren, die meine Sprache sprach. Aber auch ohne sie ging das Leben weiter. 1995 hatte Dr. Aouad eine ernste Auseinandersetzung mit dem Ministerium, so jedenfalls verstand ich es. Damals war das Embargo schon verhängt, und Aouad verlangte die Lieferung aller nötigen Utensilien. Ich weiß, dass damals in Bulgarien ein noch größerer Mangel herrschte. In Bengasi gestattete Aouad nicht, dass ein Filter zweimal verwendet wurde. Immer häufiger regte er sich auf und drohte schreiend mit seiner Kündigung, da er sich nicht länger mit dem System herumschlagen könne.

Er wechselte in die Leitung des Roten Halbmonds. Für ihn kam ein Arzt, der seine Spezialisierung in den Vereinigten Staaten absolviert hatte und alles verkörperte, was ich bei einem Libyer verachtete: Er war intrigant, stillos und gab etwas auf Tratschereien. Es hieß, er sei ein guter Arzt, aber davon habe ich nichts gemerkt. Von ihm ging etwas Ungutes aus. Ich konnte ihn nicht respektieren, nachdem ich an den militärischen Perfektionismus Dr. Aouads gewöhnt war. Mit ihm kam auch eine neue Ärztin, die allerdings gar nichts von ihrem Beruf verstand. Sie gab unqualifizierte Anordnungen, bis ich ihr irgendwann widersprach. Sie war eine deutliche Fehlbesetzung. Wichtige Dinge entgingen ihr, und sie bildete sich ein, ihre Nachlässigkeit habe aufgrund ihrer hierarchischen Position keine Folgen. Ich machte ihr klar, dass dem nicht so sei. Ich änderte ihre Anordnungen und verhehlte meine Verachtung nicht. Ihre Reaktion ließ nicht auf sich warten. Sie mochte mich von Beginn an nicht und ging nun mit anonymen Berichten gegen mich an. Eines Tages rief mich der neue Chefarzt zu sich und machte mir Vorwürfe:

»Warum benimmst du dich so gegenüber Doktor Zaineb?«

Im Stillen dachte ich, dass Aouad sie keine Sekunde in seiner Abteilung geduldet und beim ersten Fehler entlassen hätte, aber ich antwortete ausweichend:

»In Bulgarien wäre sie in der Krankenhauswäscherei.«

»Entweder du kündigst, oder du wirst entlassen.«

Ich ging. Ich beantragte meine Versetzung in das Krankenhaus von Aouari, von wo ich weggegangen war. Drei Monate arbeitete ich auf der Station für innere Medizin. Dann fanden Umbauten statt, überall im Ort wurden Abteilungen verlegt, und ich fand mich mit einer Arbeit wieder, die monoton und völlig uninteressant für mich war.

Bis irgendwann das Telefon klingelte und Dr. Aouad am anderen Ende der Leitung war.

»Kristiyana, ich gehe in die Dialyse zurück. Kommst du mit?«

Ich sagte sofort zu. Das war 1997. Allerdings stellte ich eine Bedingung: Ich wollte nicht mehr nachts arbeiten. Ich hatte Freunde, ein Privatleben, ich wollte ausgehen.

Das darauffolgende Jahr verlief ruhig. Im Frühjahr kamen die Praktikanten. Einer von ihnen hieß Ashraf.

Er machte einen guten Eindruck. Er war nett zu den Patienten und Kollegen. Er wirkte sehr gepflegt und trug einen sauberen, gebügelten Kittel. Wenn er Kaffee kochte, bereitete er auch für die anderen einen zu. Man merkte, dass er es mit seinem Beruf ernst meinte und sich nicht nur die Zeit vertreiben wollte. Er beendete sein Praktikum und verschwand wieder. Ich vergaß ihn. Ich wusste nicht, dass ich mich an ihn würde erinnern müssen. Mein Berufsleben hat sich nie im Kinderkrankenhaus von Bengasi abgespielt. Aber ich war Bulgarin.

Ende Januar 1999 ging Dr. Aouad urplötzlich. Ich habe ihn nicht mehr gesehen. Vermutlich wusste er mehr als ich, da seine Frau im Kinderkrankenhaus arbeitete. Er hat mir nichts gesagt. Er verschwand, wie er gekommen war, distanziert, hochmütig, fremd.

Ich habe mich manches Mal gefragt, ob ich nicht »auserwählt« worden bin, diese schreckliche Last zu tragen, und zwar aus gutem Grund.

10
Das Volksgericht

Den nachstehenden Auszug aus der Pressemitteilung der bulgarischen Fernmeldeagentur über die Sitzung der bulgarisch-libyschen Kommission am 19. November 1999 habe ich mit eigenen Kommentaren versehen:

Bulgarien und Libyen haben sich auf eine rasche Lösung des Problems der aus Bulgarien stammenden und in Bengasi inhaftierten medizinischen Fachkräfte geeinigt, das die Beziehungen beider Länder nicht überschatten soll.

(Besonders gefallen haben mir hier die Begriffe »rasch« und »überschattet« …)

Mohammed Alhidzhazi, Sekretär des Generalkomitees für Jugend und Sport, hat Premierminister Evgueni Bakardjiev zugesichert, dass sich die libysche Regierung dieser Frage ernsthaft annimmt.

(Frage: Ein Premierminister wird in einer so brisanten Angelegenheit von einem Beamten des Jugend- und Sportkomitees informiert?)

Dafür hat Alhidzhazi persönlich die Verantwortung übernommen und versprochen, alles zu unternehmen, damit es zu einem gerechten Prozess kommt.

»Wir beten zu Allah, dass das Urteil ihre Unschuld belegt«, hat der libysche Sekretär erklärt und seiner Hoffnung auf einen schnellen Ausgang der Angelegenheit Ausdruck verliehen. [...]

Er hat erklärt, die libysche Regierung garantiere einen fairen Prozess und insbesondere das Recht auf Verteidigung. Sie genehmige ferner Treffen zwischen den Botschaftsvertretern und den Angeklagten.

(Festzuhalten ist der Begriff »fair«, um den es in der Folge noch gehen wird.)

Am ersten Versammlungstag der Länderkommission hat der stellvertretende Minister Marin Raykov erklärt, die betroffenen Angeklagten könnten im Falle ihrer erwiesenen Schuld auf bulgarische Verteidiger zurückgreifen. Diejenigen unter ihnen, die unschuldig seien, dürften auf eigenen Wunsch das Land verlassen.

Im Falle ihrer erwiesenen Schuld ... (Frage: Hatte denn immer noch niemand begriffen, dass unsere Schuld für Libyen von Beginn an feststand? Es sind Erklärungen dieser Art, die noch im Nachhinein sehr schmerzlich sind.)

Am 7. Februar 2000, dem Tag X minus zwei, ein Jahr nach dem Nichts, wurden wir verlegt, ohne dass man uns sagte, wohin oder warum. In Wahrheit wurden wir dem Volksgericht vorgeführt. Dieses Tribunal ermittelte in allen geheimen Verfahren, die die Staatssicherheit betreffen. Es war damit auch für unseren Fall zuständig, schließlich waren wir der Verschwörung angeklagt. Ziel dieser Verschwörung war es angeblich, die Grundlagen des libyschen Staates zu gefährden.

Im Gerichtssaal wurden wir in einen Käfig zusammengepfercht. Neben uns saßen in einem anderen Käfig rund dreißig junge Leute in Gefangenenkluft mit Mütze auf dem Kopf. Wir hatten schon die Befürchtung, sie würden irgendein Szenario erfinden und unser Verfahren mit dem ihren verknüpfen.

Später stellte sich heraus, dass sie wegen terroristischer Aktivitäten angeklagt waren.

Es war die erste Anhörung des Volksgerichts. Der Hund saß mit Leuten im Saal, die wir nicht kannten. Ein Mann ging auf uns los, stieß die Wärter beiseite und begann, auf Ashraf einzuschlagen. Dabei schrie er:

»Dreckiger Mörder!«

Es war ein enger Verwandter eines der infizierten Kinder. Der Hund manipulierte die Familien dieser Kinder und redete ihnen ein, wir seien für ihr Leid verantwortlich.

Wir hatten keine rechtliche Vertretung und keinen Dolmetscher, ganz zu schweigen von einem bulgarischen Anwalt.

Ein Staatsanwalt verlas die Anklageschrift. Ashraf übersetzte, so gut er konnte. Wir verstanden nicht viel, außer dass wir wohl von vornherein keine Chance hatten: Der Staatsanwalt legte uns ein Verbrechen gegen den libyschen Staat zur Last – neben anderen erlogenen Anklagepunkten.

Endlich erteilte man uns das Wort. Wir erklärten, dass wir unschuldig seien.

Niemand hörte uns zu. Ich hatte das Gefühl, dass wir allein in einer riesigen Wüste waren und unsere Stimmen im Sand erstickt wurden.

Der Staatsanwalt beantragte die Todesstrafe.

Ich empfand nichts, ich fühlte mich wie eine Zuschauerin im Saal … Das alles ging mich nichts mehr an. Ich wollte auch nichts mehr davon wissen. Welche Sünden ich auch immer begangen haben mochte, dieses Schicksal verdiente ich in keinem Fall. Es war nicht so sehr das noch ausstehende Urteil, das mich bedrückte. Es war vielmehr die Tatsache, dass man uns von vornherein für schuldig erklärte und behandelte wie gesetzlose Bestien. Und das in einem Land, in dem Folter von Gesetzes wegen erlaubt ist!

Selbst der bulgarische Premierminister Ivan Kostov stellte im bulgarischen Fernsehen die Frage:

»Und wenn sie doch schuldig sind?«

Verfing die libysche Propaganda etwa auch in unserer Heimat? Sah man uns auch dort als Frauen, die nicht zu retten waren, ohne Moral und fähig, aus Feigheit und Habgier Kinder zu töten?

Manche Diplomaten verbreiteten vor allem über mich unhaltbare Gerüchte. Schon 1999 hatte eine in Oslo lebende Freundin von mir einen Botschaftsbeamten gefragt, warum ich verhaftet worden sei.

Der Beamte, der zuvor in Tripolis im Einsatz war, hatte ihr geantwortet:

»Wir können nichts machen. Sie ist eine Prostituierte, die den ganzen Tag am Strand in der Sonne liegt und nach Freiern Ausschau hält …«

Während sich dieser Diplomat, den ich gar nicht kannte, in so abstoßender Weise über mich äußerte, litt ich in meiner Zelle Todesqualen. Vermutlich hatte er gehört, was der Hund über mich verbreitete, dem zufolge ich mit allen Männern »geschlafen« hatte, die auf Erinnerungsfotos von mir abgebildet waren – warum nicht gleich mit der halben Stadt?

Manche nahmen also in all ihrer Prüderie auch noch einen Platz auf dem Podest der Moralapostel ein und zeigten mit dem Finger auf mich.

Das Wichtigste aber übersahen sie: Ob wir gut waren oder nicht, sympathisch oder unsympathisch, ob es sich um mich allein oder um die anderen Frauen handelte – mit der Aidsepidemie in Bengasi hatten wir nichts zu tun.

Wären wir beispielsweise wegen Alkoholkonsums oder unerlaubten Devisentausches schuldig gesprochen worden, hätten wir Libyen im schlimmsten Falle 2002 verlassen können.

Und zwar ohne Folter und Elektroschocks.

Aber Libyen musste zur Lösung seiner Probleme innenpolitisch wie international Wirkung erzeugen: Es brauchte Geiseln, menschliche Schutzschilde.

Bulgarien hat das erst sehr spät verstanden. Und wir wurden die teuersten Geiseln der Welt. Wir hatten ein Jahr lang keinen Anwalt zu unserer Verteidigung. Und als endlich einer auftauchte, war es ein Libyer! Ich weiß, dass das libysche Gesetz die Einschaltung eines ausländischen Anwalts untersagt, solange die »Ermittlungen« noch nicht abgeschlossen sind, und dass der Hund und seine Schergen die Dinge nach Belieben hinauszögern konnten. Doch es wurde nicht ermittelt, sondern gefoltert. Und es dauerte unendlich lange, bis auch Bulgarien endlich von »Folter« sprach.

Die Diplomatie und die bilateralen Beziehungen beider Länder haben uns den Rest gegeben: Die Beziehungen waren wichtiger als Menschenleben.

Als der libysche Anwalt unmittelbar vor unserer ersten Verurteilung in Erscheinung trat, sagte er nicht viel. Ich für meinen Teil blieb misstrauisch. Beim zweiten Mal schockierte er uns gleich mit einer an Nassya gerichteten Erklärung:

»Auch wenn du geschlagen wirst und man dich beschuldigt, du hättest Kinder töten wollen: Wie kannst du nur so ein Geständnis ablegen?«

War es eine Frage der Kultur? In Libyen war man möglicherweise daran gewöhnt, dass Häftlinge grundsätzlich geschlagen werden. Und Nassya war immerhin so schwer gefoltert worden, dass sie versucht hatte, sich umzubringen!

Wir empfanden diesen Satz als Grausamkeit. Der Mann wusste offenbar nicht, was es heißt, gefoltert zu werden.

Ich dolmetschte in der Regel für die anderen. Der Anwalt sprach Englisch, und ich übersetzte ins Bulgarische. Zwar galt seine Bemerkung nicht mir persönlich, doch habe ich sie genauso empfunden wie die anderen.

Der Anwalt wurde von der bulgarischen Botschaft bezahlt. Er hatte angeblich einen sehr guten Ruf. Ich wusste, dass er Erfahrung mit vergleichbaren Prozessen hatte. Aber vieles hat er verschwiegen. Anfangs merkte ich, dass er als Libyer gewissermaßen Selbstzensur betrieb. Er musste seine Familie schützen und fürchtete um sein eigenes Leben, das lag auf der Hand. Immerhin korrigierte er sein Verhalten und äußerte sich nie wieder in derart verständnisloser Weise. Man merkte, dass ihm klar geworden war, was wir durchgemacht hatten. Jedenfalls betonte er wiederholt:

»Wenn ihr schuldig wärt, hätte ich niemals eure Verteidigung übernommen.«

Er kam vielleicht zweimal im Jahr – für zum Tode Verurteilte kein häufiger Anwaltsbesuch.

Dann erhielten wir Besuch von einem hochrangigen bulgarischen Staatsanwalt. Zu diesem Zweck führte man uns in das Büro des leitenden Untersuchungsrichters. Der bulgarische Staatsanwalt, ein älterer und vermutlich sehr erfahrener Mann, schwieg meist. Von Zeit zu Zeit murmelte er vor sich hin:

»Ich kann Ihnen nichts sagen … Ich darf über die Hintergründe des Falls nicht sprechen. Tun Sie es besser auch nicht …«

Also habe ich über etwas anderes gesprochen. Ich überlegte, dass Zdravko vielleicht keine Decke hatte, und bat darum, ihm eine zu geben. Der Untersuchungsrichter nickte. Als Zdravkos Bruder sich nach der Rückkehr des bulgarischen Staatsanwalts bei diesem nach Zdravkos Zustand erkundigte, teilte ihm der so autoritätsgebietende Herr mit:

»Ich hatte meine Brille nicht auf, ich konnte es nicht gut erkennen …«

Am 6. April 2000 traf Hristo Danov ein, der Gesandte des bulgarischen Präsidenten Peter Stoyanov. Wir wurden in Spezialräume der Staatsanwaltschaft verlegt. Danov sagte zu uns:

»Sie müssen sich auf eine schwere Prüfung gefasst machen. Die Dinge stehen nicht gut. Ich kann nichts für Sie tun.«

Als ich ihm beim Abschied die Hand gab, konnte ich ihm zuflüstern:

»Nichts von den Anschuldigungen entspricht der Wahrheit. Wir sind mit Elektroschocks gefoltert worden.«

»Ich weiß. Ich weiß mehr, als Sie ahnen …«

Als der Gesandte des Präsidenten zurückkehrte, hörte man in Bulgarien zum ersten Mal, dass wir gefoltert worden waren.

Aus der Pressekonferenz von Hristo Danov, Gesandter von Präsident Peter Stoyanov, der sich vom 1. bis 9. April 2000 in Tripolis aufhielt:

Am 6. April 2000 erfuhr Rechtsanwalt Danov bei seinem Besuch in Tripolis, dass die inhaftierten Bulgarinnen eigenen Angaben zufolge misshandelt wurden. Er hob hervor, dass sie sich nicht über Einzelheiten geäußert hatten. Er wies ferner darauf hin, dass Gewalt, wie sie gegenüber den Bulgaren angewendet worden sei, in arabischen Ländern gang und gäbe sei. Folter wäre in diesen Ländern gesetzlich erlaubt, wenn es um die Sicherheit des Staates gehe. Trotz der Folter hätten die Bulgaren sich

Danovs Darstellung folgend während der Ermittlungen für nicht schuldig erklärt. Er habe ihnen geraten, vor Gericht an dieser Darlegung der Fakten festzuhalten, denn gemäß der libyschen Gesetzgebung entfalle eine Zeugenanhörung, wenn der Angeklagte sich für schuldig erklärt, und das Urteil werde sofort verkündet.

Nach Danovs Darstellung würden den Bulgaren schwere Vergehen zur Last gelegt.

Neben der Anschuldigung, dreihundertdreiundneunzig libysche Kinder mit Aids infiziert zu haben, stünden sie im Verdacht, eine Verschwörung gegen das libysche System angezettelt zu haben, mit schwerwiegenden Folgen für das Land. Mit anderen Worten: Der Fall betreffe unmittelbar die Sicherheit des Landes, und das Urteil werde voraussichtlich auf Todesstrafe lauten. Nach Danovs Ansicht handele es sich um eine politische Angelegenheit. Die übrigen Anklagepunkte seien minder schwer: Ehebruch, Alkoholkonsum in der Öffentlichkeit und illegaler Devisentausch.

Danov zufolge seien die Bulgaren in guter körperlicher Verfassung. Auf ausdrückliches Ersuchen des Botschafters in Tripolis, Ludmil Spassov, hätten die libyschen Behörden zugesagt, dass sie ärztlich untersucht werden würden.

Über das Urteil wollte Danov keine Vorhersagen treffen. Er war jedoch zuversichtlich, dass die Aussichten für einen Freispruch gut seien. Er gab an, mit Blick auf den Prozessausgang optimistisch zu bleiben.

Der Präsidentschaftsgesandte wies darauf hin, dass die Unterredung zwischen den Staatsoberhäuptern Peter Stoyanov und Muammar Gaddafi viel Anklang gefunden und dazu beigetragen habe, dass ein öffentlicher und gerechter Prozess zugesichert werde.

Die Familien der bulgarischen Angeklagten, die gegen das schleppende Verfahren protestierten, beruhigte Danov mit dem Hinweis darauf, dass sich Prozesse auch in Bulgarien über Jahre hinzögen ...

Bei meiner Begegnung mit Danov hatte ich große Angst um Zdravko, den ich seit zwei Monaten nicht gesehen hatte. In dieser kurzen Zeit war er sichtlich gealtert. Er sah aus, als stünde er unter Drogen, sein Blick war stumpf. Ich drückte seine matte Hand, bis sie blau anlief. Er schwieg völlig teilnahmslos. Dieser Mann war plötzlich ein Fremder, ein Zombie, eine leere Hülle, er war weit weg ...

Ich wusste nicht, dass er in einer winzigen Zelle hauste, in der Ratten herumliefen. Ich wusste nicht, dass er kein Tageslicht sah und die Sonne ihm einen Schock versetzt hatte. Ich wusste nicht, dass er sich nur noch an Geräuschen orientierte. Ich wusste nicht, dass er auf dem engen Raum hin- und herlief, um die Zeit totzuschlagen. Und ich wusste auch nicht, dass er immer häufiger nervöse Zuckungen hatte.

Ich wusste einfach gar nichts und konnte nicht verstehen, was ich sah. Ich stellte nur fest, dass man meinen Mann vernichtet hatte.

Auszug aus der Zeugenaussage von Dr. Zdravko Gorgiev, meinem Mann, zu den physischen und psychischen Folterungen:

... In der Nacht vom 19. Februar 1999 hat man mich zur Polizei nach Tripolis gebracht. Man hat mich sofort in das Büro von General General Harb Amer Derbal geführt. Dort trafen wir auf Djuma Micheri und den Apotheker Abdul Madjid Shol. Der Ge-

neral nahm einen großen Stock und schlug damit auf meinen Kopf und meinen Körper ein. Dabei brüllte er mich an.

Ich wusste weder, was man mir zur Last legte, noch, was man von mir wollte.

Dann sagte er immer wieder auf Englisch:

»Die Wahrheit, nur die Wahrheit.«

Ich habe mich gefragt, welche Wahrheit er hören wollte.

Das war das einzige Mal, dass ich von der Polizei geschlagen wurde. Aber die psychologische Folter war entsetzlich. Dreißig Tage lang war ich allein in einen unterirdischen Kerker eingegesperrt, im Dunkeln, ohne einen Sonnenstrahl.

Es stank nach Urin und Exkrementen. Es gab weder eine Toilette noch Wasser. Die Wände waren mit Blut und Exkrementen beschmiert.

Es war kalt, ich lag auf dem nackten Boden, ohne Decke, und es gab riesige Ratten und Mäuse.

Ich hörte unerträgliche Schreie, die kein Ende nahmen. Mir wurde nichts zur Last gelegt. Man befragte mich nach meinem Leben, nach Freunden, Bekannten, meiner Ehefrau. Am sadistischsten waren Abdul Madjid und der Dolmetscher Idris. Sie bezeichneten meine Frau und die anderen Frauen als Nutten, Prostituierte, Giftmischerinnen.

Sie verunglimpften die gesamte bulgarische Nation und die christliche Welt.

Ihre ordinären Worte waren: »Schweine, Judas!«

Über zwei Monate lang habe ich mich nicht geduscht oder mich nicht rasiert, nicht die Haare gewaschen oder die Wäsche gewechselt. Ich sah aus wie ein wildes Tier. Ich bekam drei Löffel Nudeln am Tag. Ich war ein Skelett, ich kam nicht mehr die Treppe hinauf.

Erst im Juli 1999 erfuhr ich vom libyschen Generalstaats-

anwalt, dass man mich beschuldigte, ein Komplott gegen den Staat angezettelt zu haben, Kinder in der Kinderklinik mit Aids infiziert zu haben und vieles andere mehr ...

Man zwang mich, seitenweise Papiere zu unterzeichnen, ohne dass ich wusste, was darin stand. Im Kofferraum eines Autos brachte man mich mit verbundenen Augen zur Staatsanwaltschaft. Als ich mich weigerte zu unterschreiben, drohte man mir, meine Frau umzubringen. Daraufhin habe ich unterschrieben.

Im Juli 1999 hat man mich ins Gefängnis von Djoudeida gebracht.

Ich habe elf Monate in einer Ein-Mann-Zelle verbracht, auf der Etage mit den zum Tode Verurteilten. Die Zelle maß 1,70 auf 1,90 Meter.

Wir waren mindestens zu dritt und manchmal sogar zu acht. Wir konnten uns nicht hinsetzen. Im Sommer war es unerträglich heiß, im Winter kalt und feucht.

Wir waren rund um die Uhr eingesperrt. Dreimal am Tag wurde die Tür geöffnet und ein Napf mit etwas Essen hereingereicht: ein paar Nudeln, Reis und etwas Wasser. Ein Loch in der Ecke diente als WC.

Im Winter war das Loch oft verstopft. Wir verrichteten unsere Notdurft in einer Plastikschüssel, die einmal am Tag geleert wurde. Es stank furchtbar. Es gab keine Seife und keine Wechselwäsche, nur etwas Wasser aus dem Hahn zum Waschen.

Ich durfte keinen Besuch empfangen, nicht einmal von einem Anwalt. Einige Polizisten schlugen mich oder gaben mir mit ihren eisenbeschlagenen Stiefeln Fußtritte.

Man nannte mich »schmutziges Christenschwein« und »Mörder«.

Meine ganze Haut war eine einzige eiternde Wunde. Sie juckte und schmerzte unentwegt, es war unerträglich.

Im Mai 2000 verlegte man mich endlich in eine andere Einzelzelle.

Erst Ende des Jahres, nach einem Herzinfarkt mit weiteren Komplikationen, führte man mich in Ketten, die mindestens zehn Kilo wogen, zu einem Arzt.

Ich war völlig erschöpft. Ich wollte sterben und wünschte sehnlich, dass alles ein Ende nahm.

Das einzige Mal, dass ich zusammen mit anderen Gefangenen bei einer Zahnärztin war, haben die Polizisten mitten in der Poliklinik geschossen. Sechs Personen, die versucht hatten zu fliehen, wurden schwer verletzt. Ich hatte nichts gemacht, wurde aber trotzdem mit einer Pistole an der Schläfe bedroht.

Im Mai 2001 wurde ich in den Haupttrakt des Gefängnisses von Djoudeida verlegt. Sieben Tage lang habe ich nur dann das Tageslicht gesehen, wenn man mich zum Gericht führte.

Tagsüber konnte man im Hof bleiben, das war der einzige Vorteil meiner Verlegung nach Djoudeida. In der 60 Quadratmeter großen Zelle waren mindestens 70 Personen untergebracht. Wieder gab es nur ein Loch als WC. Wir schliefen in der Hocke. Manchmal gab es »Strafaktionen«. Sie misshandelten uns mit Stöcken und Kabeln und traten uns, schlugen uns zu Boden und trampelten auf uns herum, bis wir bewusstlos waren.

Das ist die Wahrheit. Das habe ich durchgemacht. Ich habe vielleicht vieles vergessen und nicht aufgeschrieben. Aber ich habe an keiner Stelle übertrieben.

Unterschrift: ....

10. 02. 2003
Tripolis, beglaubigt durch die bulgarische Botschaft.
Der Konsul – Sergey Yankov

Von alldem wusste ich nichts. Diese Erklärung wurde erst drei Jahre nach den geschilderten Vorfällen aufgezeichnet. Aber als ich in das Gesicht meines Mannes schaute, fand ich nichts mehr von ihm wieder. Zdravko, wo bist du? Ich zeigte vermutlich dasselbe wirre Gesicht und dieselben leeren Augen, wenn ich von meinen Foltersitzungen kam. Da mein Mann nicht sprach, fragte ich mich, ob er wenigstens hörte, was Rechtsanwalt Danov sagte – der im Übrigen nicht sehr optimistisch war.

Von Optimismus konnte sowieso keine Rede sein, aber ich dachte an meine Mutter, die immer zu mir sagte, es gebe für alles eine Lösung. Ich bin wie sie. Und zu diesem Zeitpunkt unserer Höllenfahrt war ich bereits eine Überlebende und konnte schon erhobenen Hauptes sagen: »Kristiyana, halte durch. Ab jetzt lebst du von einem Tag auf den anderen. Du suchst dir eine Beschäftigung im Gefängnis, egal welche, Hauptsache, du hältst durch. Irgendwann wird etwas geschehen.«

Der Tag aber ließ noch lange auf sich warten – zu lange.

11
Ein echtes Gefängnis

Seit einiger Zeit ging das Gerücht, wir würden verlegt werden.

Kurz nachdem der Gesandte des Präsidenten wieder fort war, befahl man uns, unsere Sachen zu packen. Da wir nicht viel hatten, waren wir schnell fertig.

Ich trug seit fünfundvierzig Tagen dieselbe Kleidung wie am Tag meiner Entführung. Ich hatte sie nicht einmal waschen können. Nach zwei oder drei Tagen in Haft hatte der Hund mir Wäsche aus meiner Wohnung gebracht, zwei Schlafanzüge, einen Pullover und zwei Slips. Ich hatte ihn um nichts gebeten, anscheinend ging er in meiner Wohnung nach Belieben ein und aus. Er warf mir die Sachen hin sowie ein Paar Hausschuhe, das mir nicht gehörte.

Da wir nicht duschen durften, hatte ich die Sachen fünfundvierzig Tage lang nicht angerührt, um sie nicht schmutzig zu machen. Normalerweise schwitze ich nicht, aber allein schon wegen meiner panischen Angst stank ich wie ein Tier.

Ich wechselte nur den Slip. Rasch wusch ich den benutzten mit kaltem Wasser und hängte ihn zum Trocknen. Als ich um den 25. März herum die Erlaubnis erhielt, mich zu waschen, zog ich mich auch um. Ich putzte mir außerdem die Zähne, aber ich weiß nicht mehr, woher die Bürste dazu kam.

Den ganzen Sommer über hatte ich nur diese beiden Schlafanzüge und zwei Slips.

Im Oktober hatte ein Botschaftsangehöriger Pakete von unseren Familien gebracht. Meines war leider fast leer, meine Mutter hatte vielleicht keine Zeit gehabt, sich darum zu kümmern.

Ich bekam einen Slip, ein Handtuch, Binden, und das war's. Eine Notfallhilfe der Botschaft gewissermaßen. Nassya hatte von ihrer Schwiegermutter einen selbstgestrickten weißen Wollpullover bekommen. Da sie eine Jacke besaß, die sie zufällig bei ihrer Verhaftung getragen hatte, gab sie mir ihren Pullover gegen die Kälte.

Unser karges Gepäck wurde in schwarzen Müllsäcken verstaut. Dann stiegen wir in einen Kleinbus, der uns in ein anderes Gefängnis brachte. Unglücklich waren wir nicht, dass wir die Hundeschule hinter uns ließen.

Dann stellte sich heraus, dass uns die nötigen Papiere fehlten, sodass wir bis zum darauffolgenden Tag wieder zurückgeschickt wurden. Sehr viel später erfuhr ich, dass dieses Theater wegen der Papiere daher rührte, dass man uns über ein Jahr und zwei Monate hinweg heimlich in der Hundeschule festgehalten hatte.

Als wir fuhren, verabschiedete uns Selim, der Leiter der Hundeschule, mit Tränen in den Augen. Und der Trunkenbold, für den ich immer gekocht hatte, sagte:

»Karam: Sünde …«

Sie wussten beide, wohin wir nun gebracht werden würden.

Es war das erste Mal, dass ich ein Gefängnis von innen sah. Man nahm uns alle spitzen Gegenstände ab, darunter auch eine Spiegelscherbe.

Verglichen mit dem alten Aufenthaltsort war meine neue

Bleibe ein Luxuskerker. Eine »geräumige« Zelle, in der Nassya, Snezhana und ich ausgestreckt nebeneinander auf dem Boden liegen konnten.

In den ersten neun Tagen kamen alle bei uns vorbei.

Was glaubten sie, wer wir waren? Sagenumwobene Gestalten?

Die mit den Aidsviren?

Dann wurden wir in eine Art »Haus« innerhalb der Gefängnismauern verlegt, das vermutlich als Isolierstation diente. An der Tür hing ein Schild mit der Aufschrift: »Vorsätzlicher Kindermord«.

Wir durften nicht mit den anderen Gefangenen sprechen, und auch nicht nach draußen, nicht einmal auf die Toilette. Der Raum war rund fünfundzwanzig Quadratmeter groß, fast europäischer Standard – eine Ausnahme, wenn man bedenkt, dass sich Zdravko zur gleichen Zeit eine zwei Quadratmeter große Zelle mit zehn anderen Häftlingen teilte. Später wurde er in eine vierzig Quadratmeter große Zelle für siebzig Insassen verlegt, wo jeder also fünfzig Quadratzentimeter für sich hatte.

Ausgang hatten wir in einem Karree von fünfzehn mal fünfzehn Metern. Es war eine einzige, mit Exkrementen verschmutzte Dreckspfütze … Dort sollten wir zur Mittagszeit bei 45 Grad »frische Luft« schnappen.

Riesige Ratten, so groß wie Welpen, sprangen aus den Luftschächten in den Hof. Um uns vor ihnen in Sicherheit zu bringen, mussten wir in den widerlichen Dreckspfützen herumhüpfen, die uns bis an die Knöchel reichten … Das Wasser aus der Leitung im Hof war voller Würmer, das Wasser im Gebäude verdreckt …

Im Hof begegneten wir mitten im Müll Mabrouka, einer jungen Mutter von fünf Kindern, die wegen Mordes zu fünfzehn

Jahren Zuchthaus verurteilt worden war und schon lange einsaß. Sie war für die Verpflegung zuständig, und der Kontakt zu ihr erwies sich als äußerst wichtig. Sie schenkte uns Obst, Eier und vieles andere, was unverzichtbar war. Von ihr bekamen wir auch Binden. Mabrouka war autoritär und stark, und wir waren sehr froh, dass sie uns unter ihre Fittiche nahm. Valia hatte sich mit ihr angefreundet, sie hielt sich gern in der Nähe der Chefin auf. Alle Insassen gehorchten Mabrouka. Sie war die Anführerin, die die Regeln kannte und sie durchsetzte, aber durchaus auch über sie hinwegsah. Mabrouka verabscheute Drogen und rauchte nicht und war deswegen von der Gefängnisverwaltung auch auserkoren worden, um für Ordnung zu sorgen.

Anfangs schliefen wir direkt auf dem Zementboden. Dann teilten Nassya und ich uns eine dünne Matratze, auf der wir abwechselnd schliefen.

Ständig schnorrten wir Zigaretten. In der Regel rauchten wir die Kippen der anderen auf. Im Gefängnis gibt es keinen Ekel. Und woher ein Zigarettenstummel kommt, ist einem völlig gleich. Irgendwann haben wir sogar gierig nach dem Stummel einer aidsinfizierten Libyerin geschnappt …

Ich kann mich noch an den angekauten, feuchten und stinkenden Zigarettenstummel erinnern. Aber es war der einzige in Reichweite. Er war wertvoll. Dass der Filter womöglich ein Übertragungsweg sein könnte, war mir in diesem Augenblick völlig gleichgültig. Dreck war sowieso überall. Ekelerregende Pfützen, Rattenkot … Und Rauchen wird im Gefängnis zur Obsession. Es ist die Krücke, mit der man Stress und Angst eine Minute lang niederhalten kann.

Mit Hilfe von Bestechungsgeld kamen wir heimlich an einen Kocher, in dem wir Wasser erwärmen konnten. Und durch das kleine Türgitter schlossen wir Bekanntschaft mit unseren Zellnachbarinnen.

Rabya war eine der dreihundert Gefangenen in Djoudeida. Sie verbüßte eine vierjährige Haftstrafe wegen Ehebruchs, denn sie hatte ein Kind von ihrem Onkel zur Welt gebracht. So die offizielle Version, doch in Wirklichkeit hatte sie sich einem aus Ägypten stammenden Gärtner hingegeben, wie sie gestand. Wie auch immer, ob Inzest oder verbotene Liebe, ihr kleiner Sohn Mohammed wuchs im Gefängnis auf.

Rabya war die einzige Libyerin, die um vier Uhr früh zum Beten aufstand und mindestens drei Monate im Jahr tagsüber fastete.

Ich fragte sie, warum sie das tat, und sie antwortete klipp und klar:

»Das tue ich für Mohammed.«

Ich mochte Rabya, denn als im Gefängnis das Gerücht von den »Kindsmörderinnen von Bengasi« die Runde machte, kam sie zu uns und hielt uns ihr Kind vor die Gitterstäbe, um uns etwas zu trösten. Ich sehe sie noch vor mir, mit ihren hochgereckten Armen und dem Baby, dem wir dann den Kopf streichelten. Diese Geste hat uns einander nahegebracht. Sie vertraute uns und hatte keine Angst. Sie half, so gut sie konnte. Sie war oft in der Speisekammer und schaffte immer etwas für uns auf die Seite. Einmal brachte sie uns sogar ein ganzes Huhn!

Es war das erste Mal, dass ich für fünf Personen kochte. Ein gestohlenes Huhn auf einem »verbotenen« Kocher!

Ich füllte es mit Käse und servierte es auf Plastiktellern. Seit Ewigkeiten hatten wir nicht mehr so gut gegessen.

Das zweite Luxusobjekt war das Radio, ein Geschenk einer Mitinsassin. Heimlich hörten wir »Europe Libre« und »Bulgaria«. Es war unsere erste Tuchfühlung mit der Außenwelt seit zwei Jahren. Nassya war unsere Agentin für die Verbindung zur Außenwelt, sie fand immer die richtigen Frequenzen.

Das erste wichtige Ereignis, von dem wir über Radio erfuhren, war der Untergang des U-Boots *Kursk*. Das Unterwassergefängnis dieser Marinesoldaten war noch schlimmer als unseres.

Ständig sterben irgendwo Menschen für nichts und wieder nichts.

Am 11. September 2001 hallten Schreie durch das ganze Gefängnis. Eine Wärterin brüllte:

»Amerika steht in Flammen!«

Sofort schalteten wir das Radio ein und hörten russische Nachrichten. Wir glaubten unseren Ohren nicht.

Die Wärterin freute sich, dass sie die Nachricht als Erste gehört hatte und nun in den Gängen verbreiten konnte. Es erfüllte sie mit Stolz.

Überall auf der Welt starben Menschen, während wir in Libyen im Gefängnis vermoderten, aber immerhin lebten. Ich dachte an all diejenigen, denen noch Schrecklicheres widerfuhr als uns. Ich dachte an Konzentrationslager, an Waisenkinder, an die Mütter, deren zum Tode verurteilte Kinder jeden Moment sterben konnten. An all diejenigen, die durch die Schuld anderer Menschen zu Unrecht ums Leben kamen. In acht Jahren vergoss ich nicht eine einzige Träne.

Die Libyer hatten erfasst, wie ich funktionierte. Auch während der Durchsuchung der Zellen schlief ich weiter. Ihr Zirkus ließ mich gleichgültig. Wir hatten ein kleines Messer aufgetrieben, das ich unter dem Regal des winzigen Schranks versteckte. Auch die hart erkämpften Zigaretten waren dort verborgen. Wenn der Wärter sie fand, würde er sie konfiszieren, weil er selbst daran interessiert war. Von den anderen Repressalien ganz zu schweigen. Die Polizei machte mir keine Angst mehr, im Laufe der Jahre kam ich mit den Gepflogenheiten im Gefängnis besser zurecht. Ich passte mich an.

Die anderen hatten Angst. Sie hatten gehört, dass die Polizei Beschuldigte an die Wand stellen und erschießen würde. Bei uns war es noch nicht so weit. Wir mussten zwar mit der Todesstrafe rechnen, aber waren noch nicht offiziell verurteilt.

Wir überlebten mit Zigaretten und Radio. Manchmal hörten wir, wie in Bulgarien über uns berichtet wurde. König Simeon von Sachsen-Coburg und Gotha war ins Land zurückgekehrt und kandidierte für den Posten des Premierministers. Er kommentierte unser Unglück:

»Ich bedaure das Schicksal der bulgarischen Krankenschwestern und hoffe, dass sie nicht zum Spielball politischer Machenschaften werden …«

Die Zeit verging. Unser Fall wurde von einer Regierung zur nächsten durchgereicht. Was uns mürbe machte, war der ungewisse Ausgang. Wir wussten nicht mehr, wie es in dieser Geschichte eigentlich um uns stand …

Mir wurde klar, dass man sich im Gefängnis mit irgendetwas beschäftigen muss, wenn man überleben will. Sonst sind die Tage und erst recht die Nächte unerträglich.

Man muss einen Sinn für dieses Leben zwischen vier Wänden finden, sonst brennt sozusagen eine Sicherung durch …

Kein Fernsehen, keine Bücher oder Zeitungen, kaum Zigaretten – und viel zu viel Zeit. Was soll man mit ihr anfangen? Man braucht vor allem Durchhaltewillen und Phantasie.

Im ersten Jahr hörte ich nicht auf zu grübeln. Die Blessuren waren noch zu frisch. Ich hatte so viele Enttäuschungen erlebt und fragte mich ständig, warum.

Es ging weniger um die Lügen, die in Umlauf gebracht worden waren, als vielmehr um die Menschen, die mich fallen gelassen hatten. Das immerhin hatte ich inzwischen verstanden. Ich hatte mir selbst etwas vorgemacht und diese Menschen falsch eingeschätzt. Ich hielt mich für einen realistischen Menschen, der ein gutes Gespür für andere hat, und ich dachte, die Menschen in meinem Umfeld seien in Ordnung. Doch dem war nicht so. Erst im Gefängnis wurde mir klar, wie sehr ich mich geirrt hatte. Und zwar in meiner ganzen Herangehensweise und meinen Erwartungen anderen gegenüber.

Ich war sehr hilfsbereit. In Bengasi hatte ich viele Bekannte, und mein Leben war unbeschwert.

Wenn ein Landsmann meine Hilfe benötigte, kein Geld mehr hatte oder in anderen Schwierigkeiten war, half ich wie selbstverständlich aus und gab bereitwillig, was ich hatte.

Als Zdravko weit weg von Bengasi arbeitete, lernte ich Zvezda kennen, eine Laborantin, und ihre zwanzigjährige Tochter Iva.

Wir freundeten uns schnell an und besuchten uns gegenseitig. Das Mädchen studierte, und ich bot ihr an, bei uns zu wohnen. Sie konnte nicht täglich die weite Strecke fahren und wollte nicht allein leben.

Iva blieb sieben Monate bei uns. Sie war nett, diskret und fleißig. Ich kümmerte mich um sie wie um mein eigenes Kind.

Irgendwann beschloss ihre Mutter, nach Bengasi zu ziehen. Ich bat Dr. Saad, ihr behilflich zu sein, und tatsächlich fand er eine Zwei-Zimmer-Neubauwohnung für sie. Den entsprechenden Papierkram erledigte ich, dann zogen die beiden um. Später legte Zdravko sich noch sehr ins Zeug, damit Iva in Sofia weiterstudieren konnte.

Wir taten, was wir konnten. Zvezda war liebevoll, gastfreundlich und freute sich immer, mich zu sehen. Nie hatte ich den Eindruck, sie sei neidisch.

Dieselbe Zvezda bezeichnete mich später, um die Polizei wieder loszuwerden, als »böswillig, schlampig und unehrlich«.

Ich erwartete keinen Dank, aber einen solchen Verrat hatte ich gewiss auch nicht verdient.

Mit Nadejda war es dasselbe. In Sofia waren wir Arbeitskolleginnen gewesen. Sie war eine vorbildliche, überaus gründliche Krankenschwester. Als sie zum Arbeiten nach Libyen kommen wollte, half ich ihr. Nachdem Dr. Saad sie in Bulgarien kennengelernt hatte, willigte er ein. Kurz darauf kam sie. Alles ging sehr schnell, denn Saad wusste, dass wir befreundet waren. Ich hatte sie besten Gewissens empfohlen, denn sie war eine gute Führungskraft. Wir konnten sie in einer Wohnung mit drei Schlafzimmern, Wohnzimmer und Küche unterbringen, in der lediglich drei Krankenschwestern wohnten. Alles war möbliert, sie hatte keinerlei Ausgaben. Ein seltenes Glück für eine bulgarische Krankenschwester, denn oft waren die Wohnungen die reinsten Löcher, und man hatte von Anfang an mit Problemen zu kämpfen.

Die schlechten Bedingungen und Verträge wurden von den Bulgaren hingenommen. Alle Staatsbürger aus Osteuropa kamen nach Libyen, ohne ein Wort Englisch zu sprechen, von Arabisch ganz zu schweigen. Aber zwischen Bulgaren, Polen und Ungarn gab es riesige Unterschiede.

Ich kann mich an eine Gruppe mit dreißig ungarischen Krankenschwestern erinnern. Sie nahmen die Wohnung in Augenschein, die man ihnen angeboten hatte, und erklärten, dass sie diese schlechten Wohnbedingungen nicht akzeptieren würden. Ihre Agentur bot ihnen an, nach Ungarn zurückzukehren, und nur drei von ihnen schlugen dieses Angebot aus.

Die Polinnen waren genauso. Zwei Jahre lang gab es nur Beschwerden und Reklamationen, bis die Agenturen irgendwann keine Führungskräfte mehr nach Libyen schickten.

Schon 1992 kehrten auch fast alle Jugoslawen in ihre Heimat zurück mit der Begründung, dass sie ihren Lebensunterhalt dort besser verdienen könnten.

Die Polinnen hatten sich zu unserer Verhaftung folgendermaßen geäußert:

»Wenn uns das passiert wäre, hätten wir uns an den Papst gewandt.«

Ich sprach eine Fremdsprache und war eine Ausnahme unter meinen Landsleuten. Die Philippininnen, die Englisch sprachen, genossen ein gewisses Ansehen als Krankenschwestern. Sie diktierten die Vorschriften nach Kriterien, die nicht den unseren entsprachen. Eine Philippinin mit vierjähriger Berufspraxis verdiente doppelt so viel wie eine bulgarische Krankenschwester mit zwanzigjähriger Erfahrung.

Ihnen konnten wir nur etwas entgegensetzen, indem wir solidarisch waren.

Ich machte es Nadejda so angenehm wie möglich. Sie musste nicht einmal für ihre Verpflegung zahlen. Ich kaufte in den staatlichen Lebensmittelgeschäften ein, obwohl ich das offiziell nicht durfte, große Mengen an Reis, Nudeln und Mehl, was dort billiger war als in den normalen Geschäften, und verteilte meine Einkäufe dann an alle. Nadejda gab ich die Hälfte, wie einer Schwester.

Ich fühlte mich verantwortlich, denn ich hatte sie empfohlen. Sie sollte nicht enttäuscht sein, sondern ihre ganze Energie in die Arbeit stecken. Anfangs wurde sie von einigen geschnitten, weil sie nicht Englisch sprach. Doch sie verschaffte sich Respekt, als die Kolleginnen sahen, dass sie in der Pause zwischen zwei

Operationen nicht Kaffee trank und rauchte, sondern die Sterilverbände zusammenlegte. Sie fand immer etwas, womit sie sich beschäftigen konnte. Schon nach kurzer Zeit wollten alle Chirurgen mit ihr arbeiten. Als Krankenschwester hat sie niemanden enttäuscht, aber menschlich hat sie mich sprachlos gemacht.

In den ganzen achteinhalb Jahren meiner Haftzeit hat sie sich nicht ein einziges Mal bei mir gemeldet. Es gab Zeiten, da ich nichts mehr anzuziehen und nicht einmal mehr ein Stück Seife hatte. Gar nichts. Ich erwartete kein Paket, nur eine Karte mit einem Gruß, einem Zeichen der Ermutigung, irgendetwas …

Doch es kam nichts.

Auch mit Dr. Stanko war es so. Er war ein paar Jahre vor mir mit seiner Frau nach Bengasi gekommen, auch er ein Bulgare. Wir freundeten uns an, und auf seine Bitte hin wurde ich die Patin ihres Kindes und gehörte damit zu ihrer Familie.

In all den Jahren bekam ich keinerlei Nachricht von ihm.

In meinem ganzen Umfeld gab es niemanden mehr …

Weil ich im Gefängnis keine Beziehungen mehr hatte. Weil ich den Leuten keine preiswerten Nudeln mehr beschaffen und sie zum Essen einladen und unterhalten konnte. Ich war im Gefängnis, und jetzt war ich diejenige, die auf sie angewiesen war.

Gab es wirklich niemanden, der sich um mich sorgte?

Ich hatte alle Zeit der Welt, um darüber nachzudenken: Warum vergaßen mich ausgerechnet diejenigen am schnellsten, denen ich zuvor unter die Arme gegriffen hatte?

Ich bin mir sicher, dass es an mir liegt.

Ich gab zehnmal mehr als nötig, niemand erwartete das von mir. Unbewusst fühlten sich die anderen hilflos und nahmen es mir übel, dass ich besser zurechtkam als sie. Nicht umsonst heißt es: »Alles Gute hat auch sein Schlechtes.«

Aber dann kam ein Brief aus Bulgarien, von einer Unbekannten: Genia, zwanzig Jahre alt, hatte es geschafft, mir ein paar Zeilen zu übermitteln. Sie schrieb, ich sei ein Ansporn für sie. Ich, die ich im Gefängnis saß!

Sie brachte ihre Bewunderung schriftlich zum Ausdruck, und sie wusste gar nicht, wie warm ums Herz mir bei ihrem Brief wurde.

Genia schmiedete Pläne für die Zeit nach meiner und Zdravkos Rückkehr. Ich liebte ihre visuellen Spaziergänge und Reisen, zu denen sie mich in ihren Schilderungen einlud. Gott sorgte also doch für einen Ausgleich und ersetzte die Verräter aus heiterem Himmel durch andere Menschen …

Das Leben verträgt keine Leere, jeder Verlust wird durch etwas anderes und manchmal Besseres ersetzt. Ich kann das einschätzen. Wenn das Schlechtere an die Stelle des Besseren tritt, weiß ich, dass es nicht für immer ist.

Genia ist mir eine Freundin geworden. Wenige andere sind mir ebenfalls geblieben: eine Polin namens Ermina und eine Irakerin, Jasmina.

Sie haben mich nie verraten. Jasmina war sechsunddreißig Jahre alt und ledig. Mit dem Christentum kannte sie sich besser aus als ich, und die muslimischen Rituale hielt sie stets ein. Sie rauchte nicht und trank keinen Alkohol, aber sie kam trotzdem, wenn wir etwas zu feiern hatten. Sie lebte ein anderes Leben, aber verachtete deshalb nicht unsere Lebensweise. Sie war bei so manchem Fest anwesend, bei dem reichlich getrunken wurde, machte tags darauf bei der Arbeit aber trotzdem keine Bemerkungen. Sie war eine wirkliche Persönlichkeit. Sie stammte aus gutem Hause und war in ganz Europa herumgekommen. Man spürte, dass sie aufgeschlossen war und gleichzeitig fest in ihrem Glauben verankert, den sie jedoch niemandem aufzwang.

Drei Monate nach meiner Verhaftung wurde sie festgenommen, weil sie auf etlichen meiner Fotos zu sehen war. Sie blieb zwei Wochen in Haft. Eines Tages führte der Hund sie in meine Zelle und verlangte von ihr, die Anklageschrift vom Arabischen ins Englische zu übersetzen.

Bleich und verängstigt gehorchte sie. Sie gab Wort für Wort wieder: wie ich angeblich die Aidsepidemie unter den vierhundert Kindern verursacht und welche Verbindungen ich zum Mossad gehabt hätte, dass ich ein Monster sei und den Tod verdiene für all das Leid, dass ich rings um mich angerichtet hätte …

Ich sah ihr fest in die Augen und sagte:

»Du, die du mich so gut kennst, du weißt, dass ich zu alldem nicht fähig bin …«

Ich umarmte sie und sagte ihr, wie gern ich sie hatte. Sie weinte still vor sich hin. Das war alles. Ich habe sie nie wieder gesehen.

Ich weiß, dass man sie freigelassen hat. Eine Muslimin brauchte man nicht – zum Glück, denn ansonsten hätte man sie fertiggemacht.

Gott sei es gedankt, dass sie ihnen nicht nützlich war.

Was uns widerfährt, haben wir immer uns selbst zuzuschreiben. Worin meine Schuld bestand, konnte ich allerdings nicht erkennen. Denn in diesem Land, wie in vielen anderen leider auch, muss man nicht schuldig sein, um verurteilt zu werden.

12
Leben unter einem Dach

Unter Mohammed Abdallah, der im Jahr 2001 neuer Direktor in Djoudeida wurde, änderte sich die Atmosphäre im Gefängnis … Dieser Mann bewirkte innerhalb kurzer Zeit so viel Gutes – wohlgemerkt: trotz der schwierigen Aufgabe, Bewegung in ein Verwaltungssystem zu bringen –, dass er es verdient, erwähnt zu werden.

Die Ordnung in einem Gefängnis ist unerschütterlich. Das gilt in Libyen wie auch anderswo auf der Welt. Und sie ist nicht dazu da, den Aufenthalt möglichst angenehm zu gestalten. Zumindest theoretisch. Mohammed Abdallah aber dachte anders.

Am 1. September, dem Jahrestag der Revolution, ließ er ein Orchester kommen und veranstaltete ein Fest im Gefängnishof.

Er richtete eine Teppichknüpfschule und ein Schneideratelier ein.

Dort arbeitete ich drei Monate lang mit Nassya. Mit Schablonen verzierten wir Babybettwäsche. Wir bekamen unbedruckte Betttücher und Kissenhüllen und arbeiteten nach Vorlagen, aber ich brachte immer auch noch kleine Details an. Ich hatte mir eine der Vorlagen ausgesucht, ein Baby mit Schnuller unter einem Sonnenschirm am Strand. Diesem Bild fügte ich einen Schmetterling hinzu, oder einen Vogel, der auf dem Sonnenschirm saß, oder einen Ball … Ich erfand auch immer neue Kleidung für das Baby, gepunktet, kariert oder geblümt …

Selbst für Zdravko dachte ich mir eine Überraschung aus. Ich kaufte eine Kissenhülle und bemalte sie mit einem Bären, unter den ich »Guten Tag Zdravko!« schrieb.

Ich ließ sie ihm durch einen Wärter zukommen. Im Gegenzug erhielt ich von ihm einen Anhänger, wie ihn die Gefangenen dort herstellten. Er war für mich das Wertvollste auf der Welt. Ich bekam später auch noch Fingerhandschuhe, Fäustlinge, ein brasilianisches Armband. Manchmal konnten wir uns auch kurze Nachrichten zukommen lassen, ein oder zwei Sätze auf einem abgerissenen Fetzen Papier.

Trotz seiner furchtbaren Haftbedingungen war Zdravko noch zum Scherzen aufgelegt. Ich erinnere mich an einen Satz, den er in winziger Schrift verfasst hatte:

»Zu Mittag hat man mir gerade ein Rinderfilet für zwei serviert.«

Ein anderes Mal handelte es sich um ein kleines Stück Schokolade.

»Ich habe es gekauft und werde es auf der Toilette verspeisen, denn wenn die anderen es sehen, werden sie es mit den Augen verschlingen.«

Er brachte mich immer noch zum Lachen. Ich stellte mir die sechzig Gefangenen rings um ihn herum vor, und mittendrin ihn mit seinem Stück Schokolade. Ich wusste, dass er unglücklich war, aber nun stellte ich beruhigt fest, dass er immer noch über sich lachen konnte … Jedenfalls hatte weder er noch ich die Angewohnheit, uns zu bemitleiden.

In allen Gefängnissen der Welt sind es die Wärter, die die Waren hereinschleusen. In unserem Fall machten Zigaretten den Löwenanteil aus. Ein Päckchen kostete zwischen fünf und zehn

Dinar. Wenn wir keine mehr hatten, rollten wir uns welche aus Ceylon-Tee. Die Stengel qualmten wie die Pest.

Man hustet, aber man raucht …

Es gab auch nicht wenige Drogen, die immer von denselben Wärtern hereingeschmuggelt wurden. Dafür waren wir jedoch keine Abnehmerinnen. Es handelte sich um Amphetamin-Tabletten, zwanzig Dinar das Stück, ein kleines Vermögen für eine Inhaftierte. Oft baten drogenabhängige Libyerinnen uns um Alufolie und Zitrone. Obwohl wir Krankenschwestern waren, brauchten wir einige Zeit, bis wir begriffen, dass sie damit ihr Heroin zubereiteten.

Eins dieser Mädchen bewohnte unsere Zelle mit. Es war hübsch, wir nannten es Madonna. Zwei Monate war sie in Einzelhaft gewesen und hatte auch den Hofgang verweigert. Es hieß, sie zittere am ganzen Körper. Am Ende wog sie noch zwanzig Kilo und war nur noch ein Schatten ihrer selbst.

Wir dagegen verbrachten unsere Tage damit, Bettwäsche zu verschönern. Wenn ich die Muster farbig ausmalte und peinlich darauf achtete, nicht über die Ränder zu kommen, dachte ich an nichts anderes und vergaß, wo ich war. Ich machte die Arbeit gern.

Rund vierzig von uns verzierte Teile wurden schließlich zugunsten der Stiftung für Waisenkinder im Rahmen eines Festes versteigert, das Aicha Gaddafi, die Tochter des Generals, organisiert hatte. Und tatsächlich erkundigte sie sich danach, wer sie angefertigt hatte.

»Die Bulgaren aus dem Gefängnis von Djoudeida!«

Wir waren angenehm überrascht, dass unsere Arbeit so viel Anklang fand. Es war auch ein Mittel, um zu zeigen, dass wir nicht die Bestien waren, als die man uns beschrieben hatte.

In einem Kurs für arabische Analphabetinnen hatten wir auch

die Möglichkeit, Arabisch zu lernen. Ich besuchte ihn täglich mit Valia – und vierzig Libyerinnen.

Ich bin sprachbegabt und lerne schnell. Oft stellte man uns den wenig motivierten Mädchen als Vorbild hin. Die Schule war eine wunderbare Flucht aus dem Zellendasein, denn wenn ich Hausaufgaben machte, verging die Zeit viel schneller.

Eines Tages, als ich im Hof Wäsche aufhängte, hörte ich Schreie. Nigerianische Häftlinge drückten sich mit aller Macht auf den Boden. Unter ihnen lag die Kleine. Sie schlugen sie. Niemand konnte ihr helfen, denn neben ihnen stand Onkel Tom. Das war der Spitzname für Julie, die Anführerin einer Bande, eine Wahnsinnige, ein Koloss, ein Bulldozer, die alles, was ihr in die Quere kam, zermalmte. Was sollten wir tun?

Wir rührten uns nicht. Als die Kleine irgendwann kam, kochte sie vor Wut:

»Ich werde umgebracht, und euch ist es egal!«

Ihr Charakter war der eigentliche Auslöser für die Schlägerei gewesen. Als sie Wäsche aufhängen wollte, sah sie, wie einige Afrikanerinnen ihre Notdurft im Hof verrichteten. woraufhin sie sie zur Rede stellte.

Dabei war bekannt, dass die Toiletten seit fünf Tagen verstopft waren. Die Frauen hatten bei der Gefängnisleitung bereits beantragt, dass die WCs repariert wurden. In der Zwischenzeit mussten sie mit den übervollen Toiletten und dem Gestank unmittelbar neben ihrem Schlafplatz leben. Dass sie in den Hof gingen, war unvermeidlich. Was hätten sie sonst tun sollen? Außer in der Zelle hatten sie keine andere Möglichkeit, sich zu erleichtern. Und dann kam die Kleine und klärte sie über gute Manieren auf …

Sie stürzten sich auf sie wie auf einen Ball. Und Julie alias Onkel Tom drohte ihr von weitem:

»Next time, I'll kill you!«

Ich ging hinüber, um mit ihr zu verhandeln. Ich flehte sie an aufzuhören und versprach, dass das nicht noch einmal vorkommen würde. Nach langem Palaver sagte sie hasserfüllt:

»Okay, weil du's bist!«

Im Gefängnis muss man sich anpassen, wenn man nicht draufgehen will. Die Nigerianerinnen mochten mich, denn wir plauderten auf Englisch, ich legte ihnen die Karten und brachte sie zum Lachen. Wenn man hinter Gittern ist, darf man es sich mit den anderen nicht verscherzen. Das gilt umso mehr in einem totalitären, unzugänglichen Land in Afrika, wo man immer nur »die Fremde« ist.

In unserer »Bulgarenbande« stritten wir oft um Nichtigkeiten. Darum, wer das größte Stück genommen hatte oder welche von uns den Teller und das Glas nicht spülen musste, wer lesen und wer schlafen durfte … Allzu viele Möglichkeiten hat man in einer Gefängniszelle nicht, irgendjemand musste immer nachgeben. Meistens war es Nassya, die am kompromissfähigsten war.

Eines Tages wollte ich lesen, und Snezhana wollte kein Licht. Sie zog den Stecker aus der Dose und holte mit einer Wasserflasche nach mir aus. Ich ließ es dabei bewenden und ging hinaus auf den Flur, wo ich weiterlas.

Wir hatten für jede Zelle einen Teller und einen Löffel. Schnell wurde klar, wer dominierte und wer sich für die anderen aufopferte.

Freundschaft war zwischen uns nicht möglich. Wenn man sich nahesteht und schöne gemeinsame Erinnerungen teilt, kann man Streitereien überwinden und sich verzeihen.

Wir aber waren gemeinsam nur durch die Hölle gegangen, und das reicht nicht für eine dauerhafte Verbindung.

Selbst kleine Unzulänglichkeiten verziehen wir uns nicht.

Jede von uns war auf Hilfe angewiesen. Aber wir konnten oder wollten uns nicht gegenseitig helfen.

Valentina, die Kleine, und Snezhana waren launisch. Für ein solches Verhalten ist ein Gefängnis sicher nicht der geeignete Ort.

Snezhana verlangte ihren Teil, wenn man uns ein Huhn brachte, und wollte ihn selbst zubereiten. Es schmeckte ihr nicht, wenn ich das Huhn zubereitete.

Es war kompliziert, weil wir auf engem Raum zusammenlebten und alles auf einem Kocher angerichtet wurde, den wir zudem heimlich benutzten. Unsere Zelle war Küche, Schlafzimmer und Toilette zugleich.

Valentina benahm sich ähnlich. Eines Tages kochte ich gefüllte Paprikaschoten. Es gab zwei pro Person. Einer Libyerin gab ich von dem Essen ab. Die Kleine fragte:

»Wie viele waren es für jede?«

»Ich weiß es nicht, ich schwöre es.«

»So, so, du schwörst! Dir ist wohl nichts heilig!«

Da hatte ich nun mein Fett weg, mit meinem Anspruch, es allen recht zu machen. Eine Beleidigung, die saß, von der Kleinen, die für ihre Bissigkeit bekannt war.

Trotzdem ging es mir nicht gut damit. Die permanente Eifersucht war manchmal anstrengend. Denn die anderen waren auf mich als Dolmetscherin angewiesen, und auch im Gefängnis kam ich besser zurecht als sie. Ich sprach mit allen und stellte mich geschickt an, was sie nicht ertrugen. Sie brauchten mich, ärgerten sich aber genau darüber.

Die Jahre gingen vorüber, und sie gewöhnten sich daran. Sie lernten, meine Fähigkeiten für sich zu nutzen, ohne dass es jedes Mal zu einem Drama kam. Es war ein langer Weg dahin, und ich tat mein Mögliches, um die Dinge zu erleichtern. Aber damals gerieten wir praktisch täglich aneinander.

Man brachte uns Kuchen. Nassya teilte ihn gleichmäßig auf, für jede vier kleine Stücke. Die Kleine hakte nach:

»Wie viele Stücke gab es?«

»Einundzwanzig.«

»Wo ist das letzte?«

»Es war zerkrümelt, ich habe es aufgegessen.«

Jahre später, als Nassya sich mit der Kleinen stritt, erinnerte sie uns daran, wie wütend sie damals gewesen war.

»Sie wartet immer noch auf ihr fünftes Stück.«

Was steht mir zu – das war das Einzige, was die Kleine interessierte. Sie war besessen von dem Gedanken, übervorteilt zu werden. Mit einem Kuchen fing es an, und es endete in heftigen gegenseitigen Vorwürfen, die jahrelang in diesem Satz gipfelten:

»Dass wir hier sind, haben wir sowieso nur dir zu verdanken!«

Für Nassya waren diese Angriffe schwer zu ertragen. Sie versuchte, sie zu ignorieren.

Wir hatten keine Unterwäsche. Die libyschen Frauen liehen uns welche. Irgendwann bekamen wir einmal im Monat Besuch von jemandem aus der Botschaft. Nach und nach waren wir besser ausgestattet.

Einmal pro Woche gaben wir auch unsere Bestellungen auf, allerdings ohne Mengenangaben, weil man uns sowieso zu wenig brachte. Wenn wir Kleidung wollten, bekamen wir eine Hose, ein T-Shirt und ein Paar Hausschuhe pro Person. Die Hausschuhe waren nach einem Tag durchgelaufen.

Nach zwei Jahren Dauerschweiß träumten wir von einem Deodorant. Ich schrieb Marken, die in jedem Supermarkt erhältlich waren, auf die Liste.

Ich weiß, dass es in Bulgarien hieß, wir hätten nach »Luxus-Deos« verlangt.

Deodorant ist aber kein Luxusartikel. Die Angehörigen der bulgarischen Botschaft ärgerten sich, dass sie uns selbst mit alltäglichen Dingen versorgen mussten. Sie verstanden offenbar nicht, dass wir die Opfer waren. Als wir ihnen berichteten, dass wir auf dem Boden schliefen, brachten sie uns Feldbetten. Mit Hilfe von Pressholzbrettern, die wir irgendwo fanden, konnten wir diese Betten so verstärken, dass sie sich nicht komplett durchbogen.

Die Libyerinnen im Gefängnis kümmerten sich besser um uns …

Mir fehlten vor allem die Bücher. Das erste Buch, das ich im Gefängnis lesen durfte, hieß *Der Schakal* und handelte von dem berühmten Terroristen Carlos. Eine Äthiopierin reichte es uns weiter. Es war eine englische Fassung, die ich für die anderen übersetzte.

Unser Leben war inzwischen also einigermaßen organisiert. Doch dann wechselte die Anstaltsleitung erneut. Es kam eine neue Direktorin, und sie schaffte all unsere kleinen Privilegien von Anfang an wieder ab. Der Arabischkurs war nur noch schlecht besucht, und sie strich ihn ganz, obwohl der Lehrer angeboten hatte, in den Zellen zu unterrichten, und sei es nur für Valia und mich.

Ich hatte gerade das Alphabet gelernt und begann zu lesen, als der Unterricht eingestellt wurde.

Die neue Direktorin blieb nicht länger als vierzig Tage, in denen sie jedoch alles über den Haufen warf, was Abdallah geschaffen hatte. Sämtliche Insassinnen wurden verlegt, was für erheblichen Zündstoff sorgte. Wäre sie noch länger geblieben, hätte es vermutlich einen Aufstand gegeben. Wir landeten in der hintersten Zelle des Ganges, gemeinsam mit einer Ägypterin, einer politischen Aktivistin, die wiederholt wegen Trunkenheit verurteilt worden war.

Die Zelle war dunkel und feucht, das Wasser war tagsüber abgedreht, so dass wir nachts damit beschäftigt waren, unsere Behälter wieder zu füllen.

Während Nassya und ich nähten oder Bettwäsche bedruckten oder ich mit Valia Arabisch lernte, blieben die anderen in der Zelle.

Für weitere »Zerstreuung« war durch den Prozess gesorgt. Jeder Verhandlungstag bot uns Gelegenheit, aus einem vergitterten Kleinbus einen Blick auf die vorbeiziehenden Straßen, Läden und Passanten zu werfen.

Die ersten Gerichtstage verliefen unspektakulär. Jedes Mal wurde die Sitzung nach rund zwanzig Minuten aus irgendeinem Grund vertagt: Mai 2001, vertagt auf Juni, im Juni dann vertagt auf September …

Allerdings erinnere ich mich noch an einen Libyer, der wegen Fehlmanagements im Kinderkrankenhaus verurteilt wurde und Folgendes zum Besten gab:

»Die libysche Familie ist heilig. Außereheliche Beziehungen gibt es bei uns nicht. Aids kann also nicht die Folge außerehelichen Geschlechtsverkehrs sein. Diejenigen, die hier sitzen (und er wies auf uns), sind Kriminelle, und sie sind für diese Tragödie verantwortlich.«

Innerlich musste ich grinsen. Ich kannte sie, die Moral der Libyer. Ich kannte immerhin einige, die Geliebte hatten, seien es Polinnen, Philippininnen, Bulgarinnen, Jugoslawinnen, Ägypterinnen oder Syrerinnen …

Sie waren scheinheilig, vor allem wenn es um Verbotenes ging.

Die Sitzung vom 2. Juni 2001 aber war anders. Der Anwalt Vladimir Cheytanov hatte darum gekämpft, dass wir öffentlich angehört wurden. So konnten wir vor Gericht schildern, wie wir misshandelt und mit Stromschlägen gefoltert worden waren, um Geständnisse aus uns herauszupressen.

An jenem Tag wurden wir von einem bulgarischen Fernsehteam gefilmt. Wir wussten, dass die Bulgaren erfahren würden, was wir durchgemacht hatten.

September 2001. Im Gerichtssaal saßen elf Vertreter europäischer Diplomatencorps. Der Gerichtsdiener servierte ihnen Tee, stundenlang, wie mir schien. Nach dieser Pause erklärte das Gericht, dass im Sinne der Gerechtigkeit nach fünf Monaten ein Urteil ergehen werde. Das Datum wurde nicht zufällig gewählt, wie ich glaube: Es war der 17. Februar 2002, der Geburtstag des bulgarischen Justizministers. War ihnen das bekannt?

Zwei Wochen später holte man mich ohne Angabe von Gründen aus dem Gefängnis und brachte mich ohne Handschellen oder sonstige Sicherheitsvorkehrungen an einen unbekannten Ort. Ich war versteinert vor Angst bei dem Gedanken, dass sie mich wieder foltern würden. Ich sah Ashraf vor mir.

Man stellte mich zwei Generälen vor. Der eine trug sehr schöne italienische Schuhe und sprach Englisch. Sie befragten mich in ruhigem Tonfall. Ich antwortete genauso ruhig und schilderte, was alles geschehen war und wie ich gefoltert worden war …

Der General mit den schönen Schuhen erwiderte:

»Der Ermittlungsrichter hat mir die Akten übergeben und mir gesagt, die Geständnisse seien freiwillig erfolgt.«

»Warum haben Sie denn mich nicht gefragt!«

»Weil er einer unserer Beamten ist, und wir ihm vertrauen.«

Bevor sie gingen, sagten sie mir, dass am nächsten Sitzungstag gefilmt werden würde. Bevor man mich ins Gefängnis zurückbrachte, bat ich darum, meinen Mann sehen zu können. Am darauffolgenden Tag holten sie ihn. Er hörte sich alles an. Diese Begegnung fiel uns beiden sehr schwer.

Wir hielten einander die Hand. Während ich sprach, weinte er. Zum ersten Mal erfuhr er, wie man mich mit Strom gefoltert und stundenlang an den Händen aufgehängt hatte, wie man mich nackt mit dem Elektrostock an den intimsten Stellen gequält hatte. Ich erzählte alles ganz ruhig. Zdravko wäre beinahe ohnmächtig geworden.

Bei den Begegnungen mit den Botschaftsvertretern hatte ich keine Details ausgebreitet, um sie nicht zu belasten. Im Büro dieses libyschen Generals aber war die Hölle wieder da.

Dieses Mal allerdings konnten sie mir nichts anhaben. Dafür litt Zdravko.

Als wir fertig waren, teilte der General mir mit, dass wir verlegt werden würden.

Am 22. Dezember 2001 reiste unser Außenminister Salomon Passy nach Tripolis. Zum ersten Mal konnten wir alle zusammen das Gefängnis verlassen. Wir wurden in ein Zelt gebracht, das man auf einer Wiese errichtet hatte. Ein Buffet war dort aufgebaut. Diesen erstaunlichen »Luxus« verdankten wir unserem Minister.

Irgendwo habe ich später gehört oder gelesen, dass Passy an demselben Tag oder tags zuvor das libysche Staatsoberhaupt getroffen hatte. Das war eine beachtliche Leistung, denn Gaddafi empfängt nur selten Außenminister, woher auch immer sie stammen mögen.

Er soll seinem Gast erklärt haben, dass er Bulgarien gut kenne und die langjährige Arbeit der Bulgaren in seinem Land schätze und dass er deshalb auch erstaunt sei, dass Bulgaren zu so etwas fähig seien …

Beim Buffet gab es Fisch und Fleisch: Ich aß nur Salat. Nach Hungerkost wie im Gefängnis löst eine derart überladene Tafel Unwohlsein aus. Ich hatte sowieso beschlossen, eine lange Fastenzeit einzulegen und nur das Nötigste zu mir zu nehmen. Es war mir ein Bedürfnis, mich zu reinigen und aller stofflichen oder mentalen Gifte zu entledigen.

Fürsorglich sagte Passy zu uns:

»Halten Sie noch fünfzig Tage durch, und träumen Sie von einem Ort, an den Sie gern reisen möchten. Ich habe Hoffnung.«

Ich wollte ihm so gern glauben. Er benahm sich uns gegenüber sehr verbindlich, was uns gut tat. Sein Besuch zeigte, dass irgendetwas in Bewegung war.

Zu dem Zeitpunkt trat auch die Stiftung Seif Al Islam Gaddafi in Erscheinung. Gespräche, deren Inhalt geheim geblieben ist, kamen in Gang. Wir warteten nur noch auf das Ergebnis. Es ging im Wesentlichen um unsere Verlegung an einen bestimmten Ort. Salomon Passy hatte im Sohn Gaddafis, der auch der Präsident der fraglichen Stiftung war, einen Ansprechpartner gefunden. Am 4. Februar 2002, drei Jahre nach meiner Verhaftung, hieß es endlich, wir sollten zusammenpacken.

Wir hatten keine Ahnung, wohin wir fuhren. Salomon Passy hatte sich nicht dazu geäußert. Er wollte kein Risiko eingehen, glaube ich. Wir machten uns auf ein neues Gefängnis gefasst und kramten also all unsere Sachen hervor, die kleinen Messer, die Plastikteller und die wenigen Sachen zum Anziehen. Wie üblich wurde alles in Plastiksäcken verstaut.

Einer Nigerianerin schenkte ich einen Strauß künstliche Blumen. Alle Insassinnen des Gefängnisses kamen in den Gemeinschaftsbereich. Sie klatschten und weinten. Sie verabschiedeten uns, als würden wir uns nie wiedersehen. Doch leider waren wir zwei Jahre später wieder da …

13
Luxus auf Zeit

Zdravko! Die gute Nachricht ist also, dass er zu uns stößt. Dann sind wir wieder vereint. Er ist wieder bei mir, der Hölle seiner Haftbedingungen entkommen.

Wir halten vor einem weißen, gitterlosen Tor. Man führt uns in den Hof eines kleinen weißen Hauses, Drebi genannt. Nach Gefängnis sieht es gar nicht aus. Ringsum gruppieren sich Verwaltungsgebäude, das Innenministerium und das staatliche Drogendezernat. Zwei Meter hohe Mauern rahmen den Hof – wir werden gut bewacht –, geziert von kleinen Blumenbeeten.

Die Zimmer haben den Standard eines Drei-Sterne-Hotels. Vier Stück gibt es davon im Haus sowie eine komplett ausgestattete Küche und ein Wohnzimmer mit Fernseher und neuem Teppichboden. Diese Prachtunterkunft wird uns für den Zeitraum »überlassen«, für den wir von der Stiftung Seif Gaddafis hier eingewiesen wurden. Die Polizisten, die uns begleiten, wollen uns von Ashraf trennen und ihn im Verwaltungsgebäude einquartieren, doch Zdravko schnellt hoch und protestiert:

»Wir bleiben zusammen!«

Die Sache ist geregelt. Ashraf bezieht ein Zimmer. Es bleiben drei. Zdravko und ich nehmen ein zweites. Bleiben noch zwei für die vier anderen Mädchen, die jeweils zu zweit zusammenwohnen müssen.

Zdravko ist sehr unruhig. Er kommt und geht, völlig verstört.

»Da ist ein Hof … fließendes Wasser! Das ist paradiesisch! Hier könnte ich für immer bleiben.«

Seine innere Verzweiflung muss furchtbar gewesen sein, wenn er beim Anblick eines sauberen Zimmers jetzt so glücklich ist. Zdravko betätigt die Wasserhähne in Küche und Badezimmer. Er ist völlig fasziniert, als fürchte er, alles sei nur eine Fata Morgana.

Er fasst es nicht, dass er ein Bad nehmen und auf die Toilette gehen kann, ohne zuerst sechzig andere Menschen abwarten und die Erlaubnis erhalten zu müssen.

In diesem Haus schauen wir zum ersten Mal einen bulgarischen Sender. Ich sehe meine Mutter in den Nachrichten. Sie weint. Ich glaube, sie demonstriert mit anderen Menschen vor der libyschen Botschaft in Sofia … Mutig ist sie, meine Mutter! Gealtert. Und in weiter Ferne.

Alles ist seltsam, und der Übergang etwas abrupt, nach alldem, was wir erlebt haben. Ich frage mich, wer dieses Haus gewöhnlich bewohnt. Es schließt direkt an das Drogendezernat an. Vielleicht niemand? Es ist vielleicht ein Ort für Hausarreste? Womöglich halten sich hier nur »Verdächtige« von hohem gesellschaftlichem Status auf. Der Teppichboden ist jedenfalls neu, die Küchenmöbel sind einwandfrei. Barfuß auf einem Teppichboden zu gehen … Fernsehen schauen … sich mit heißem Wasser waschen … Wir legen uns schlafen – erschöpft, doch zufrieden. Ich liege in einem richtigen Bett, Seite an Seite mit meinem Mann, seit so langer Zeit.

Ich spüre ein Skelett an meiner Seite. Ich streichele es. Seine

Haut ist faltig wie die eines Greises. Ich taste vergebens nach dem Zdravko, den ich kannte. Hier liegt ein Schatten dieses Mannes. Wir reden ununterbrochen. In dieser Nacht und die folgenden Tage hindurch … Von Anfang an litt ich mehr für Zdravko als für mich. Ich bin sicher, dass seine Sorge mir galt.

Ich begreife, dass ich ihn wahrhaftig und zutiefst liebe. Das hier ist etwas anderes als eine verrückte Leidenschaft. Zdravko ist für mich ganz einfach das wertvollste und wichtigste Lebewesen der Welt.

Ich bin glücklich. Wir sind endlich wieder vereint. Ich fange an, ihn mit dem Löffel zu füttern, wie ein Kleinkind. Er hat verlernt, etwas in den Mund zu nehmen. Ich führe ihn nach und nach mit Kleinigkeiten, die er früher besonders mochte, in die Realität zurück: Karamellpudding …

Auch können wir uns hier zum ersten Mal zurückziehen. Wenn man im Gefängnis lebt, vermisst man – neben der Freiheit – die Intimität am schmerzlichsten. Allein zu sein, schweigen zu können oder nach Belieben zu reden. In diesem Haus, in unserem Zimmer, als Liebespaar, nur für uns zwei, ist es noch besser. Ich denke, dass die anderen Frauen eifersüchtig sind, auch wenn sie es nicht sagen. Ich weiß nicht, ob ihnen während ihrer Haft die Liebe eines Mannes gefehlt hat. Darüber redeten wir nicht.

Mir hat sie gefehlt. Aber ich bin bereits vierzig. Ich habe mich mit diesem Verlust abfinden können.

Es würde noch Monate brauchen, wieder zu Mann und Frau zu werden. Jetzt ist mein armer Mann ein wandelnder Leichnam. Doch er kehrt langsam wieder ins Leben zurück. Irgendwann wird sich alles wieder einrenken. Im Grunde ist er der Alte geblieben, mit seiner Fähigkeit zu Distanz und Ironie auch angesichts der entmutigendsten Dinge.

Wir haben das Glück, zusammen im Gefängnis zu sein. Liebkosungen und Zärtlichkeit helfen zu überleben. Früher machte mir körperliche Liebe Spaß, im Gefängnis erinnere ich mich nicht daran … Das Gefängnis verändert einen Menschen, ich bin nicht mehr dieselbe, lediglich eine Gefangene, die Schranken errichtet hat, um zu überleben.

Wir fühlen uns in diesem Haus sehr wohl. Man bringt uns Speisen aus dem Restaurant und geschmuggelte Zigaretten. Jeden Mittwoch bekommen wir Mobiltelefone, damit wir mit unseren Angehörigen telefonieren können. Alles scheint auf ein glückliches Ende hinzudeuten. Keine von uns vermutet zu diesem Zeitpunkt, dass uns in Libyen weitere fünfeinhalb Jahre bevorstehen. Die Polizisten, die uns umgeben, versicherten, dass bisher niemand länger als drei oder vier Monate in Drebi blieb.

Hier lerne ich, wie der Heroinhandel funktioniert. In Libyen gibt es viele Drogenabhängige. Die Polizisten erzählen in allen Einzelheiten von riesigen Mengen Haschisch, die sie beschlagnahmt haben, und den Transportrouten über Marokko und Tunesien. Unser Gebäude grenzt an eine Lagerhalle an, die bis unters Dach mit konfiszierten Rauschmitteln angefüllt ist. Es ist bekannt, dass sich im Gefängnis von Tadjoura Drogenabhängige befinden, vorwiegend Heroinkonsumenten.

Eines Nachts hören wir gellende Schreie … Die Polizisten sind wohl brutal über jemanden hergefallen. In dieser Zeit unternimmt Seif Gaddafi seinen Feldzug gegen Gewalt innerhalb der Polizei. Die ganze Stadt ist mit Plakaten gegen Folter im Gefängnis tapeziert, während wir dieses Brüllen vernehmen.

Wir jedoch können uns nicht beklagen. Wir werden mit geradezu märchenhaftem Zartgefühl behandelt. Naiv wie wir sind, vermuten wir nicht, dass man uns nur mästet, um uns hernach besser verschlingen zu können. Uns geht nicht auf, dass sie sich unserer bedienen werden, sobald wir gesund und munter sein werden.

Zdravko beginnt, sich in den Beeten des Hofes als Gärtner zu betätigen. Er genießt die Sonne und ist bald wieder braungebrannt. Zudem arbeitet er an Stickereien. Die langen Monate in der Wüste haben ihn dazu angespornt. Er bringt der Kleinen das Sticken bei. Sie zeigt sich interessiert und zu unserer großen Überraschung geduldig. Sie lernt schnell, und ihre Stickerei ist wirklich perfekt.

Sie dreht ihre Arbeit einfach um, und wenn sie ihr nicht gefällt, fädelt sie alles wieder auf.

Die Vorder- und die Rückseite müssen perfekt sein. Eine Marotte.

Ich weiß inzwischen, dass sie auf der Intensivstation der pädiatrischen Abteilung von Pazardjik gearbeitet hat. Das ist die schlimmste Abteilung. Sie hatte dort den Ruf einer professionellen Mitarbeiterin. Nun sitzt sie neben Zdravko und stickt brav und still.

Dann kam der Prozess wieder in Gang: Am 17. Februar 2002 erklärte sich das Volksgericht für nicht zuständig, betrachtete die Anklage auf Verschwörung gegen den Staat als nichtig und ordnete die Weiterleitung des Falles an das Strafgericht an. Wir waren nicht mehr der Verschwörung gegen den Staat angeklagt, sondern des vorsätzlichen Mordes an Hunderten von Kindern.

Im ersten Augenblick verstanden wir nicht, dass alles wieder bei null anfangen würde und die Ermittlungen nur immer wieder an den Start zurückkehrten. Wir dachten, dies sei eine gute Entscheidung, ein positives Zeichen, und wir glaubten, nach der nächsten Anhörung seien wir frei.

Konsul Sergej Yankov erklärte uns jedoch, dass wir alle Hebel des libyschen Justizsystems in Gang setzen müssten, damit der endgültige Urteilsspruch verkündet würde. Das Strafrecht war erst der Anfang. Wir hatten nicht aufgepasst und verstanden nichts von den rechtlichen Instanzen dieses Landes.

Ermutigende Anzeichen ergaben sich eindeutig aus dem Interview des Gaddafi-Sohnes in zwei bulgarischen Medien. Hierin bekannte Saif, dass »die Ermittlungen von Anfang an einen schlechten Weg gegangen sind«, und vor allem, dass auf uns »Druck ausgeübt wurde«.

Auszüge aus dem Interview von Saif Gaddafi, Präsident der Gaddafi-Stiftung, Sohn des libyschen Präsidenten und Beobachter des Aidsprozesses, veröffentlicht in der bulgarischen Zeitung Sega/cera und ausgestrahlt am 19. Februar 2002 auf dem Sender BTV (Autorinnen: Dessislava Stoyanove und Miroliouba Benatova):

F: Wie haben Sie entschieden, sich um diesen Fall zu kümmern?

A: Wir haben von der bulgarischen Regierung eine offizielle Anfrage bekommen. Wir haben folglich akzeptiert, als Beobachter aufzutreten. Ich denke, unsere Freunde in Bulgarien sind mit unserer Tätigkeit zufrieden. Wir tun unser Möglichstes.

F: Wie schätzen Sie den Beschluss des Gerichtshofes ein? Hat man die Betrachtungen der Stiftung mit berücksichtigt?

A: Die Regierung brachte diesen Fall vor ein Strafgericht. Die Affäre wird zu einem normalen Strafprozess ohne jegliche politische Färbung.

F: Was beinhalten die Notizen, die Sie der Staatsanwaltschaft vorlegten?

A: Wir haben viele Lücken in den Ermittlungen festgestellt:

Es gibt zahlreiche Dunkelzonen, die aufgehellt werden müssen, und genau dies ist die Aufgabe der Stiftung.

F: Können Sie uns eine dieser Dunkelzonen erläutern?

A: Der mysteriöseste Punkt dieses Prozesses ist die Vorstellung, dass die gesamte Affäre der sichtbare Anteil einer großen Verschwörung sei. Ich für meinen Teil glaube das nicht. Doch es ist Aufgabe des Gerichtshofes, diesen Sachverhalt aufzuklären. Unsere Rolle ist es, Beobachter zu sein, möglichst viele Informationen, Beweise, mögliche Zeugen, viele konkrete Details und vor allem wahrheitsgetreue Informationen zu sammeln, um dem Gerichtshof zu ermöglichen, ein gerechtes Urteil zu fällen.

F: Aber das Volksgericht hat sich über die fehlende Beweislage bezüglich der Teilnahme von Bulgarinnen an einer Verschwörung gegen die Dschamahiriya ausgesprochen?

A: Ja, bis heute liegen keine Beweise vor. Wir sind stolz darauf, dazu beigetragen zu haben, dass das Gericht dies anerkennt.

F: Was ist Ihrer Meinung nach wahr am Vorwurf der Inokulation?

A: Es gibt zwei Varianten: Verschwörung oder Nachlässigkeit. Jemand hat sich nicht richtig verhalten oder etwas vernachlässigt, und die Tragödie ist geschehen.

F: Betreibt Ihre Stiftung Forschung?

A: Keine Forschung, sondern Studien und Analysen.

F: Gehen Sie etwas näher auf diese Studien und Analysen ein.

A: Wir verfügen über ein Verteidigerteam, das sich mit diesem Prozess befasst und die Geschehnisse analysiert.

F: Stimmt es, dass die Befragten – wie von den Bulgarinnen behauptet – von diesem Team gefoltert wurden?

A: Ja.

F: Welche Schlussfolgerungen ziehen Sie nach diesen Verhören?

A: Ein gewisser Druck wurde auf diese Leute ausgeübt. Das ist gemein und illegal. Der Prozess muss neu aufgerollt werden, denn zu Beginn wurde auf die Angeklagten Druck ausgeübt.

F: Können Sie uns etwas mehr über diesen Druck sagen?

A: Ich weiß es nicht genau, aber es gibt einen Bericht, der, wenn ich mich nicht täusche, an die bulgarische Botschaft und die Verteidiger weitergeleitet wurde. Die Polizei wurde zuerst von der Überzeugung beeinflusst, die vorliegende Kontamination sei eine Verschwörung, die von den Bulgarinnen vorbereitet wurde. Dies war ein Irrtum – eine Entstellung der Wirklichkeit.

F: Woran liegt es, dass der Prozess in eine falsche Richtung ging?

A: Wer hinter alldem steckt und wie es dazu kam, wird bald zu Tage treten. Es ist eine große Tragödie für das libysche Volk.

F: Haben Sie mit Ihrem Vater über den Prozess gesprochen? Wie denkt er darüber?

A: Mein Vater hat mich ermutigt, meine Pflicht zu tun. Er glaubt nicht an eine Verschwörung. Er lehnt Verschwörungen aus Prinzip ab. Er sagte zu mir: »Die Krankenschwestern sind Engel und keine Dämonen, die Hunderte von Kindern töten. Ich hoffe, dass die bulgarischen Krankenschwestern unschuldig sind und in ihr Land zurückkehren werden. Und ich glaube, man wird die Ursachen dieser Tragödie finden und die Verantwortlichen entlarven.« Es ist normal, dass ein Staatsoberhaupt so denkt: Wir alle wünschen die Wahrheit, und niemand versucht, die bulgarischen Krankenschwestern zu bezichtigen und einzusperren. Wir haben daran keinerlei Interesse.

F: Wissen Sie über die Einzelheiten des Prozesses Bescheid, insbesondere über die medizinischen Gutachten?

A: Ich habe eine sehr gute Gesamtübersicht über den Prozess. Ich helfe meinen Untergebenen bei der Arbeit und den Nachforschungen, und ich weiß auch gut über seine Einzelheiten Bescheid.

F: Sind Sie im Bilde über die Vermutung von Montagné und Perrin, dass die Kontamination auf die schlechte Führung des Krankenhauses und die mangelnde Ausrüstung zurückzuführen sei, die zur Wiederbenutzung der Spritzen führte?

A: Ich denke, ähnliche Fälle sind bereits aufgetreten. Deswegen sprach ich von Nachlässigkeit.

F: Glauben Sie, dass die Tat vorsätzlich ausgeführt wurde?

A: Das weiß ich nicht. Ich hoffe, dass es keine vorsätzliche Tat war.

F: Sie zeigten sich erstaunt über die Existenz von John, dem Engländer, und Adel, dem Ägypter. Haben Sie Zusätzliches über diese mysteriösen Helden entdeckt?

A: Ich glaube nicht, dass sie wirklich existieren. Sie sind eine Illusion. Kein wirklicher Mensch versteckt sich hinter diesen mysteriösen Namen.

In dem schönen Haus, das wir zurzeit bewohnen, scheint mir nichts, was auf uns zukommen konnte, unerträglich.

Unerträglich ist allein die Zeit.

Zdravko ist nicht darauf vorbereitet gewesen, zu einer komplizierten Gruppe zu stoßen. Er muss jetzt den Streitschlichter spielen.

Obwohl wir alles außer Freiheit besitzen, findet die Kleine keine Ruhe. Einmal entdeckt sie Wäsche, die ihr nicht gehört, an einem Ort, an dem sie gewöhnlich »ihre« aufbewahrt. Die Wäsche gehört Snezhana. Die Kleine fordert energisch, Snezhana solle sofort ihren Platz räumen. Snezhana will etwas entgegnen.

Es setzt eine Ohrfeige. Die Kleine hat sie für ein paar Sekunden zu Boden geschickt!

Ein anderes Mal dreht Snezhana durch. Wir haben uns sieben Fruchtsäfte aufgeteilt. Sie kommt dazu und gerät außer sich vor Wut, weil nur noch ein Saft in einer Geschmackssorte übrig ist, die sie nicht mag. Sie schlägt mir mit einem Geschirrtuch ins Gesicht.

Sie stürzt auf mich zu, als ich aus der Küche komme. Zdravko greift ein, und stellt sich zwischen uns. Sie beschimpft ihn.

Im Unterschied zur Kleinen bittet Snezhana immer um Entschuldigung. Sie hat Tränen in den Augen und entschuldigt sich wortreich. Sie beschimpft uns, und danach entschuldigt sie sich. Ihr Verhalten verändert sie allerdings nicht. Immer aufs Neue wird sie ausfällig. Ihre Entschuldigungen sind bedeutungslos, denn ihr späteres Verhalten zeigt, dass sie nichts bereut.

Im Grunde fühlt sie sich geringgeschätzt, wenn nicht verachtet. Wie sonst keine ist sie krank, hilflos, geschädigt, vernachlässigt.

Zdravko, unser seelischer »Puffer«, meistert die Lage. Er klagt niemals, dass es ihm zu viel wird. Er überwindet sich, nicht Partei zu ergreifen, um keine neuen Konflikte zu schüren. Auch wenn diese weniger geworden sind.

Wir schauen zudem das bulgarische Fernsehprogramm: Wir haben eine Menge aufzuholen.

Und wir hoffen vor allem, dass wir es bald hinter uns haben werden.

Zurück zum Prozess: Im Juni führte man uns dem Staatsanwalt eines weiteren Gerichts vor. Die Verhöre begannen von Neuem.

Mir wurde erneut ins Gedächtnis gerufen, dass ich eine »wichtige« Gefangene sei. Der Staatsanwalt fragte:

»Wer bist du genau?«

»Ich bin Krankenschwester. Ich heiße Kristiyana Valcheva, und ich habe mit der Aids-Affäre in Bengasi nichts zu tun.«

Das neue Verhör war schnell beendet – es war eher eine Formalität. Wir wurden einem Gerichtsmediziner vorgestellt, dreieinhalb Jahre nach den Folterungen.

Die meisten von uns hatten immer noch Narben. Ich trug immer noch die Spuren der Riemen. Valia behielt die Wundmale der Käfer, die man ihr auf den Bauch gedrückt hatte. Sie fressen die Haut an und erzeugen Wunden, die schlecht vernarben. Bei Nassya sah man noch Spuren der elektrischen Kabel, bei Ashraf ebenfalls.

Nach diesem Gutachten erwarteten wir, dass unsere Folterknechte die Konsequenzen ihrer Handlungen zu spüren bekommen würden, zumal sich Seif Gaddafi im Prinzip um den Kampf gegen die Folter und insbesondere um unseren Fall kümmerte. Doch nichts geschah. Ich persönlich zog es vor, nicht daran zu denken, was mir auch sehr gut gelang. Ich bin kein Mensch, der zu Alpträumen neigt. Ich kann die vergangenen Leiden in meinem Kopf aufbewahren. Ich riegle das Kästchen ab, in dem sie enthalten sind – das ist meine bewährte persönliche Überlebensstrategie.

Wir leben also unbesorgt in unserem »Haus«, wir begeben uns regelmäßig zu unserem Zahnarzt nach Tripolis und nutzen den Ausgang zu kleinen Einkäufen und freien Spaziergängen in den Straßen rings um seine Praxis. Wir leben in relativer Freiheit.

Trotz unserer kurzen Auftritte im libyschen Fernsehen kannte uns niemand, und wir genießen die Anonymität und die Stadtluft außerhalb des Hauses.

Diese Bruchstücke der Freiheit scheinen zu beweisen, dass die Polizisten selbst nicht an unsere Schuld glauben. Und niemand befürchtet unsere Flucht. Lufti, unser Verantwortlicher, hat Angst, wenn wir uns verspäten. Angst, dass uns etwas zugestoßen sei, aber nicht, dass wir die Flucht ergriffen hätten.

Lufti ist ein Libyer, wie ich bisher keinen kennengelernt habe. Ein junger Hauptmann um die dreißig. Er hat Sinn für Humor, ist herzlich und wohlwollend. Selbst seine Vorgesetzten haben Respekt vor ihm.

Lufti und unser Haus sind Teil einer heiteren und friedlichen Zeitspanne. Wir haben eigene Räume und neue Beschäftigungen.

Mittwochs können wir Besucher empfangen. Es kommen Bulgaren, die in Tripolis arbeiten. Die Sekretärin der Botschaft, ihr Mann, ein mit ihnen befreundeter Arzt. Alle arbeiten an Ort und Stelle. Unsere Welt dehnt sich aus.

Wir sind nicht mehr allein, wir richten den Blick nicht mehr nur auf uns. Und vor allem: Wir können unsere Sprache mit anderen Menschen sprechen.

Zu Ostern lassen sie unsere Angehörigen zu uns. Zelte werden im Hof des Innenministeriums aufgebaut. Ein Priester kommt. Wir wohnen der Messe im Hof der Miliz bei. Das ist scheinheilig, wie alles, was zu diesem Zeitpunkt geschieht. Nassya trägt die Ikone mit der Jungfrau und dem Kind.

Zum ersten Mal zünde ich eine Kerze an. Ich erinnere mich nicht, ob dieses Ritual vor meiner Haft die gleiche Bedeutung für mich hatte, aber ich begreife jetzt, warum die orthodoxe Kirche dieses Glaubenssymbol gewählt hat. Das Licht. Die Flamme. Die Vorstellung, dass einem das Licht auf der Suche nach dem Weg hilft, diesen zu finden. Ich beginne zu beten:

»Lieber Gott, gib mir die Freiheit zurück.« Dies wird über die Jahre hinweg mein einziges Gebet bleiben. Geheimnisvolles Ostern. Voller Hoffnung.

Kurz vor Weihnachten 2002 kommen unsere Familien zu Besuch, und ich sehe meinen Sohn wieder.

Wie alle Besucher wird mein Sohn für eine Woche im Firmensitz einer bulgarischen Firma in Tripolis untergebracht. Slavei ist jetzt schon fünfundzwanzig Jahre alt. Wie die Zeit vergeht … Sein Haar wird bereits schütter, doch für mich ist er mein Kind geblieben. Ich freue mich natürlich, ihn zu sehen. Doch seine Gegenwart weckt auch ein Gefühl der Frustration. Slavei ist aus der »Heimat« gekommen, um mich zu sehen. Doch mir bleibt diese unzugänglich. Normalerweise wäre es an mir gewesen, ihn zu besuchen. Ein seltsames Gefühl stellt sich bei diesem Wiedersehen mit der Familie ein: fast in Freiheit, doch außerhalb der freien Welt. Ich habe Slavei seit meinem letzten Ferienaufenthalt in Bulgarien, also fünf Jahre zuvor, nicht mehr gesehen.

Wir sprechen über belanglose Dinge. Es ist ein freudiges Wiedersehen, und ich will ihn nicht unnötig beunruhigen. Ich frage nach Neuigkeiten über seine und meine Freunde und was es von den Nachbarn zu berichten gebe … Wir sprechen nicht über die gegenwärtige Situation. Er kommt jeden Vormittag gegen elf Uhr und bleibt bis zum Abend bei uns.

Ich fühle mich schuldig, ihn nicht länger aufgezogen zu haben. Ich weiß, dass ich nicht alles getan habe, was eine Mutter für ihr Kind tun muss. Wäre er mit mir in Libyen geblieben, wäre sein Leben anders verlaufen. Doch als Jugendlicher langweilte er sich in Bengasi, und mein Leben war schwierig. Ich war noch nicht integriert in dieses Land. Auf seine Frage hin, ob er gehen dürfe, hielt ich ihn nicht zurück. Ich sah keine Gefahr für ihn und ließ ihn selbständig eine Entscheidung fällen, als er fünfzehn Jahre alt war. Doch er war dazu noch nicht alt genug. Ich handelte aus Egoismus und bezahle heute dafür. Er brach sein Studium ab. In meiner Lage konnte ich nicht eingreifen. Meine Mutter hatte die Erziehung nicht unter Kontrolle. Ich zwang ihn, Kurse zu besuchen, um seinen Einstieg ins Berufsleben zu erleichtern. Ich versuchte, für ihn Arbeit in einer ausländischen Firma in Libyen zu finden, doch ohne Erfolg.

Während dieser letzten Ferien im Jahr 1997 hatten wir all dies ausführlich besprochen. Ich habe mich damit abgefunden, dass er das Studium aufgegeben hat. Doch ich dränge darauf, dass er bald arbeiten soll. Ich saß bereits im Gefängnis, als meine Mutter mir mitteilte, dass sie nicht mit Slavei zurechtkam. Er wolle nicht arbeiten und sei faul. Das machte mir Kummer. Gott sei Dank war er kein bösartiger Junge, und er geriet nicht auf die schiefe Bahn. Aber er hat einfach nicht meine zupackende Art.

Ihm fehlt es an Willenskraft. Ich war niemals eine Mutter, die blind für die Fehler ihres Kindes ist. Ich bin hellsichtig, und wenn ich zurückblicke, erkenne ich, dass auch ich meinen Pflichten nicht nachgekommen bin. Aber ich gebe die Hoffnung nicht auf.

Trotz der verlorenen Zeit glaubte ich ihm noch dabei helfen zu können, seinen Weg zu finden.

In Drebi dachten wir alle, dass wir es bald geschafft haben würden, denn wir waren nicht mehr im Gefängnis, doch wir konnten uns keinen unnötigen Optimismus erlauben. Die Enttäuschung stellte sich während des Besuchs des Diplomaten Petko Dimitro ein, der uns Folgendes mitteilte:

»Ihre Befreiung muss teuer bezahlt werden. Es ist eine hohe Geldsumme gefordert.«

Wir alle schreckten auf: Valia, Zdravko und Ashraf. Ich sagte:

»Wir sind doch unschuldig. Wozu ein Lösegeld? Wir sind nicht käuflich!«

Der Diplomat ließ es dabei bewenden. Er wusste, dass wir die politischen Machenschaften nicht verstehen konnten. Er empfahl uns lediglich, auf unsere eventuellen Statements in den Medien Acht zu geben. Schließlich verdankten wir der Gaddafi-Stiftung unsere derzeitigen Lebensbedingungen.

Kompromisse waren für uns undenkbar. In unser Land zurückzukehren, ohne dass unsere Anklage aufgehoben war? Und unsere Unschuld? Und unsere Ehre? Ein Lösegeld? Ich konnte nicht verstehen, warum ein Staat dafür bezahlt werden wollte, dass er uns gefoltert und zu Unrecht angeklagt hatte.

Wir hatten noch nicht wirklich verstanden, dass wir handelbare Geiseln geworden waren. Was sich hinter den diplomatischen Kulissen abspielte, um uns aus dieser Situation zu befreien, drang nicht bis zu uns vor. Trotz des bulgarischen Fernsehens hatten wir nur zu sehr wenigen präzisen Informationen Zugang. Wie dem auch sei: Wenn man unschuldig ist, kommt es einem einzig und allein darauf an, dass diese Unschuld von allen anerkannt wird. Man muss so etwas selbst durchgemacht haben, um es zu verstehen. Man schämt sich, unter Folter nachgegeben und irgendetwas gestanden zu haben, nur um zu überleben.

Im Juli 2003 benachrichtigte uns die Polizei, dass wir zwei Tage in Bengasi verbringen sollten. Wir waren bereits zuvor aus mehrfachen Gründen dort vorgeladen wurden. Wir ahnten nichts. Jeder packte eine kleine Reisetasche, und wir brachen auf.

Erste Überraschung bei der Ankunft: Wir werden in einem Verwaltungsgebäude des Gefängnisses Kouefia einquartiert.

Nur: Nach der ersten Verhandlung vor dem Strafgericht, am 8. Juli, brachte uns niemand nach Tripolis zurück.

Im Laufe der Zeit wurde uns klar, dass wir für die gesamte Prozessdauer erneut im Gefängnis in Bengasi bleiben sollten.

Wir bewohnen drei Zimmer in diesem Verwaltungsgebäude. Wir sind nicht eingeengt wie in herkömmlichen Zellen. Es gibt einen Gemeinschaftsraum mit Fernseher sowie Küche und Bad. Doch die Luft von Tripolis hatte einen Vorgeschmack von Freiheit, den wir in Bengasi vermissen. Ein neues Gefängnis, neue Gerichtsverhandlungen, und erneut werden die Verhandlungen vertagt, zuerst auf August, dann auf September … Und alles beginnt noch mal von vorn.

14

Eine unendliche Geschichte

Im Gerichtssaal, der innerhalb des Gefängnisses von Kouefia eingerichtet wurde, ging die Inszenierung weiter. Wir konnten in Pantoffeln den Verhandlungen beiwohnen, unsere Gemeinschaftszelle war in nächster Nähe. Nach wie vor kein Dolmetscher! Wir mussten mit Ashrafs Hilfe erraten, was gesagt wurde.

Zunächst verstanden wir, dass die mit den Ermittlungen beauftragten Polizisten wegen Anwendung psychischer und körperlicher Folter angeklagt waren.

Sie befanden sich geschützt in einem abgetrennten Raum, und als der Richter ihre Namen aussprach, hörten wir nur ihre Stimmen. Ich war empört. Ich erhob mich:

»Sie sollen sich hier vorstellen. Sie sollen dem Richter in die Augen sehen, wie wir auch.«

Ich wollte immer noch daran glauben, dass der Gerichtshof unter Berücksichtigung unserer erlittenen Folter über unser Schicksal entscheiden würde und dass es von großer Bedeutung war, was sich in diesem Saal abspielte.

Bei der folgenden Verhandlung saßen die Polizeioffiziere im Saal. Ich hatte sie seit vier langen Jahren nicht mehr gesehen.

Ich empfand keinen Hass, nur Ekel. Ich fragte mich, warum der Dolmetscher Idris, der mir mit größter Sorgfalt elektrische

Schläge versetzt hatte, nicht da war. Das Regime beschützte ihn. Dieser Mann hatte sieben Jahre in Bulgarien gelebt, wohl als Agent im Auftrag der libyschen Regierung, und dies war eine plausible Erklärung für seine Abwesenheit.

Ich wohnte dem Prozess als Zuschauerin bei, gleichgültig gegen alle Beschuldigungen, die der Staatsanwalt gegen mich erhob. Ich hatte sie schon zigmal gehört. Diese Inszenierung ging mir nicht wirklich nahe. Ich hatte allerdings beschlossen, in Bestform zu erscheinen, gut gekleidet, schön frisiert und geschminkt. Die bulgarische Botschaft zahlte uns seit dem zweiten Haftjahr fünfzig Dinar pro Person und pro Monat aus. Bei unseren kurzen Ausgängen in Drebi konnte ich Kosmetika, Haarfärbemittel, Cremes und ein paar Kleidungsstücke kaufen. Eine Angestellte der Botschaft übernahm ebenfalls ein paar Einkäufe für uns. Ich hatte also etwas zum Anziehen, außerdem war jemand von der Botschaft in meiner Wohnung gewesen und hatte einige persönliche Sachen geholt.

Für jenen Tag beschloss ich also, um jeden Preis aufzufallen. Ich hatte schon vor längerer Zeit den Entschluss gefasst, mein Haar rot zu färben. Von jetzt an wollte ich sichtbar sein. Da ich den Lauf der Dinge nicht verändern konnte, wollte ich etwas an mir selbst verändern. Es war eine augenzwinkernde Rückbesinnung auf meine Vergangenheit, als mein Erscheinungsbild gepflegt und elegant war. So ließ ich mein einstiges Leben in Freiheit aufblitzen. Vor allem zeigte ich auf diese Weise, dass es nicht gelungen war, mir das Rückgrat zu brechen. Ich wollte rotes Haar, flammend rotes. Ich wollte sie provozieren. Sie sollten mich ansehen, so dass auch ich ihnen in die Augen sehen könnte. Sie sollten verstehen, was ich vor ihnen nicht aussprechen konnte:

»Schaut mich genau an, ich habe keine Angst vor euch. Ich

bin unschuldig. Ich schäme mich nicht. Ich bin nicht unglücklich.«

Unschuldig. Mein gesamtes Äußeres schien es lauthals zu beteuern.

Als wir uns morgens zurechtmachten, empörte sich Snezhana, die als Gegnerin des Schminkens eine völlig andere Vorstellung von Weiblichkeit hatte als ich:

»Wie sollen wir die Begnadigung der Libyer mit einem so provokativen Aussehen erreichen? Lippenstift, Schminke, rotes Haar. Du siehst kein bisschen unglücklich aus!«

»Das ist meine Art zu überleben.«

Ich bemühte mich, mich auf keine Polemik einzulassen. Sie war unergiebig. Ich war niemandem eine Erklärung schuldig. Es war meine Entscheidung. Snezhana spielte sich sowieso grundsätzlich als Hüterin der moralischen Werte auf. Sie präsentierte sich in moralischer Hinsicht als die Respektvolle, als die Unschuldige … Sie konnte nur dem Himmel danken, dass sich die Libyer nicht intensiver mit ihr beschäftigt hatten. Dies rief ihr Nassyas Mann bei seinem Besuch in Drebi in Erinnerung. Leicht dahingesagt, dass man nichts gestehen darf, wenn man gerade in kleine Stücke zerhackt wird … Ashraf, Nassya, Valia und ich konnten von diesem »Zerstückeln« mit Hilfe von Elektroschocks berichten.

Kurz bevor die Professoren Montagné und Vittorio Colizzi nach Bengasi kamen, um als Zeugen auszusagen, versammelten wir uns zu einer Diskussion. Wir hofften, dass sie die Wahrheit ans Licht bringen konnten. Idris, der Zivilist, der für die Wache in Kouefia zuständig war, drehte seine Runden um uns. Wie immer wartete er voller Ironie auf unsere Äußerungen.

»Pfff! In diesem Spiel haben Colizzi und Montagné keinerlei Bedeutung. Nur keine unnötige Aufregung. Die Partie ist schon längst entschieden, und ihr habt verloren.«

Dieser Mann stank förmlich vor Selbstgefälligkeit.

Der Entdecker des Aidsvirus, Professor Luc Montagné, und Professor Vittorio Colizzi sagten stundenlang als Zeugen vor dem Gerichtshof von Bengasi aus. Sie erklärten, dass die Kontamination vor 1997 erfolgt sei, als Valia, die kleine Valentina, Nassya und Snezhana nicht mehr dort arbeiteten, genauso wenig wie ich. Diese Kontamination könne man auf verschiedene, nicht identifizierbare Faktoren zurückführen. Es seien nicht nur Spritzen benutzt worden, sondern auch Sauerstoffmasken, und jede Hautverletzung, die in Kontakt mit nicht sterilisierten Instrumenten gekommen sei … Kurz: Es gab Ansteckungsmöglichkeiten ohne Zahl. Die Inkubationszeit der Krankheit könne zehn Jahre ohne das geringste Symptom andauern. Sein Kollege, der große italienische Spezialist Colizzi, war selbstverständlich derselben Meinung.

Wir erhofften uns, dass die Zeugenaussage dieser beiden Wissenschaftler den Verlauf des Prozesses ändern würde. Später las ich im Protokoll, dass diese Experten von Weltruf für die Libyer lediglich als »der Zeuge französischer Herkunft, Luc Montagné,« und als »der Zeuge italienischer Herkunft, Vittorio Colizzi« vermerkt waren. Sie degradierten die beiden Wissenschaftler zu beiläufigen Zeugen in dieser Affäre! Selbst in Bezug auf eine wichtige Frage, auf die Professor Montagné antwortete:

»Das Virus kann in Plasma konserviert und tatsächlich reaktiviert werden, doch für eine Dauer von zwei bis zu mehreren Tagen hängt alles von den Konservierungsbedingungen ab, und ich möchte anfügen, dass ich über derartige technische Lagerungsmöglichkeiten in Libyen zur Zeit der Epidemie in der Kinderklinik und selbst heutzutage nicht unterrichtet bin.«

Und dennoch wurden ihren Zeugenaussagen nicht mehr Bedeutung beigemessen als jeder x-beliebigen anderen. Die Minderwertigkeitsgefühle der Libyer in puncto Medizintechnik veranlasste sie dazu, den Professoren ihr weltweites Ansehen auf diesem Gebiet einfach abzusprechen.

Idris hatte recht gehabt. Alles, was im Gerichtssaal ausgesprochen wurde, blieb bedeutungslos. Ich war davon überzeugt, dass die Libyer etwas anderes wollten. Dass sie sich nicht für die wirklichen Ursachen der Tragödie interessierten und andere, weniger rühmliche Ziele verfolgten. Die Wahrheit, unsere Wahrheit, war ihre geringste Sorge.

Vom Gefängnis aus telefonierte ich meiner Freundin Eva in Bulgarien. Ich wollte zu mir finden und das Feuer meiner Jugendjahre in mir aufglimmen spüren. Vielleicht hörte man unsere Gespräche ab, aber das war mir gleichgültig. Seit uns das Telefonieren gestattet war, war es für mich notwendig, mit Evas Hilfe meine Orientierung wiederzufinden.

Wir unterhielten uns lange. Ich stellte ihr meine immer wiederkehrende Frage:

»Warum ich?«

Eva besitzt einen klaren Kopf und das Talent, eine Problematik auf den Punkt zu bringen.

»Warum du? Ganz einfach, weil du auffällst.«

Wir versuchten noch, über die Absurdität des Drehbuchs zu lachen, dessen Protagonistin ich war. Hätte ein Schriftsteller es mir vorgeschlagen, hätte ich diesen schlechten Roman abgelehnt: Kinder, eine Epidemie, der Mossad … sonst noch etwas?

»Zu viel ist zu viel«, sagte Eva.

Dieses »Zuviel« hatte schon vier Jahre meines Lebens verschlungen. Mir gelang es nicht, darüber zu lachen.

In unserer neuen Gefängnis-Residenz verstärkte sich die Anspannung erheblich. Valia, Snezhana und Valentina, die Kleine, kochten für sich und aßen, was die Polizisten ihnen vorsetzten.

Ich bereitete das Essen für Zdravko, Nassya, Ashraf und mich zu.

Zwei Lager. Für die Mahlzeiten im Besonderen und für alles andere im Allgemeinen. Nach einer gewissen Zeit wechselte Snezhana zu uns über. Und in den letzten Monaten bereitete ich für alle das Essen zu, auch für die Polizisten.

Die Bedrohung verband uns.

Valentina, die Kleine, ließ ihre Nervosität an allen anderen aus. Sie schrie andauernd herum. Nachts hämmerte sie mindestens fünfzigmal auf die Tür ihres Zimmers ein. Doch nie auf normale Art und Weise. Immer mit Fußtritten. Dies war allerdings bei weitem nicht das Schlimmste, was sie uns zumutete: Sie schuf um sich herum eine entsetzliche Geräuschkulisse. Die zusätzliche Spannung, die im Raum stand, half uns nicht, unser aller Grundproblem zu bewältigen: den Freiheitsentzug.

Mir tat Valia leid. Sie war sehr geschwächt. Sie hatte den Blick einer Drogenabhängigen. Das Verhalten der Kleinen, die versuchte, mit allen Mitteln auf sie einzuwirken, setzte ihr zu.

Wir sprachen kaum noch miteinander. Und wir waren ja im Hinblick auf unser Überleben in einer schlimmen Situation. Wir befanden uns in einem Wespennest in Bengasi, und die Zwietracht machte uns alle noch weit verletzlicher.

Wenn ich das Essen zubereitete, kam die Kleine vorbei, warf geräuschvoll einen Löffel in die Spüle und versetzte der Tür einen Fußtritt. Sie suchte den Konflikt. Ich beherrschte mich.

Wenn sie ins Badezimmer ging, blieb sie dort anderthalb Stunden und leerte das Wasser der beiden Heizkessel, damit niemand nach ihr duschen konnte. Das tat sie absichtlich und immer aufs neue. Snezhana, Nassya und ich begnügten uns ohne weiteres mit einem Heizkessel für zwei Duschen. Doch die Kleine ließ wahre Wasserfluten für das Waschen ihrer Unterhosen fließen.

Die Aggressivität der Kleinen war nicht nur verbaler Natur. Es gab auch Schläge. Einmal, als Nassya sich gerade ihren Kaffee machte, kam die Kleine in die Küche, wo die ahnungslose Nassya ihr den Rücken zukehrte, holte aus und schlug sie mit einem Metallgitter. Ihr Unbehagen verwandelte sich in Getöse, Gewalt und Inbesitznahme des Badezimmers.

Jede noch so unbedeutende Entscheidung, beispielsweise die Wahl des Fernsehsenders, endete in Schlägen und Beleidigungen für Nassya.

»Wir sind wegen dir im Gefängnis! Du bist die Schuldige!«

Da die unglückliche Nassya in der persönlichen Wahrnehmung der Kleinen, die sich als Schiedsrichterin unserer kleinen Gemeinschaft aufspielte, als Erste gefoltert worden war, war Nassya auch die Verantwortliche. Snezhana war ebenso grausam in ihren Anschuldigungen. Sie unterstützte Valia und die Kleine, weil sie Angst vor ihnen hatte: Sie hatte schlechte Erinnerungen an den gemeinsamen Aufenthalt im Kommissariat. Sie verdächtigten sie damals, mit Hilfe der Aufseherin Salma irgendein böses Spiel gegen sie angezettelt zu haben.

Nassya und ich waren nicht gefährlich. Snezhana fühlte sich wohl mit uns, doch fügte sie sich immer der Meinung der beiden anderen.

Einmal wetterte die Kleine gegen Zdravko los. In rasender Wut schrie sie:

»Männer gehören in Männergefängnisse. Wir können hier nicht zusammenleben.«

Mir wurde klar, dass die Eifersucht sie aufzehrte und dass sie nicht ertragen konnte, meinen Mann und mich zusammen im Gefängnis zu sehen, wo sie doch allein war. Es gab jedoch keinen Anlass, auf uns neidisch zu sein …

Eines Tages nahm Zdravko sie zur Seite und fragte sie:

»Ist es dir wohl dabei, dich so zu benehmen? Herumzubrüllen und überall, wo du gehst und stehst, Fußtritte zu verteilen? Die Atmosphäre hier zu vergiften?«

Sie gab eine klägliche Antwort.

»Nein.«

Wie eine Art Eingeständnis ihrer eigenen Machtlosigkeit über ihr Verhalten.

Sobald sie vorbeiging, herrschte dicke Luft.

All dies trug nicht gerade zu einem guten Klima in Bengasi bei. Valia war anmaßend aggressiv. Unersättlich in Kleinigkeiten, aufrichtig bis zur Torheit, leicht zu durchschauen, primitiv, bereit, alles hinzunehmen, selbst die Konsequenzen ihrer unsinnigen Handlungen. Sie heulte Rotz und Wasser. Streitsüchtig, laut, roh in Wort und Sprache. Doch wenn wir in Not waren, eilte sie ohne Hintergedanken zu Hilfe.

Sie konnte schnell leidenschaftlich werden und sich genauso schnell wieder beruhigen. In den schwersten Momenten scheute Valia nicht davor zurück, um Zigaretten und Nahrung zu betteln: Sie teilte anspruchslos mit den anderen. Sie durchlebte diese Zeit ohne Launen und ohne Tränen. Hart wie sie war, klagte sie nie über ihr Leid und belastete die anderen nicht mit ihren Problemen.

Unerschütterlich in ihrem Schmerz. Immer geradeaus

blickend, ohne sich Fragen zu stellen. Valia konnte nicht begreifen, dass sie im Vorübergehen zuweilen alles niederwalzte. Doch sie setzte sich andererseits rückhaltlos ein. Wenn uns etwas weh tat, rannte sie als Erste los, um einen Arzt zu rufen. Einen Schwachen bedrängte sie nicht: Sie richtete ihn auf, um sich danach mit ihm anzulegen. Aus Dummheit wurde sie ab und an heimtückisch. Wir wären Verbündete gewesen, wenn sie umsichtiger gewesen wäre und ihre Impulse besser unter Kontrolle gehabt hätte. Die Illusion, sie könne alles bezwingen, machte sie überheblich. Sie musste für ihre unüberlegten Handlungen bezahlen, und wir erduldeten die Konsequenzen mit ihr. Sie schätzte den engen Kontakt mit den Polizisten und ließ sich von der Kleinen beeinflussen.

In unserem Gefängnis von Kouefia brachte man uns jeden Tag große Kanister mit Mineralwasser. Selbst ich, die doch täglich drei Liter trank, konnte sie nicht austrinken. Wir hatten einen großen Vorrat angesammelt. Ich kam auf die Idee, Nutzen daraus zu ziehen, und fragte die Polizisten, ob wir das Wasser nicht gegen italienischen Kaffee austauschen könnten. Valia hatte das verstanden. Ich spürte, dass sie zu Chefwächter Idris rennen wollte, um ihm zu sagen:

»Kristiyana schlägt einen illegalen Tauschhandel vor.«

Wie im Kindergarten!

Sie hatte bisher standgehalten: Obwohl ihr zweifach Stromschläge versetzt worden waren, grässliche Käfer an ihrer Haut gefressen hatten und sie stundenlang an den Händen aufgehängt worden war, hatte sie die Rolle, die die Polizisten ihr zugedacht hatten, verweigert. Aber jetzt, wo sie weder durch eine Peitsche noch durch den Elektroschocker bedroht wurde, wo man sie nicht das Geringste fragte, war sie bereit, den Libyern eine Freude zu machen und zu petzen. Ihr war nicht klar, dass wir vielleicht alle für ihre Dummheit büßen mussten. Und all das nur, um einem Bullen zu gefallen! Und weil sie befürchtete, dass ich allein von diesem Tauschhandel profitieren würde.

Sie konnte nicht mit Idris reden, aber was ich in diesem Augenblick in ihrem Blick erriet, empfand ich als Verrat. Ich sprach zwei Monate lang nicht mehr mit ihr. Ich hatte ihr nichts mehr zu sagen.

Später entschuldigte sie sich, was ihr zur Ehre gereicht.

Doch die Tatsache, dass alle beide, sowohl die Kleine als auch Snezhana, unaufhörlich das Bedürfnis hatten, mehr oder weniger deutlich sichtbar, aus moralischen Gründen mit dem Finger auf mich zu zeigen oder Nassya anzuklagen, quälte mich über Jahre hinweg.

Als uns das Schicksal zusammenbrachte, hatte ich eine Vergangenheit, Freunde und Erinnerungen. Ich hatte mit Zdravko Reisen unternommen, viele Menschen kennengelernt, alles Mögliche ausgekostet. Ich hatte ein schönes Leben hinter mir. Für Snezhana war das mein Fehler. Dass ich eine innere Welt besaß, in die ich mich zurückziehen konnte und wo ich mich besser fühlte. Niemals gestanden die anderen mir, dass sie mich beneideten. Sie profitierten von meiner Erfahrung, doch ich glaube, dass sie mich hassten.

Ich habe nie gehört, dass sie in ihrem Leben einen Fehler, eine Leidenschaft oder einen unbedachten Impuls eingestanden hätten. Sie waren die Gerechten und ich die Sünderin. Valia war das Spiegelbild der Menschen, mit denen sie verkehrte. Sie übernahm ohne weiteres die Meinung anderer und gab sie als die ihre aus. Es kam darauf an, sie als Letzte zu beeinflussen. Mein Optimismus beeinflusste sie, doch der tiefe Pessimismus der Kleinen vergällte ihr das Leben.

Meine Gefühle teilte ich nur mit Nassya. Sie war die Einzige, mit der ich reden konnte, ohne zu befürchten, dass sie mich plötzlich angreifen würde. Sie half mir zu überleben.

Während einer der letzten Gerichtsverhandlungen war ich unangenehm überrascht. Der Hund hatte eine Kamera und filmte den Prozess. Dies zeigte, dass er die Situation kontrollierte und wusste, dass ihm nichts widerfahren würde. Seit Januar 2004 wussten wir, dass die Anwälte, die mit unserer Verteidigung beauftragt waren, die Kopie eines von einem libyschen Ärzteteam erstellten Gutachtens erhalten hatten. Sie waren sich trotz der Behauptungen zweier westlicher HIV-Spezialisten einig, dass keine Infektion innerhalb der Kinderklinik möglich sei. Die Ursache dieser Epidemie musste also auf einen absichtlichen Eingriff zurückgehen.

Hatte man in Libyen noch nie von im Krankenhaus erworbenen Infektionen gehört?

6. Mai 2004. Unser traditionelles Fest in Bulgarien, der Sankt-Georgs-Tag.

Der heilige Georg besiegte den Drachen. Der heilige Georg: Schutzpatron der bulgarischen Armee.

Es ist auch der Tag der letzten Gerichtsverhandlung am Strafgericht in Bengasi.

Wie an den anderen Tagen standen wir auf und machten uns zurecht. In meine Tasche steckte ich die Ikone des heiligen Georgs,die mir Freunde zugeschickt hatten. Es war ein reliefartiges Bild. Ich wollte den Bulgaren, die uns im Fernsehen zusahen, zeigen, dass wir im Gefängnis weder unsere Wurzeln noch unsere religiösen Rituale vergessen hatten.

Im Gerichtssaal schwenkte ich die Ikone mit ausgestreckten Armen vor mir hin und her. Die Journalisten filmten. Die Polizisten kamen sofort aufgeregt auf mich zu.

»Was ist das?«

»Ein Bild.«

Sie fragten sonst nichts mehr. Der heilige Georg sagte ihnen nichts.

Ich wollte, dass die Wahrheit über den Drachen triumphiert.

Die Anspannung im Saal war deutlich spürbar. Der Richter begann zu lesen. Ich sah, wie seine Hand zitterte.

Er las lange. Wie gewöhnlich hatten wir keinen Übersetzer. Endlich kam er zum Ende seiner langen Ansprache, und Ashraf versuchte, die letzten Sätze zu verstehen, die im Gemurmel der bereits aufatmenden Zuhörerschaft untergingen.

»Im Namen des Leides unserer Mütter, im Namen der gebrochenen Leben verurteile ich Nassya, Valia, Valentina, Kristiyana, Snezhana und Ashraf zum Tode durch Erschießen.«

Innerhalb weniger Sekunden wurden wir von unserer Anklagebank abgeführt. Wir hatten den Urteilsspruch nicht richtig verstanden. Doch die Freudenschreie ließen uns vermuten, dass das Urteil nicht zu unserem Vorteil ausgefallen war. Die Eltern der Kinder umarmten unsere Folterknechte, die Frauen jubelten.

In den Straßen von Bengasi und rings um das Gerichtsgebäude versammelten sich die Menschen und ließen ihrer Freude freien Lauf. Draußen ertönte lange das Echo ihrer Stimmen.

»Zu Tode!«

»Allah ist groß.«

Das Gericht hatte sich hinsichtlich der Anklage der Offiziere als unzuständig erklärt.

Weder die Ärzte aus Bengasi noch Dr. Saad tauchten auf. Sie waren freigesprochen. Es war klar, dass der Urteilsspruch des »unabhängigen« libyschen Gerichts von vornherein und für alle außer uns feststand.

Wir weinten nicht. Unsere Tränen waren seit langem versiegt.

Einer der Polizisten, der uns bewachte, zeigte stärkere Gefühlsregungen. Er fasste sich an den Kopf und wiederholte mehrmals:

»Wie erbärmlich! Was für eine Schande!«

Wir überquerten schnell den Hof, um in unser Gefängnis zurückzukehren. Nassya brach das Schweigen:

»Wir haben Zdravkos Namen nicht gehört.«

Kurz danach kam der Diplomat Petrov und kündigte uns die Befreiung Zdravkos an.

Sie hatten ihn nur zu vier Jahren Gefängnis und zu einer Geldstrafe von sechshundert Dinar wegen illegalen Devisentransfers verurteilt. Da er bereits über fünf Jahre abgesessen hatte, war es ihm gestattet, Bengasi zu verlassen und auf das Visum zu warten, mit dem er aus Libyen ausreisen konnte.

Ein Visum, das sie ihm nie gaben.

Ich war glücklich. Ich dachte nicht an meine Verurteilung. Zdravko war irrtümlich ins Gefängnis gekommen, weil er mich gesucht hatte, und er war überflüssig für sie. Er hatte keine Anklagen gegen die Polizisten erhoben, da sie ihn nicht geschlagen hatten. Er stellte nicht die mindeste Gefahr für sie dar.

Unsere Angehörigen waren vor Entsetzen wie gelähmt. Wir verbrachten viel Zeit mit Telefonaten nach Bulgarien, um sie zu beruhigen. Um ihnen zu sagen, dass es noch nicht das Ende war. Dass wir Berufung einlegen konnten und so weiter.

Auch Zdravko musste beruhigt werden. Er konnte sich nicht damit abfinden, dass er frei sein würde und ich nicht. Er brach in Tränen aus.

»Ich will nicht gehen, ich bleibe bei euch.«

Ich musste auch ihn beruhigen.

»Hör zu, draußen kannst du uns eher helfen, und deswegen musst du wieder gesund werden.«

Zdravko hatte keine andere Wahl, und noch am gleichen Abend verließ er unser Gefängnis von Kouefia.

Allein und beklommen passierte er die geschlossenen Eisentore des Gerichts.

Ich dachte über all dies nach und sagte mir, dass dieser Prozess wirklich vollkommen unlogisch sei. Mein Mann war angeklagt worden, das Blutplasma geliefert zu haben, das die Kinder kontaminiert haben soll, und er verließ das Gericht als freier Mann …

Wenn er unschuldig ist, wie das Gericht urteilte, wer war dann der Schuldige? Woher soll dieses teuflische Blut gekommen sein, das überall in Bengasi Trauer verbreitete?

Der Prozess klammerte diese Frage einfach aus. Und Zdravko verließ den Set wie ein überzähliger Schauspieler. Verwunderlich. Schockierend. Verblüffend. Unlogisch.

Es war wie ein Geschenk, eine milde Gabe.

Es sollte sich herausstellen, dass er mitnichten nach Bulgarien zurückkehren konnte. Man hatte seinen Pass konfisziert. Zudem war dieser sowieso abgelaufen. Ein Visum ohne Pass kam nicht in Frage, ein Pass ohne Visum genauso wenig. Er wurde also noch drei Jahre in Libyen festgehalten, wo er in seiner eigenen Zelle, einem Zimmerchen im Dachboden der bulgarischen Botschaft in Tripolis, lebte.

Der 6. Mai 2004 brachte eine neue Veränderung für unser Leben. Sie trennten uns von Ashraf und inhaftierten ihn in einer Gruppenzelle des Männergefängnisses. Für uns war das trostlos. Er begann einen Hungerstreik. Die Verteidiger überzeugten ihn davon, sich nicht kaputt zu machen, und er brach den Hungerstreik ab, doch er blieb die folgenden drei Jahre allein.

Wir waren bereits zur Höchststrafe verurteilt worden, und nichts sollte mehr sein wie zuvor.

Zwei Monate später packten wir erneut unsere Sachen. Wir wurden bis zum Flughafen eskortiert und stiegen in eine Linienmaschine nach Tripolis.

Beim Hinflug war uns die Ehre erwiesen worden, im Privatflugzeug von Seif Gaddafi, einer »Gulf Stream«, zu reisen.

Uns, die angeblichen Mörderinnen von vierhundert unschuldigen Kindern, schickten sie mit Mindestbewachung und ohne Handschellen auf einem Linienflug nach Tripolis.

Niemand hielt uns für schuldig, doch das war unbedeutend.

In Tripolis wurden wir direkt ins Gefängnis von Djoudeida überführt. Diese Geschichte war ohne Ende. Ohne Ende.

15

Und noch mal alles von vorn

Zwei Jahre nach unserem Weggang hatte sich im Gefängnis Djoudeida nichts verändert: derselbe Eingang, derselbe Schmutz, dieselben Personen erwarteten uns.

Uns wurde bewusst, dass unser Leben im Gefängnis einstweilen wieder bei Level null begann. So lange, bis die Berufung beim Obersten Gerichtshof registriert war. Dies konnte jedoch Zeit in Anspruch nehmen. Und zwar viel Zeit.

Ich wusste inzwischen, dass wir wertvolle Geiseln waren. Ich konnte nicht glauben, dass wir hingerichtet werden sollten. Wie meine Mutter immer sagte: Es gab sicherlich einen Weg, der zu unserer Befreiung führen würde. Es gibt immer einen Weg, und sei er noch so gewunden.

Mabrouka, die Chefin, empfing uns in ihrer neu hergerichteten Zelle: Sie verfügte nun über annehmbare Toiletten. Eine weitere Neuheit: Es gab einen Kühlschrank und vier Etagenbetten, während wir zwei Jahre zuvor auf dem Boden oder auf Feldbetten geschlafen hatten. Die Lebensbedingungen im Gefängnis hatten sich also immerhin verbessert. Wir sollten hier die nächsten drei Monate verbringen.

Wir lebten zusammen also mit Mabrouka, die zu fünfzehn Jahren Gefängnis verurteilt worden war, und einer Libyerin, die lebenslänglich einsaß, weil sie ihr eigenes Kind getötet hatte. Eine Somalierin, die zwei Menschen (darunter einen sogar im Gefängnis) ermordet hatte, stattete uns zuweilen einen Besuch ab.

Mit etwas Distanz betrachtet, schien mir das alles seltsam: ich, die mustergültige Krankenschwester, und die anderen ebenso, umgeben von Mörderinnen …

Und wir waren die schrecklichsten Mörderinnen von ihnen, denn wir hatten den Tod von vierhundert Kindern zu verantworten. Jede von uns fühlte sich als Sondergast dieses Ortes, und wir bemühten uns, unsere Gefühlswallungen zu beherrschen.

Mabrouka respektierte sogar Valentina, die Kleine, und die Tage verliefen friedlich.

Einzige Ablenkung: die improvisierten Evangelikal-Messen im stinkenden Hof.

Eine Nigerianerin, Bessy, eine junge, hoch aufgeschossene Frau, schöner noch als Naomi Campbell, saß wegen Drogenmissbrauchs. Sie besaß die schönsten Hände, die ich je gesehen habe: lange, graziöse Finger und perfekte Fingernägel. Sie war HIV-positiv: Zweifellos hatte sie sich mit dem tödlichen Virus durch intravenöse Injektion infiziert.

Bessy organisierte Gruppen mit dreißig bis vierzig Inhaftierten, um zu beten, und sie selbst sang Gospel. Mit Nassya setzten wir uns in eine Ecke und freuten uns für sie. Sie hatten an diesem trostlosen Ort einen Weg gefunden, um mit Gott in Verbindung zu treten.

Leere Wasserflaschen dienten als Trommeln. Sie formierten sich zu einem dreistimmigen Chor und schienen glücklich. Am schönsten war der Augenblick, in dem sie nach der Messe vor uns traten, uns umarmten und sagten:

»Gott segne euch!«

Wir brauchten nur viel Liebe und ein wenig Hoffnung.

Bessy ist im vergangenen Jahr gestorben. Im Gefängnis.

Ich betätigte mich von neuem als Köchin. Die Libyerinnen freute das, denn meine Gerichte aus der Heimat schmeckten ihnen besser als ihre, wie sie sagten. Wir hatten nicht viel Platz, doch die ersten neunzig Tage gingen unbeschwert vorüber.

Ich bekam einen riesigen Abszess auf der Rückseite des Beins, der so sehr schmerzte, dass er mich am Schlafen hinderte. Ich konnte mich kaum setzen, und liegend war es noch schlimmer. Der Gefängnisarzt sagte, dass man mich operieren müsse. Nach der Operation in einer Klinik brachte man mich zehn Tage hintereinander regelmäßig in die Krankenabteilung, um mich zu verbinden. Zdravko kam vorbei, es gelang ihm, sich bis zur Krankenabteilung einzuschmuggeln. Wir konnten uns ein paar Minuten sehen. In dieser Zeit entstand im Gefängnishof ein kleines Spezialgebäude, das für uns vorgesehen war.

Von seiner Unterkunft in der Botschaft aus versuchte Zdravko, uns nützlich zu sein. Seine Besuche genügten uns nicht. Wir mussten uns schreiben. Ich habe einige seiner für mich in dieser Zeit so wertvollen Briefe aufbewahrt. Es sind allerdings auch welche verlorengegangen. Auch manche meiner Briefe an meinen Mann sind erhalten geblieben. Sie geben Zeugnis von meiner Situation.

Auszug aus den Briefen an Zdravko, die während unseres zweiten Aufenthalts in Djoudeida verfasst wurden:

8. August 2004

Guten Morgen, kleine Sonne, ich liebe dich sehr, und ich möchte, dass du dich auf keinen Fall aufregst. Du weißt, dass ich mich mit allem abfinden kann. Gott hat mir Geduld und Kraft gegeben, und ich werde die Flinte nicht ins Korn werfen. Du weißt, dass es im Grunde Neid und Eifersucht ist. Es wird vorbeigehen. Wie es bereits vorbeigegangen ist.

Es heißt, in einer Woche sollen wir an einen anderen Ort überführt werden – in das Hofgebäude im Gefängnis, das derzeit gebaut wird. Uns ist allen klar, dass der Hof mit Gittern überdacht wird.

Wir werden nicht einmal mehr die Freiheit haben, den Himmel zu sehen.

Wir werden den Himmel mit Metallstreifen sehen, wie im Gefängnis von Guantánamo.

Ich schreibe dir diesen Brief, weil ich nicht sicher bin, ob ich morgen in die Nähe des Telefons komme.

Du weißt ja, dass man hier nicht alles voraussehen kann.

Ich liebe dich, gib acht auf dich,

Krissy!

21. August 2004

Zdravko, das Telefon funktioniert nicht, und ich kann nicht mit dir sprechen.

Hier ereignet sich nichts. Die Tage vergehen unmerklich. Es ist sehr heiß, und ich bleibe die meiste Zeit über in meinem Zimmer. Ich mache Kanevasstickereien, koche und übe mich an Kreuzworträtseln, ich lese, ich schlafe ... und all das wiederholt sich. Ich träume selten. Ich finde, das ist der größte Luxus. Ich versuche, in dieser Leere das Positive zu suchen. Hoffentlich behalte ich die Kraft, zu glauben und zu hoffen. Ich glaube an zwei Dinge im Leben: an Gott und an dich. Alle anderen haben mich enttäuscht, ein wenig oder

sehr. Seit neuestem empfinde ich Schuldgefühle dir gegenüber: Mehrmals war ich ungerecht, böswillig und unüberlegt. Ich weiß, dass du mir alles verzeihst, aber ich würde es mir gern selbst verzeihen können. Ich möchte dir sagen, dass ich dich sehr liebe, und trotz allem, was mir in den letzten Jahren widerfahren ist, sage ich:
»Lieber Gott, ich danke dir, dass Zdravko existiert und er mein Mann ist.«
Meine kleine Sonne, ich würde gern mit dir sprechen. Sehr, sehr gern. Und ich würde für dich gern viele gute Dinge kochen. Nicht nur Kaldaunensuppe. Und dich viel glücklicher machen, all deine Wünsche noch besser als in den letzten zwanzig Jahren erfüllen. Hoffentlich wird mir dieses Glück zuteil. Du verdienst viel mehr, und ich will alles tun, was in meiner Macht steht. Ich verspreche es dir. Zurzeit lese ich ein sehr schönes Buch: Du bekommst es bald von mir. Es ist, als hättest du es geschrieben. Seit langem habe ich auf Würstchen mit scharfem bulgarischem Senf Lust. Wenn das Telefon wieder funktioniert, rufe ich dich an.
In Liebe: Krissy.

29. August 2004

Hallo Zdravko, gestern funktionierte das Telefon, aber sie haben es nicht eingesteckt. Du weißt ja, dass hier alles von den Launen eines jeden abhängen kann.
Donnerstagabend haben wir im Büro von Youssef, dem Gefängnisleiter, den Amerikaner getroffen. Ein Kameramann von CNN war da. Ich übersetzte von Zeit zu Zeit, denn er murmelte Verschiedenes in seinen Bart. Wir haben ihm zunächst kurz die für uns wichtigsten Dinge erklärt. Anschließend griff er nach unseren Händen, und wir beteten. Dann

wurde Ashraf hereingeführt. Er sagte, ihm gehe es leidlich gut und er sei tapfer. Der Amerikaner erwähnte seinen bevorstehenden Einsatz im Sudan. Ich bin dieses ständige Kommen und Gehen leid und diese Treffen ohne jegliches Ergebnis.
Gerüchte sind uns zu Ohren gekommen, dass wir am Donnerstag umziehen werden. Es heißt, alles sei bereit und eingerichtet.
Sie stellen die Außenmauer fertig. Valentina, die Kleine, sorgt andauernd für überflüssige Anspannung. Ich reagiere nicht darauf, aber Nassya ist deprimiert. Es ist nichts Besonderes vorgefallen, aber, wie du weißt, ist die Kleine besonders destruktiv.
Leilas Hose steht ihr sehr gut. Sie ist den ganzen Abend durchs Gefängnis stolziert und brüstete sich mit diesem Geschenk ihrer Freundin Kristiyana. Mabrouka, die Arme, dankt dir und grüßt dich schön.
Überall im Gefängnis erzählt sie, wie schön du seist und wie du ihr zur Begrüßung beide Hände hingestreckt hättest. Du weißt, wie gern die Libyer sich instinktiv wohlgesinnten Menschen zuwenden und sich von kleinen Gesten beeindrucken lassen.
Pass auf, dass du nicht zu sehr abmagerst, und miss deinen Blutdruck. Vernachlässige dich nicht, du musst auf dich achten. Ich liebe dich!
Nassya grüßt dich recht herzlich.
Krissy.

18. September 2004

Wir sind isoliert. Sie haben die Lebensmittel nicht geliefert, und der Strom ist ausgefallen. Wir haben an die Tür ge-

klopft. Wir sind eingeschlossen wie Tiere, und niemand nimmt sich unserer an. Möge Gott uns schützen. Das Unangenehmste für mich ist das Zusammenwohnen mit den anderen in einem einzigen Zimmer. Gott sei Dank bleibt die Kleine fast ständig im Wohnraum und macht dort ihre Stickarbeiten.
Mit Nassya hören wir draußen stundenlang Musik. Wenn die Libyerinnen nicht da wären, würden wir uns wohler fühlen, und die Anspannung wäre nicht so stark.

Auszug aus einem Brief von Zdravko:

20. November 2004

Die Wahrheit ist, dass Güte und Liebe sich dort befinden, wo es nur Krankheit und Tod gibt. Deswegen müssen die Krankenschwestern gut und schön sein. Vor allem du. Du hattest immer etwas übrig für Champagner, aber oft nur das Geld für Bier. Mein Traum ist es, mit dir in Bulgarien zu sein, in eine Kneipe zu gehen und dass der neueste Wein von 1980 und die älteste Bedienung zwanzig ist.
Küsschen, Zdravko.

»Die Tochter« Aicha Gaddafi kommt das Gefängnis besuchen, und uns wird der Zugang zum Telefon verweigert. Sie hat abgelehnt, dass man einen luxuriöseren Ort für sie vorsieht, und berichtet über ihr Zusammentreffen mit den Inhaftierten im Büro des diensthabenden Offiziers. Sie spricht mit denjenigen, deren Todesurteil bestätigt wurde, einer Frau und zwölf Männern.

Wir haben sie nicht zu Gesicht bekommen. Die letzten Gerüchte besagen, dass sie einen Monat hier bleiben könnte. Das stört uns, denn während dieser Zeit können wir keinen Besuch empfangen. Heute ist der 28. Dezember, und unsere Angehörigen sind in Tripolis.

Während des Umzuges, beim Überqueren dieses Hofes, erstarrte ich plötzlich, als ich ein paar Meter vor mir einen Mann erblickte, denjenigen, der tagelang mit einem Kabel und einem Knüppel auf mich eingedroschen hatte. Ich flüchtete in den Saal der Aufseherinnen und protestierte lautstark, ich rief, ich würde mich weigern, den Hof zu überqueren, wenn er dort bliebe! Und ich wartete ab, bis er wieder verschwand.

Später erfuhren wir, dass unsere Folterknechte freigesprochen worden waren und dass der Staatsanwalt keine Berufung eingelegt hatte.

Unser Gefängnis innerhalb des Gefängnisses war ein kleines sauberes Haus mit zwei Zimmern, neu eingerichtet mit Tisch, Wandschränken, Etagenbetten.

Anfangs wiesen sie fünf Libyerinnen das eine Zimmer zu und uns das andere. Nach dem Schmutz der Zellen fühlten wir uns hier wie im Hotel. In den darauffolgenden Monaten bauten wir den Fernseher in einem Zimmer auf und richteten die Küche mit einem Gasherd, einem Tisch und zwei Gaskochern ein: Die Ausstattung wurde von der Botschaft gekauft.

Zwischen den beiden Schlafzimmern und dem Wohnraum befand sich ein kleiner Hof mit zwei Palmen.

Die Libyerinnen waren da, um uns zu überwachen. Sie besaßen für alle sichtbar Mobiltelefone, was sonst verboten war. Eine von ihnen war besonders eifrig darin, Informationen weiterzuleiten.

Wir erfuhren, dass sie schriftliche Denunzierungen über uns einreichte. Eine weitere Verurteilte aus dem gleichen Zimmer hatte es uns mitgeteilt.

Die Denunziantin war Geographielehrerin und zu lebenslanger Haftstrafe verurteilt, weil sie ihren Mann umgebracht hatte. Ihre Bettnachbarin war eine junge, fünfundzwanzigjährige Frau, bisher nur tatverdächtig, ihrem Mann Fluchthilfe aus dem Gefängnis geleistet zu haben. Sie war reich, hatte Verbindungen, aber sie war der Justiz nicht entkommen. Sie war auf unserer Seite. Ich hatte ihr ein kleines, mit einem Marienkäfer verziertes Silbermedaillon geschenkt. Die Denunziantin hatte geschrieben, ich hätte ihr ein orthodoxes Kreuz überreicht und ihr gesagt, sie solle es immer tragen. Was als Angriff gegen die muslimische Religion gedeutet werden konnte … Sie konnte uns unter allen möglichen Vorwänden denunzieren.

Doch wir waren die vorbildlichsten Gefangenen, die man sich denken kann. Wir konnten es uns nicht erlauben, gegen die Regeln zu verstoßen, denn von nun an galt uns die gebündelte Aufmerksamkeit der Europäischen Union. Die Diplomatie der westlichen Welt war in Aufruhr. Die Libyer auch. Ich lebte von Tag zu Tag. Ich wusste, dass ich eines Tages würde gehen können, doch ich plante nichts vor. Ich begnügte mich damit, die Zutaten festzulegen, die ich für meine Speisen benötigte. Über Jahre hinweg bereitete ich Essen zu und übersetzte, was ich sehr gut meisterte. In der Hoffnung, dass der jeweilige Tag ruhig vorübergehe. Dass wir am Leben blieben. Dass wir keine Schmerzen litten. Dass ich ein gutes Buch finden möge. Dass ich einen guten Film sehen könne. Dass ich kochen würde.

Wer an den folgenden Tag denkt, lebt nicht im Heute.

Anfangs waren wir zu fünft im Zimmer. Ich schlief neben der Tür. Die Türen waren alle gepanzert, mit riesigen Schlössern und ständig verriegelt. Nach einiger Zeit waren die Wachen nicht mehr so streng.

Der Winter war kalt. Jede Nacht stand Valentina, die Kleine, um fünf Uhr auf, öffnete die Tür neben meinem Bett mit einem Fußtritt und suchte mit Gepolter und Getöse die Toiletten auf. Beim Verlassen der Toilette machte sie noch mehr Lärm, sie kam zurück und mit einem erneuten Fußtritt öffnete sie die Tür, um zu lüften. Jede Nacht wurden wir auf diese Weise aus dem Schlaf gerissen. Das ganze Jahr lang!

Der Krach glich einer Explosion. Einmal kam ein aufgebrachter Polizist herein und erkundigte sich brüllend nach der Ursache dieses Getöses. So konnte es nicht weitergehen. Die Atmosphäre des Zimmers war aufgeladen mit der negativen Energie, die sich seit Jahren angestaut hatte.

Seit langem sprach ich nicht mehr mit der Kleinen. Schweigen lag lastend auf unserem gemeinsamen Leben. Ihre Hysterie hatte mein Schweigen ausgelöst: Ich hielt Worte für überflüssig, weil sie sich in keiner Weise gewillt zeigte, sich zusammenzureißen.

Nur Valia sagte manchmal im Halbschlaf etwas zu ihr, wenn sie wieder die Tür geknallt hatte.

»Hör auf mit dem Radau …«

Daraufhin wurde ihr mit kreischender Stimme eine zusammenhangslose Antwort an den Kopf geworfen. Schließlich ging ihr Verhalten sogar Valia auf die Nerven. Die Kleine hörte nicht auf sie, sie setzte sich über einfach alle hinweg. Ich glaube, dass sich das Eingeschlossensein besonders schädlich auf ein Temperament wie das ihre auswirkte.

Doch das Gepolter der Kleinen beschränkte sich nicht auf ihre nächtlichen Aktivitäten. Wenn wir zur Entspannung fernsahen, waren wir niemals davor gefeit, dass sie dem Fernseher einen kräftigen Fußtritt verpasste. Ohne ein Wort. Ohne Erklärung. Wie gewöhnlich.

Jede Reaktion unsererseits war dann Vorwand für einen heftigen Streit. Das hatte keinerlei Sinn. Sie war in einem Zustand dauernder Raserei, und wir schwiegen uns der Einfachheit halber aus.

Sie brauchte vielleicht Hilfe, um verstanden zu werden, doch sie bat niemals darum. Jede von uns lebte mit ihrem Trauma. Wir hatten weder Kraft noch Energie, um diese Schreie zu ertragen. Wir versuchten bereits so gut es ging, uns selbst zu schützen. Ich hoffte auf ein Wunder und dass jede von uns ihr Leid und ihre Dämonen fernhalten konnte. Dass wir eine möglichst gemeinsame Sprache finden würden.

»Sie ist eigenartig«, sagten die Besucher, die versuchten, sie zu verstehen.

Diese Situation belastete mich: Ich wünschte so sehr, dass jemand mein Bedürfnis nach Ruhe verstünde. Ich hatte mich neuerdings weniger gut im Griff. Meine positive Einstellung löste sich unter den ausufernden Tiefschlägen auf. Über Jahre hinweg ertrug ich sie und versuchte, innerlich halbwegs das Gleichgewicht zu bewahren. Nun konnte ich einfach nicht mehr. Ich sah mich zu einem Messer greifen, um die Kleine zu erstechen. Ich fürchtete mich vor meinen eigenen Gedanken. Ich versprach mir selbst, niemals die Initiative zu ergreifen. Aber am 14. August 2005 half alles nichts mehr …

Ich erinnere mich genau an diesen Tag, weil ich fastete und am folgenden Tag wieder Fleisch essen wollte. Wir bewohnten noch dasselbe Zimmer.

Valia und Valentina, die Kleine, saßen da und stickten. Die Lampe brannte, trotz des Tageslichts.

Nassya löschte das Licht, um nicht von einer kürzlich installierten Überwachungskamera gefilmt zu werden. Sie wollte nicht, dass man sie beim Ausziehen beobachtete. Die Kleine schrie sogleich:

»Mach das Licht nicht aus, du Fettkloß! Du Ziege! Mach an … Mach sofort das Licht an!«

Ich war im Nebenzimmer und hörte das Geschrei von weitem. Ich sprang auf und blieb vor der Tür stehen. Ich sah, wie sie aufstand, nach einem dicken Buch griff und Nassya damit auf den Rücken schlug. Einen Augenblick blieb ich sprachlos angesichts solcher Gewalt, doch dann schoss mir plötzlich das Blut in den Kopf. Ich ging auf sie zu und schaute ihr in die Augen, prompt forderte sie mich heraus:

»Was schaust du mich so an?«

Doch sie begriff, dass etwas passieren würde. Ich verlor die Selbstkontrolle, packte sie, verpasste ihr eine saftige Ohrfeige, riss ihr eine Wange auf, ohne es zu bemerken, und die anderen zerrten uns auseinander. Ich hatte rotgesehen. Dann beruhigte ich mich wieder.

Sie ging und wusch sich die blutig aufgerissene Wange unter dem Wasserhahn ab, dann stolperte sie an mir vorbei, eine abfällige Bemerkung murmelnd. Diese verriet, wie zutiefst eifersüchtig und verbittert sie darüber war, einen Teil ihres Lebens verpatzt zu haben und sich in ihrer Haut nicht wohl zu fühlen. Ich muss ihr als krasses Gegenteil erschienen sein.

Die Hysterie hatte sie von neuem erfasst. Gedemütigt, ihr Blut vom Gesicht tupfend, rief sie mir zu:

»Ach, unsere Schönheit! Unsere Schönheit hat ein schönes Leben!«

Ich erwiderte ruhig:

»Das nächste Mal kommst du hier nur in einem Sarg hinaus.«

Auf diesen Zwischenfall folgte monatelange Ruhe. Ab und zu rief die Kleine Valia in geheimnisvollem Ton zu:

»Wir sind im Gefängnis … Hier kann alles geschehen …«

Das galt jedoch nicht mir. Ich glaube, dass sie sich endlich Erleichterung verschafft hatte, indem sie jemand anderen tatsächlich angriff und sich abreagierte.

Ein zweites Stockwerk wurde auf unser bisher uns vorbehaltenes »Haus« gesetzt, um dort zwölf libysche Häftlinge unterzubringen, die zu leichteren Strafen verurteilt waren. Dass wir mehr persönlichen Freiraum hatten, half uns zu überleben.

Nassya schlief gegen Mitternacht ein und wachte jeden Morgen um sechs Uhr auf. Sie ging in die Küche, spülte ab, räumte den Kühlschrank auf, putzte die Arbeitsflächen ab, bereitete Kaffee zu und setzte sich vor den Fernseher. Nach dem Morgenkaffee erschien ich in der Küche. Sie war mein Reich. Ich wusste, dass Nahrungsaufnahme Spannungen abbaut, und so kochte ich für fünf, ohne mich um den Rest zu kümmern.

Ich sortierte die verschiedenen Esswaren, räumte das Gemüse auf. Ich kümmerte mich um Bestellungen, bereitete das Fleisch zu und füllte die Schränke auf. Jeden Tag bereitete ich zwei Mahlzeiten zu: Mittagessen gab es immer um halb eins.

In den letzten Jahren spülte jede ihr eigenes Geschirr ab, ums Kochen kümmerten sich meistens nur Nassya und ich. Valentina, die Kleine, kochte ungern und griff nie ein. Nur selten kam es vor, dass sie einen Schokoladenkuchen zubereitete, der ihr auch gut gelang. Vielleicht kannte sie auch andere Rezepte, aber davon erfuhren wir nichts. Sie wollte wohl ihre Rolle als Konsumentin nicht abstreifen.

Snezhana zauberte uns ein vorzügliches Bohnengericht, Valia Hefekuchen und Pfannkuchen, Nassya Karamellcreme und karamellisiertes Popcorn. Nassya kochte nur selten, fand jedoch einen Ausgleich im Haushalt und hatte keinerlei kulinarischen Ansprüche.

Ich fragte jede, was sie essen wolle, und bereitete möglichst immer etwas zu, was mindestens einer schmeckte. Ich fand nichts, was alle mochten.

Bohnen, Kaldaunensuppe, gefüllte Krautrollen, Pizza, Fleischbällchen, Pfannkuchen, Hühnerrouladen mit Pilzen, Gemüse in Salzlake, Karamellcreme: Wir waren um diese Speisen vereint, doch für jede stellten sie einen Kompromiss dar.

Es kam zuweilen vor, dass ich eine Zeitlang keine Mahlzeiten zubereitete, doch mir wurde schnell klar, dass das unvernünftig war. Sie kamen in die Küche hereingeschneit und fingen an, sich zu zanken. Wer spült ab? Wer bereitet das Essen zu? Ehrlich gesagt, fiel es mir nicht schwer. Ich arbeitete gern in der Küche und hantierte gern mit Lebensmitteln. Dabei verging die Zeit schneller.

Wir hatten versucht, zu Weihnachten und zu Ostern bescheiden zu sein.

Nach orthodoxer Tradition wird eine Woche vor der Fastenzeit um die Vergebung der Älteren, der Freunde und Verwandten gebeten. 2002, als wir im Haus von Drebi waren, hatte ich um Vergebung für alle gebeten.

Die Kleine hatte hysterisch gekreischt:

»Niemandem! Ich vergebe niemandem!«

In den folgenden Jahren hielten wir an dieser Tradition fest. Doch die Kleine nahm daran niemals teil. Ich weiß nicht, ob sie je für sich selbst um Vergebung bat.

Zu Neujahr buken wir nach bulgarischer Tradition einen Pfannkuchen, in den wir für jede von uns einen kleinen aus der Zeitung geschnittenen Wunsch steckten. Auf den meisten standen: Geld, Freiheit, Bulgarien, Gesundheit. Es waren aber auch lustigere dabei: Silikonbrüste, eine Nacht mit Brad Pitt!

Wir hatten einen langen Leidensweg auf uns nehmen müssen, um zu lernen, wie wir miteinander würden leben können. Wir hatten das letzte Jahr abwarten müssen. Der Dialog mit Valentina, der Kleinen, nahm Konturen an.

Wir waren reifer, des Wartens müde, und jede hatte sich alles von der Seele geredet. Wir konnten uns ohne Reibereien gegenseitig ertragen, wie ich es mir immer erwünscht hatte.

Die Jahre vergingen, und wir fanden uns mit der Vorstellung ab, gemeinsam alt zu werden.

Die Zeit war für uns im Warten auf einen neuen Prozess vor dem Obersten Gerichtshof stehen geblieben. Unsere Probleme waren ganz alltäglich. Wir mussten unsere Tage ausfüllen, wo es doch so schwierig war, unserer Existenz Sinn zu verleihen. Wir sahen den Film *Die heiße Spur*. Er beruhte auf einer wahren Geschichte.

Soweit ich keine Schmerzen hatte, ging es mir gut. Doch Ende 2004 wachte ich eines Morgens mit Schmerzen im Hals auf, und vor Verzweiflung kamen mir die Tränen: Die Beruhigungsmittel zeigten keine Wirkung mehr. Nichts konnte mir Linderung verschaffen.

Ich schrieb daraufhin Zdravko, mich zermürbe der körperliche Schmerz so sehr, dass ich Gott zornig die Frage gestellt hatte, »was ich hier noch soll und wann ich endlich abtrete«.

16

Die Welt hilft uns

Schlagartig rückten wir in den Mittelpunkt des Weltinteresses, ohne etwas dafür getan zu haben. Wir, einfache Frauen aus Osteuropa, sind mit mehr hochrangigen Staatsoberhäuptern zusammengetroffen, als sie jeder andere Normalbürger in seinem Leben zu Gesicht bekommt.

Das Schicksal hatte uns dazu auserwählt, im Gefängnis Wichtigkeit zu erlangen.

Ich hätte es vorgezogen, dass die Ereignisse in meinem Umkreis mich nicht genötigt hätten, diese Spitzenpolitiker kennenzulernen. Doch wie vieles, was sich in den letzten Jahren ereignet hatte, hing auch das nicht nur von mir ab. Aufgewachsen in Schmutz und Armut, hätte ich in meiner Jugend nicht im Traum daran gedacht, dass die Staatsoberhäupter Großbritanniens, der Vereinigten Staaten, Deutschlands und Russlands eines Tages über meine Existenz unterrichtet wären.

Auch den bulgarischen Staatspräsidenten hätte ich liebend gern unter anderen Umständen kennengelernt und nicht in meiner Eigenschaft als Inhaftierte von fragwürdiger Berühmtheit im Gefängnis von Djoudeida. Georgi Parvanov kam im Mai 2005. Bereits am Morgen wurden wir für dieses Treffen zur Kriminalpolizei gebracht. Den ganzen Tag lang wanderten wir von einem

Sofa zum nächsten und warteten auf seine Ankunft. Man reichte uns Obst und Sandwiches. Es war spät und wir hatten das Warten irgendwann satt. Von unserem Make-up und unserer festlichen Kleidung war nicht mehr viel übrig geblieben. Endlich erschien er um sieben Uhr abends. Sein Tag war ausgefüllt gewesen.

»Ich war in Bengasi. Ich habe die Kinder gesehen und Staatsführer Gaddafi getroffen.«

Wir jedoch interessierten uns für andere Themen als die Zusammenfassung seines Tagespensums. Wir sprachen alle gleichzeitig. Es war eine Lawine von Problemen aus dem Alltagsleben: Wir haben kein Telefon, wir wollen mit den Libyerinnen keine Zimmer mehr teilen, wir wollen medizinische Versorgung …

Unseren Ersuchen wurde stattgegeben. Wir bekamen ein Telefon, mit dem wir zweimal wöchentlich nach Bulgarien und in die Botschaft anrufen konnten. Vierundzwanzig Minuten pro Person. Anfangs hielten wir gewissenhaft die zugewiesene Zeit ein. Manche wohlmeinenden Aufseher gaben uns zuweilen etwas mehr Zeit. Sie wussten, dass es lange dauerte, bis die Verbindung nach Bulgarien hergestellt war, manchmal bis zu zwanzig Minuten!

Der Erste, der uns einen Besuch abstattete, war der spanische Botschafter, als wir noch im anderen Gefängnis waren. Er hatte uns gefragt, ob wir Beanstandungen in Bezug auf das alltägliche Leben hätten. Der deutsche Botschafter zeigte sich ebenfalls, doch an ihn kann ich mich nur noch vage erinnern. Sir Anthony jedoch, seines Zeichens britischer Botschafter bis 2006, sowie seine Frau Josephine, habe ich ins Herz geschlossen. Dieser Mann hat Ausstrahlung. Ernsthaft und energisch in seinen Anfragen, legte er eine Verhaltensweise an den Tag, die uns Mut machte. Ich glaubte an diese starke Persönlichkeit und war sicher, dass wir Vertrauen zu ihm haben konnten.

Er kam uns das erste Mal in Bengasi besuchen. Nach Tripolis reiste er selten, und nie verschwendete er Zeit mit inhaltslosen Phrasen. Sir Anthony Layden, und nur er allein, schickte uns einen handgeschriebenen Brief. Seine persönliche Botschaft voller Anteilnahme hob sich von der kühlen diplomatischen Sprache ab.

Sir Anthony nahm aktiv an den Verhandlungsgesprächen teil, um eine Lösung für die Krise zu finden. Vor der Stellung in Tripolis war er als Botschafter in Marokko und Oman tätig gewesen. Er hatte seine Karriere vor dreißig Jahren begonnen, und natürlich wussten wir nicht viel darüber. Sir Anthony zeigte sich besonders human in seiner Rolle als Botschafter.

Ich veröffentliche diesen Brief mit seiner Genehmigung.

7. Dezember 2004
Tripolis

Liebe Kristiyana, Nassya, Snezhana, Valia, Valentina, Josephine und ich sind betrübt bei dem Gedanken, dass Sie armen unschuldigen Kreaturen zum Zeitpunkt des erneut herannahenden Weihnachtsfestes noch immer eingesperrt sind. Wir beziehen über Zdravko fortwährend Informationen über Ihre Haftbedingungen, die besser sein müssten, als sie in Realität sind. Natürlich führen die Botschafter hier in Tripolis viele Gespräche, um die bestgeeignete Vorgehensweise festzulegen, die auf Ihre baldige Befreiung hinausführt. Der bulgarische Botschafter, Zdravko Velev, hält Sie sicherlich darüber auf dem Laufenden, wie sich dieses Dossier weiterentwickelt. Einem Ratschlag zufolge, den wir von Vertrauten des unberechenbaren Staatsführers dieses Landes erhielten, wäre die produktivste Initiative für die betreffenden Länder eine humanitäre Hilfe für die vierhun-

dert aidsinfizierten Kinder von Bengasi. Ich weise die libyschen Behörden auch weiterhin nachdrücklich auf die Tatsache hin, dass der Prozess von Bengasi vollkommen unzulässig ist und dass Ihre weitere Haft ein Hindernis für normale Beziehungen zwischen Libyen und Großbritannien bzw. anderen europäischen Ländern bleiben wird.
Die Botschaft Großbritanniens in Sofia traf ebenfalls in Ihrer Angelegenheit mit Ihrer Regierung zusammen. Mir ist bekannt, dass Ihre Regierung zum Zeitpunkt, als die Europäische Union die Aufhebung des Waffenembargos für Libyen beschloss, dieses Embargo so lange aufrechterhalten wollte, bis Sie frei wären – und tatsächlich verlor Europa mit dem Embargo eine wichtige Handhabe in seinen Verhandlungen. Auf meinen Ratschlag hin nahm die britische Regierung einen anderen Standpunkt ein. Nach Unterhandlungen mit Personen aus dem Umkreis von Staatsführer Gaddafi bestand unsere Position darin, dass, wenn Europa versuchen würde, Ihre Befreiung bei der Aufhebung des Waffenembargos als Bedingung zu stellen, Oberst Gaddafi folgendermaßen reagiert hätte: »Sehr gut. Ich komme ohne Europa und ohne seine Bewaffnung zurecht. Libyen kann mit seinen eigenen Reserven überleben. Wir werden keinen ausländischen Eingriff in unser Justizsystem zulassen.«
In Großbritannien sind wir der Meinung, dass das Embargo aufgrund der Hartnäckigkeit libyscher Angriffe in europäischen Ländern und gegen europäische Interessen absolut berechtigt war. Unser Ziel war es, Libyen zu nötigen, sein Verhalten zu verändern und seine zerstörerischen Handlungen zu unterbinden. Wenn wir möchten, dass derartige Maßnahmen effektiv sind, und wenn wir das Ende von Terrorakten herbeiwünschen, muss Europa deutlich zeigen,

dass das Embargo erst aufgehoben wird, wenn der Terrorismus aufhört.
Ich weiß nicht, liebe Freundinnen, ob Sie damit übereinstimmen und ob Sie meinen, dass wir den richtigen Weg eingeschlagen haben. Ich weiß nicht, ob ich in Ihrer Situation ebenso gedacht hätte. Ich selbst glaube aufrichtig, dass diese Handlungsweise die meisten Aussichten birgt, Ihnen zu helfen. Wir zeigen den Libyern, dass auch wir, wenn sie unseren Wünschen entsprechend ihr Verhalten ändern, in unserem Vorgehen auf ihre Wünsche Rücksicht nehmen. Ich hoffe, dass wir dank des gegenseitigen Vertrauens, das sich langsam zwischen uns aufbaut, weitere Ziele verfolgen werden können, darunter auch Ihre Befreiung.
Es ist sehr unangenehm, derartige Berechnungen im Zusammenhang mit dem Schicksal von Menschen anzustellen, die ja keinesfalls festgehalten werden dürften und zudem grausame und ungerechte Haftbedingungen zu erleiden haben. Wollen wir jedoch Ihre Befreiung so bald wie möglich gewährleisten, so ist das unsere Pflicht. Ich hoffe, dass Sie zumindest versuchen, uns zu verstehen!
Was wird nun meines Erachtens geschehen? Verschiedene Anzeichen deuten darauf hin, dass Ihr Urteil in eine Berufung oder Begnadigung umgewandelt werden kann. Vielen Persönlichkeiten in Libyen leuchtet ein, wie sehr diese Affäre dem Ruf ihres Landes und seiner Attraktivität für eventuelle Investoren schaden kann. Andere meinen, es sei wichtiger, die Machthaber Libyens entschieden zu verteidigen und sein System zu unterstützen. Ich glaube, dass regelmäßig Fortschritte zu verzeichnen sind, obwohl die schleppende Durchführung der Reformen entmutigend ist. Meine Regierung und Ihre Botschaft tun auch weiterhin ihr Mög-

lichstes, das Land auf diesem Kurs zu ermutigen. Ich bin sicher, dass Sie befreit werden. Leider kann ich Ihnen nicht sagen, wann das geschehen wird. Ich bete zu Gott, dass es so schnell wie möglich sein wird.

Josephine und mir geht es gut. Das Leben in Tripolis ist immer voller Arbeit, auch wenn diese nicht immer so interessant ist wie in anderen Botschaften. Unseren Familien geht es gut, wir werden Weihnachten in Schottland verbringen. Wir alle werden an Sie denken und für Sie beten.

Diese Worte mögen Ihnen schwach und unbefriedigend erscheinen, doch ich hoffe, dass die enorme Geduld und Kraft, die Sie während dieser Härteprüfung an den Tag gelegt haben, Sie nun nicht verlassen mögen.

Gott segne Sie.

Anthony

Ein Jahr später – 25. Dezember 2005.

Der Oberste Gerichtshof von Libyen hob unser Todesurteil auf. Er überwies die Rechtssache an ein anderes Gericht. Wir hätten uns freuen sollen, weil der Entschluss gerecht war. Doch nichts war ausgestanden: Wir hofften noch darauf, dass Entlastungsmaterial für unsere Verteidigung vorgebracht werden könne: der Nachweis durch die medizinischen Gutachten, dass die Epidemie auf die Zeit vor 1997 zurückging; die Tatsache, dass wir gefoltert wurden und dass uns unsere Geständnisse unter Gewalt abgenötigt wurden; die zahlreichen Regelwidrigkeiten der Ermittlungen, und vor allem die angeblichen Analysen der Plasmabeutel; die Tatsache, dass wir unsere Aussage zurücknahmen, sobald dies möglich war.

Ich hatte unter der Folter auf Arabisch verfasste Dokumente unterschrieben. Nassya und Ashraf ebenfalls. Nur Valia hatte nichts unterschrieben. Ich hatte im Gang vor den Zellen gerufen: »Unterschreibt bloß nichts ohne Dolmetscher!«

Wir hofften auf Freispruch.

Während wir alle Elemente, die unsere Unschuld bewiesen, bis ins Letzte durchgingen, ermöglichte die Tatsache, dass der Oberste Gerichtshof unser Urteil aufgehoben hatte und uns an eine andere Instanz weiterverwies, dem libyschen Staat, Zeit zu gewinnen.

Und das nutzte er ausgiebig aus.

Daraufhin begannen die letzten Verhandlungen. Wir mussten uns mit der Rolle des Tischtennisballs in einer Partie abfinden, in der große Geldsummen auf dem Spiel standen. Die Eltern der kranken Kinder wollten nicht nachgeben: Bulgarien musste bezahlen. Die Forderungen waren enorm, die für eine Befreiung der »fünf bulgarischen Krankenschwestern und des palästinensischen Arztes« erfüllt werden mussten.

»Ihr werdet sie bekommen, wenn wir unsere Entschädigungen erhalten.«

Der Verband der Familien der HIV-infizierten Kinder forderte:

1. dass die Kinder in Spezialkliniken in Europa eingeliefert werden würden,
2. den Bau einer Spezialklinik in Bengasi,
3. die Lieferung aller für die Kinder notwendigen Medikamente und eine angemessene Abfindung.

»Wir wollen zehn Millionen Euro pro Kind.«

Daraufhin hatte Großbritannien den Einfall, einen »Humanitären Hilfsfonds Bengasi« einzurichten, der die lebenslange Behandlung der kranken Kinder im Ausland sowie die weiteren Bedingungen der Familien gewährleisten sollte.

Es war klar, dass ihnen niemand dieses Geld geben würde.

Libyen selbst hätte es nie akzeptiert, dass eine Stadt, die ihrem Staatsführer und seinem Regime gegenüber als feindlich eingestellt galt, plötzlich fast fünfhundert Millionäre aufzuweisen hatte.

Europa durchschaute das Spiel des Elternverbands und prangerte dessen Haltung an: »Wir nehmen Anteil an der Tragödie Libyens, doch wir fordern, dass das medizinische Pflegepersonal befreit wird.«

Dies wurde hundertmal gesagt. Die Regierung antwortete: »Die libysche Justiz ist unabhängig, und der Staat kann sich nicht in ihre Arbeit einmischen.«

Unser neuer Prozess war demoralisierend, ein richtiger Zirkus. Manche Zeugen bezeichneten jeweils eine von uns als die Schuldige, die ihren Kindern das Virus inokuliert habe.

»Ich schwöre beim Namen Allahs, dass ich die Wahrheit sage, nichts als die Wahrheit, die gesamte Wahrheit«, sprach eine der Mütter, die vor den Gerichtshof zitiert wurde, um den Schuldigen zu bestimmen.

Als sie an das Gitter trat, nahm sie das Hand vom Herz und zeigte auf eine von uns, dann auf eine zweite und eine dritte …

Ich erinnere mich nicht an die Letzte, auf die sie wies: All das war uns derart gleichgültig, dass wir nichts als Hass und Verachtung empfanden. Der Schmerz lag weit zurück. Diese Menschen hatten gelitten, Kinder würden sterben. Es war eine entsetzliche Tragödie, doch wir hatten sie nicht verschuldet. Diese Frau hätte die Verantwortlichen des Gesundheitswesens, die Minister identifizieren sollen, all diejenigen, die in ihrem Land für die gesundheitliche Versorgung all dieser Kinder verantwortlich waren.

Der Prozess sollte authentisch wirken.

In dieser Absicht organisierte die Staatsanwaltschaft die

Projektion der Filme, die die Durchsuchung meiner Wohnung zeigten. Das traf mich sehr: Ich sah die Fotos. Ich dachte an mein Leben, das mir geraubt worden war, an die schönen Momente längst vergangener Tage. Ich sah, wie in mein Zuhause willkürlich eingedrungen wurde. Der Chemiker zeigte die leeren Plasmaflaschen, und als er sie einem Kollegen vorlegte, hörte man ihn sagen:

»Passen Sie auf, denn sie enthalten das Aidsvirus.«

Ich verkroch mich in mein Innerstes. Ich hörte nicht mehr länger zu. Ich wollte mein Leben zurück. Ich wollte nach Hause. Dieses Land verlassen! Ich wollte, dass all dies ein Ende hätte. Mir war gleichgültig, ob ich freigesprochen oder zum Tode verurteilt war, es interessierte mich nicht mehr.

Mir wurde klar, dass nichts, was sich in diesem Gerichtssaal abspielte, auf mein künftiges Leben Auswirkungen haben würde. Irgendwo, auf anderem Niveau, wurde über mein Schicksal entschieden. Mit anderen Mitteln und anderen Argumenten. Die Macht war auf Seiten der Politik und des Geldes. Nicht der Medizin und der Justiz.

Als dieselbe Staatsanwaltschaft am 19. Dezember 2006 die Todesstrafe über uns fünf und Ashraf beantragte, verspürte ich unermessliche Niedergeschlagenheit. Doch nichts anderes.

Ich, die ewige Optimistin, die selbst in Bedrängnis und Not immer das Positive suchte, konnte nicht mehr lächeln. Ich fühlte mich wie leer gepumpt.

Ich wusste, dass ich eines Tages heimkehren würde. Das war offensichtlich. Man würde uns in der alleinigen Absicht am Leben halten, zu erlangen, was der Staatsführer dieses Landes wollte.

Doch nicht zu wissen, wann ich hier herauskommen würde,

wann ich in Freiheit sein würde, weit weg von diesem beschämenden Zirkus, war für mich wie ein vorzeitiger Tod.

Im Januar 2007 verklagten uns die Polizeioffiziere, die uns gefoltert hatten, wegen »verbaler Diffamierung«. Sie sagten aus, wegen unserer Erklärungen während des Prozesses »gelitten« zu haben.

In Sofia wurde zum gleichen Zeitpunkt bekanntgegeben, es sei nicht ausgeschlossen, dass unser Land sie wegen Folter anklagen würde.

Im Februar wird die Berufung gegen das Urteil des Obersten Gerichtshofs registriert. Die erste Verhandlung könnte gegen Jahresmitte stattfinden. Sechs Monate Gefängnis, Zusammenleben und Geduld. Ich halte stand. Tag um Tag.

Juni 2007

Hallo Zdravko,
heute erhielten wir Besuch von Marc Pierrini. Er sagte uns, dass von Seiten Libyens positive Anzeichen vorliegen würden. Gestern war er in Bengasi, und heute hat er einen Termin in der Gaddafi-Stiftung. Morgen erwarten wir die EU-Kommissarin Benita Ferrero-Waldner und den deutschen Außenminister Steinmeier. Bevor sie zu uns kommen, werden sie die Kinder besuchen.

Marc Pierrini kam uns im letzten Jahr oftmals besuchen. Der Präsident des »Humanitären Hilfsfonds Bengasi« war Vertreter der Europäischen Kommission in Tunis. Er war der Hauptverantwortliche des Aktionsplans von 2005. Die Idee bestand darin, eine Finanzierung der EU für den Bau einer modernen Klinik in

Bengasi zu erhalten und die Behandlung der Kinder zu gewährleisten. Dies war ein Teil des Lösegelds.

Man beauftragte diesen außergewöhnlichen Diplomaten, die Verhandlungen der Gaddafi-Stiftung mit den Familien aus Bengasi zu führen.

Bis zum Ende durchschauten wir in diesem Spiel die Interessen nicht. Dabei waren wir im Zentrum des Spielfeldes. Die Journalisten draußen hatten jederzeit mehr Einblick als wir.

Marc Pierrini war nicht umsonst Leiter des »Humanitären Hilfsfonds Bengasi«. Zunächst Berater für die Nord-Süd-Beziehungen im Mittelmeerraum und Asien, war er unter anderem Verantwortlicher für die Kontakte mit den internationalen Finanzinstitutionen und der UNO. Seine Erfahrung machte ihn zu einem für alle Länder akzeptablen Vermittler. Als er sich unseres Falls annahm, sagte er zu uns:

»Ich habe solide Nerven und ein dickes Fell.«

Und die brauchte er auch. Die Verhandlungen mit den Eltern, anfangs so gut wie unmöglich, stockten: Sie lehnten alle Angebote ab, die Europa machte, um den Konflikt zu lösen. Sie sagten:

»Unsere Ärzte sind die besten, wir brauchen Sie nicht.«

Diese armen, unwissenden und hasserfüllten Leute boykottierten die Verhandlungen, und auch wenn uns manche Familien recht gaben, wünschte ein harter Kern uns weiterhin den Tod. Ohne die Einwilligung aller konnten wir dieser Falle nicht entkommen.

Die Besprechungen zwischen der Europäischen Kommission, Libyen, Bulgarien und Großbritannien hatten begonnen. Die USA traten ebenfalls auf den Plan.

Marc Pierrini hielt uns über den Fortlauf der Verhandlungen auf dem Laufenden. Es kam nichts Grundlegendes dabei heraus.

Wir sahen ihn aber als seriösen Menschen, der weiß, was er tut, und sich nicht leicht geschlagen gibt.

Wir verfolgten diesen endlosen Schlagabtausch in den Medien. Diese andauernden und zahllosen Geheimverhandlungen ließen sich folgendermaßen zusammenfassen: Aufgrund seiner humanitären Prinzipien möchte Europa Libyen im Kampf gegen Aids helfen, aber Libyen will alles: Ärzte, Krankenhäuser, ärztliche Behandlung ... und vor allem finanzielle Abfindungen für die Familien. Bis zum Schluss versuchte Europa, kein Bargeld zu vergeben, doch die Eltern blieben unerschütterlich: Ohne finanzielle Abfindungen würden sie uns nicht genehmigen, das Land zu verlassen. Somit war kein Ende dieses Verhandlungsmarathons abzusehen.

Der Oberste Gerichtshof Libyens sollte seine endgültige Schlussfolgerung verkünden.

11. Juli 2007

Ich bin aufgestanden, habe geduscht, meinen Kaffee vor dem Fernseher getrunken und dabei Radio Darik gehört. Seit heute Morgen verkünden die bulgarischen Medien dieselbe Information: »Heute wird der Urteilsspruch des Obersten Gerichtshofs in Libyen im AIDS-Prozess erwartet.«

Valia schlief noch.

Für uns war es ein Tag wie jeder andere. Es war klar, dass der Oberste Gerichtshof das Todesurteil zum dritten Mal bestätigen würde, und zwar endgültig. Nach dieser Entscheidung konnte nur noch das Eingreifen des Politorgans des Obersten Gerichtshofes die Strafen aufheben oder vermindern.

Um zwölf Uhr mittags brach die Neuigkeit über uns herein:

»Der Oberste Gerichtshof in Libyen bestätigte definitiv die Todesurteile für die fünf bulgarischen Krankenschwestern und den palästinensischen Arzt.«

Dies war voraussehbar gewesen.

Ich sagte: »Sehen wir jetzt, ob sie innerhalb von achtundvierzig Stunden reagieren werden, wie die Libyer es Marc Pierrini und dem britischen Botschafter versprochen hatten.«

Wir befanden uns in einer Sackgasse, Europa auch. Die Familien würden nicht unterschreiben, ohne die Abfindungen erhalten zu haben.

Über lange Zeit hinweg lagen dem Hilfsfonds zahlreiche Einzahlungsversprechen von Seiten der Europäischen Gemeinschaft, darunter auch Bulgarien, einer bulgarischen NGO und eines Privatunternehmens vor. Ende des Jahres 2006 war dieser Fonds leer.

Die Verhandlungen wurden intensiviert, denn eine Befreiung vor den Abfindungen passte Libyen nicht.

»Wir können nicht ohne Geld vorankommen, aber wir haben keine Zeit, diese Gelder lockerzumachen«, erklärte Pierrini.

Das Wichtigste war an diesem Tag nicht etwa, fernzusehen und anzuhören, was über mich und meinen bevorstehenden Tod gesagt wurde. Ich glaubte nicht mehr daran. Zu viel Geld war im Spiel. Ich sagte mir, dass Staatschef Gaddafi sich dies nicht entgehen lassen würde. Und ich wusste längst noch nicht alles …

Das Wichtigste war der Geburtstag meines Sohnes. Ich rief ihn nach der Neuigkeit an. Ich ahnte, dass er von Sorgen gepeinigt war.

Ich schärfte ihm noch ein, sein Leben nicht einfach so hinzunehmen, wie es komme, denn im Leben erreiche man nichts, ohne zu kämpfen. Slavei erhielt ein grausames Geschenk zu seinem dreißigsten Geburtstag. Seine Mutter war zum Tode verurteilt. Endgültig.

Schließlich kündigte die Gaddafi-Stiftung am selben Tag an, dass die Familien der mit Aids infizierten Kinder finanzielle Abfindungen bekommen hätten. »Wir haben zu einem für die Familien akzeptablen Kompromiss gefunden«, erklärte der Direktor der Stiftung. »Dieses Übereinkommen befriedigt alle Beteiligten und setzt der Krise ein Ende.«

Die Familien erhielten eine Million Dollar. Die Bezahlung war ab dem Moment möglich, in dem Libyen ebenfalls seinen Anteil lieferte. Offiziell machte der Fonds, als dessen Vertreter Marc Pierrini fungierte, eine Anleihe bei dem Fonds für wirtschaftliche und soziale Entwicklung Libyens.

Die libysche Regierung und die Familien vereinbarten diese Summe. Bulgarien übertrug einen libyschen Schuldenbetrag in Höhe von siebenundfünfzig Millionen Dollar zugunsten des Fonds – es folgten eine Reihe komplizierter Finanzoperationen und diplomatischer Abmachungen, die wir so gut wie möglich mitzuverfolgen suchten.

Von nun an stand eines fest: Das Ende war nahe. Libyen hatte uns das gesamte Labyrinth seines Rechtssystem abschreiten lassen und die ganze Welt durch unsere Geiselnahme in die Enge getrieben. Wir waren der Köder, mit dem Gaddafi Geld an Land ziehen konnte.

Doch wir waren noch nicht aus dem Schneider. Dazu bedurfte es eines politischen Manövers, das ich nicht so schnell erwartet hatte. Und einer zusätzlichen Demütigung.

17
Das Wunder

Wir waren es leid, uns die Nachrichten anzuhören. Bis zum Ende hatten die Eltern der Kinder unsere Begnadigung abgelehnt. Während festlegt wurde, wie viele betroffene Familien Abfindungen erhalten sollten, ohne dass wir für ihr Unglück verantwortlich waren, kam Marc Pierrini zu uns.

Wir waren nicht bereit für das, was er uns zu sagen hatte:

»Jede von Ihnen wird eine Erklärung unterzeichnen müssen, in der Sie sich verpflichten, weder Libyen noch einen seiner Staatsbürger oder Beamten anzuklagen, und zusichern, keinerlei Abfindungen zu fordern.«

Das hieß, einfach alles vom Tisch zu kehren, was wir mitgemacht hatten: die Folter, acht Jahre Gefängnis, falsche Beschuldigungen, unser mit Füßen getretenes Glück … Wir hätten uns gleich selbst ins Gesicht spucken können!

Ich ergriff das Wort:

»Als sie mir das Geständnis abgerungen haben und mich zwangen, es vor einem Staatsanwalt zu unterschreiben, den es einen Dreck scherte, dass ich gefoltert worden war, empfand ich dieselbe Demütigung.«

»Das letzte Dokument auf dem Weg zu Ihrer Befreiung. Wir raten Ihnen dringend, es zu unterzeichnen!«

»Das heißt, dass wir ein weiteres Mal gezwungen werden, gegen unseren Willen zu unterschreiben.«

Zu Tode verurteilt, ohne jegliche Garantie, nicht noch jahrelang in diesem Gefängnis zu versauern, unterzeichneten wir dieses Dokument.

Zum Trost unterzeichneten wir eine weitere, jedoch gänzlich wertlose Erklärung, in der wir verkündeten, keinen Bezug zu der Aidsepidemie zu haben. Trotz Marc Pierrinis Anstrengungen, sie von den Libyern akzeptieren zu lassen, weigerten sie sich kategorisch, uns zumindest unsere Ehre zurückzuerstatten. Das war noch demütigender als alles andere.

Marc Pierrini und der britische Botschafter erklärten uns, dass derartige Dokumente auch in der Lockerbie-Affäre unterzeichnet worden seien. Wir bekamen die Bestätigung, dass in unserer trostlosen Geschichte ein weiteres Element der libyschen Erpressungsstrategie steckte, das wir bereits vermutet hatten.

Offiziell hatte Europa nie die Parallelen zwischen den beiden Prozessen anerkannt. Die Wahrheit sah anders aus. Wir hatten Angst, dass Libyen uns erst nach Bulgarien zurücklassen würde, wenn die Untersuchungen der Affäre »Lockerbie« erneut anliefen.

Als Tony Blair mit Gaddafi zusammentraf, wurde uns gesagt, dass ein Memorandum über eine künftige Vereinbarung bezüglich einer Gefangenenübergabe unterzeichnet worden sei. Ein weiteres Jahr war auszustehen, bis die Rückkehr von Abdel Bassel Al-Megrahi in seine Heimat möglich wurde. Die Pessimisten unter uns sagten:

»Wir kommen hier nicht heraus, solange Al-Megrahi nicht freigelassen wird.«

Anfangs gab es keinen ersichtlichen Grund, jedenfalls nicht für uns, den Prozess von Lockerbie mit demjenigen von Bengasi in

Verbindung zu bringen, doch so manche Fakten, die wir in unseren Gefängnisjahren zu koordinieren lernten, gewannen einen logischen Zusammenhang.

Am 9. Februar 1999 erklärt die libysche Regierung offiziell, dass die Libyer, die verdächtigt seien, das Attentat begangen zu haben, im Falle einer Verurteilung ihre Gefängnisstrafen in Libyen abzusitzen hätten. In derselben Nacht werden wir in Bengasi verhaftet und danach sechs von uns angeklagt, an einer Verschwörung gegen die Dschamahiriya teilgenommen zu haben, die vom FBI und vom Mossad angezettelt worden sei.

5. April 1999: Nach sieben Jahren Embargo und politischer Isolation für Gaddafi werden die beiden Libyer an die UNO-Vertreter übergeben, um in den Niederlanden vor Gericht gestellt zu werden. Sie gestehen, das Attentat organisiert zu haben. Dies markiert die Rückkehr Libyens in die internationale Gemeinschaft.

Zehn Tage früher, am 25. und 26. März 1999, werden unsere Geständnisse unter Folter unterzeichnet. Ungefähr zu diesem Zeitpunkt erwägen die libyschen Strategen die Möglichkeit, die Aidstragödie in Bengasi auszunutzen, denn die Stadt ist für ihre Opposition gegenüber des Regimes bekannt. Für Libyen ist diese Epidemie die Konsequenz des Embargos, das die Dschamahiriya als ungerecht darstellt.

Es wurde bekannt, dass die Virusinfektionen dieser vielen Kinder nicht die ersten Fälle waren, obwohl keine offiziellen Statistiken vorliegen. Bereits 1998 wurden über hundert Blutproben zur Untersuchung in ein Speziallabor nach Genf geschickt. Eine einzige von ihnen fiel negativ aus.

2001 kreuzen sich die unsichtbaren Fäden der Fälle Lockerbie und Bengasi allmählich. In den Niederlanden dauert der Prozess mit den beiden Terroristen dreiundachtzig Tage. Und vor dem libyschen Volksgericht wird der Prozess gegen uns geführt. Die Anklage lautet auf Verschwörung gegen die Staatssicherheit.

Im April desselben Jahres hält Gaddafi in Abuja eine sensationelle Rede, in der er erklärt, dass der Prozess von Bengasi eine weltweite Tragweite bekommen werde und mit dem Prozess von Lockerbie auf einer Stufe stehe. Hiermit wird erstmals offiziell eine Parallele zwischen den beiden Prozessen gezogen. Analogien finden sich zu Dutzenden, und seit Jahren erklärt Libyen, dies sei kein Zufall.

Außergewöhnliche Druckmittel, Sanktionen und das Embargo veranlassen Libyen im August 2003 dazu, seine Verantwortung zu gestehen und einzuwilligen, den zweihundertsiebzig Familien der Opfer 2,7 Milliarden Dollar Entschädigung auszubezahlen.

Daraufhin erklärt das Volksgericht, dass wir an der Verschwörung nicht teilgenommen haben. Es leitet unseren Fall an das normale Strafgericht weiter.

Libyen steht auf der Liste der Länder, die den Terrorismus unterstützen, und im Jahr 2003 weist nichts darauf hin, dass es bald daraus verschwindet. Die spektakuläre Gefangennahme von Saddam Hussein verstärkt die Befürchtungen Gaddafis: Wenn die USA beschließen, in Libyen radikale Veränderungen durchzusetzen, wird sie nichts aufhalten. Gaddafis beginnt einzulenken.

Sobald er nicht mehr auf der Liste der internationalen Terroristenführer steht, vollzieht sich Libyens Rückkehr in die internationale Politszene. Für Libyen ist Al-Megrahi unschuldig. Der Lockerbie-Prozess ist ungerecht und die Verurteilung Al-Megrahis beruht auf keinerlei handfesten Beweisen.

Zehn Tage nach der ersten Bestätigung unseres Todesurteils,

am 19. Dezember 2006, hält Gaddafi eine berühmte Rede. In seiner Residenz von Bab-el-Aziza, vor Vertretern der europäischen Staaten und Diplomaten, spricht der Staatsführer erneut den Aidsprozess an. Im Publikum sitzen einige ausländische Krankenschwestern in Tracht. Als Gaddafi den Druck erwähnt, der von der internationalen Gemeinschaft wegen der Befreiung der Bulgarinnen auf Libyen ausgeübt wurde, führt er den Fall Al-Megrahi an und gibt bekannt:

»Er ist unschuldig und sitzt im Gefängnis. Da er nicht befreit werden kann, bleiben die Krankenschwestern im Gefängnis.«

Und soviel ich weiß, hofft Al-Megrahi, der zu lebenslänglicher Gefängnisstrafe verurteilt wurde, darauf, dass das Berufungsverfahren anerkannt wird und er so seine Unschuld beweisen kann*.

Bis zum letzten Moment glaubte ich an ein Wunder. Ich wusste mit Sicherheit, dass sie uns nicht töten würden, dass wir wertvolle Geiseln waren und dass etwas den Ablauf der Dinge verändern würde. Ich hatte keine Kraft mehr, ein Jahr länger auszuharren. Und ich war überzeugt, dass unsere Angelegenheit im Hochsommer zu einem glücklichen Ende kommen würde. Ein Argument dafür hatte ich nicht zur Hand. Ich betete lediglich, dass die Europäer, für die diese Schlacht eine Ehrensache geworden war, ihren Druck nicht minderten.

---

*Die schottische Revisionskommission für juristische Angelegenheiten entschied, das gegen den libyschen Staatsbürger Abdel Bassel Al-Megrahi verhängte Urteil zu überarbeiten. Die schottische Revisionskommission, die Rechtsbeschlüsse auf der Grundlage von Justizirrtümern überprüft, gab in ihrem Beschluss vom 28. Juni diesen Jahres bekannt, dass der Oberste Gerichtshof Schottlands die Grundlage des Urteils neu beurteilen und die erneute Überweisung dieser Rechtssache an den Gerichtshof anordnen müsse, um sich über die von Al-Megrahi eingereichte Berufung auszusprechen.

Der Oberste Gerichtshof versammelte sich am 16. Juli 2007. An jenem Tag waren wir alle vor dem Fernseher. Wir zappten durch alle Kanäle, um jedes Mal dasselbe hören zu müssen: gar nichts.

Ich stellte eine Ikone auf den Küchentisch. Dort baute ich mir einen kleinen Altar auf. Ich hatte während der acht Jahre alle Kerzen des Osterfestes aufbewahrt und zündete sie vor der Ikone an. Ich betete ohne Unterlass. »Gott vergebe mir und möge meinem Leid ein Ende setzen.«

Die mit Warten auf dieses letzte Urteil zugebrachten Stunden erschienen mir länger als die letzten Jahre. Und wieder: nichts, nichts, nichts.

Ich hatte keine Angst. Mir war klar, dass sie uns nicht töten würden. Sie brauchten uns lebendig. Doch brauchten sie uns noch im Gefängnis? Ich war eingenickt. Nichts Neues im Fernsehen.

Am 17. Juli fällte der Oberste Gerichtshof endlich sein Urteil: lebenslänglich.

Die westlichen Diplomaten waren allerdings deutlich geblieben:

»Wir kämpfen dafür, dass die im Gefängnis verbrachten Jahre für das Urteil angerechnet werden. Wir wollen die vollständige Amnestie. Sie wird Ihnen eine sofortige Entlassung ermöglichen.«

Sie konnten sich nicht ausmalen, welche Lösung Libyen ausgewählt hatte: die schlimmste. Dieses Urteil, bis ans Ende unserer Tage, dröhnte in unseren Ohren wie eine Totenglocke. Auf diese Weise konnten uns die Libyer ganz legal zurückhalten, solange sie es für notwendig hielten. Und so würden wir doch miteinander alt werden.

Die Zeit würde zum Stillstand kommen. Unser Schicksal hing von politischen und finanziellen Interessen ab. Wir waren wie versteinert. Wo war der Weg zum Licht? Würde sich das Wunder einstellen?

Im Gefängnis hatte ich gelernt, Epilationsmasken anzufertigen, Schuhen ohne Schuhcreme Glanz zu verleihen und Kanevasstickereien auszuführen.

Bevor mein Leben derart aus den Fugen geraten war, machte ich mich über Frauen lustig, die sich mit solchen Stickereien beschäftigten: Ich fand es absurd, mit den Augen so kleine Punkte zu fixieren, wo doch die Welt so weiträumig ist.

Doch man soll ja niemals »nie« sagen. In vier Jahren habe ich in feinen Webstichen fünf Petit-Point-Stickereien gemeistert. Darunter die »Junge Araberin«, »Die Mühle« von Bosch, und zuletzt hatte ich van Goghs »Sonnenblumen« in Angriff genommen. Um sie abzuschließen, fehlte mir noch eine Woche. Ich fürchtete, meine Seele würde nun von Stich zu Stich ein wenig mehr absterben.

Doch das Wunder geschah.

23. bis 24. Juli 2007.

Um die Zellen herum wurde ein verstärktes Polizeiaufgebot platziert. Es ist das erste Mal: Keine der Persönlichkeiten, die uns bisher einen Besuch abgestattet hatten, hatte Anspruch auf solche Sicherheitsmaßnahmen. Etwas ist im Gange. Hoffentlich ist es DAS gewisse Etwas. Bei diesem gewissen Etwas soll es sich um eine Dame handeln. Frau Sarkozy ist zurück.

Vor zehn Tagen war sie uns besuchen gekommen und hatte versprochen, dass sie beim folgenden Mal mit uns zusammen abreisen würde.

Wir hatten vom französischen Staatspräsidenten sprechen hören, als er noch Kandidat war, und ich erinnere mich an seine Worte: »Wenn es sein muss, gehe ich sie selbst abholen!«

Das hatten wir vernommen, aber wir wussten nicht, dass er kommen würde, wir wussten überhaupt nichts. Und wir dachten, dass es die typische Stellungnahme während einer Wahlkampagne sei.

Als seine Gattin uns im Gefängnis einen Besuch abstattete, wirkte sie sehr überzeugend und energisch. Ich sah eine mit Hose und weißem Pullover schlicht gekleidete Frau, sehr schlank und sehr groß, die sich sehr bestimmt ausdrückte.

Aber wir waren zu chronischen Skeptikern geworden! Als sie wieder ging, dachten wir, sie sei nur eine weitere Besucherin, die uns ein zusätzliches Versprechen machte.

Die Gerüchte über unsere Abreise lagen bereits lange zurück: Meine großen Koffer waren seit einem Jahr gepackt und warteten in einem Zimmer der Botschaft. Man hatte uns benachrichtigt, dass im Falle einer Entlassung alles sehr schnell gehen würde. Also hatte ich im Gefängnis eine Generalprobe gemacht. Ich hatte ausgerechnet, dass ich fünfzehn Minuten benötigte, um meine Reisetasche zu füllen.

Ich war kampfbereit. Ich wartete nur noch auf ein Signal.

Ich hatte zu den anderen gesagt:

»Wenn ich nicht vor dem 30. Juli von hier loskomme, nehme ich an keinem Treffen mehr teil. Die europäischen Diplomaten interessieren mich nicht mehr. Verlangt nicht mehr von mir, dass ich übersetze. Für nichts auf der Welt bekommt ihr mich auf die Beine.«

Ich war kategorisch. Ich hatte keine Kraft mehr, eine neue Enttäuschung zu ertragen.

Diese verstärkten Polizeitruppen, die Gerüchte um die Rückkehr von Cécilia Sarkozy, all das beschränkte sich auf das Gefängnis. Es gab sonst keine Bestätigung.

Wir legten uns schlafen.

Um vier Uhr morgens trat eine Polizistin in den Raum, in dem wir schliefen, Nassya und ich. Sie klopfte mir auf die Schulter:

»Steh auf, der Vorgesetzte lässt dich rufen.«

Ich wusste, dass nur ein Grund in Frage kam, um mich zu einer solchen Uhrzeit rufen zu lassen. Dieses Mal konnte es sich nicht nur darum handeln, die Aussagen eines zusätzlichen Besuchers zu übersetzen.

»Halten Sie sich bereit. In zwei oder drei Stunden, Frau Sarkozy ...«

Auf alles Weitere hörte ich nicht mehr. Ich hatte verstanden.

»Wir müssen Ihre Fingerabdrücke abnehmen, und Sie müssen das Entlassungsprotokoll unterschreiben.«

In achteinhalb Jahren hatten sie nie meine Fingerabdrücke abgenommen. Nicht einmal, als sie uns ins Gefängnis sperrten und es vollkommen angebracht gewesen wäre. Und außerdem sollten wir erneut ein auf Arabisch verfasstes Papier unterschreiben!

Ich wurde wütend:

»Ich werde nichts unterschreiben. Sprich mit den bulgarischen Diplomaten.«

Ich bin in mein Zimmer zurückgekommen und habe die anderen geweckt:

»Packt eure Taschen.«

Die Kleine fragte misstrauisch: »Warum?«

Sie fand immer einen Grund zu zweifeln. Und sich zu weigern, der Realität ins Auge zu schauen.

Alle hatten nun verstanden.

Jede öffnet ihren Schrank, sucht ihre Sachen zusammen, dreht sich im Kreise. Hier auf, da zu. Tausend Dinge wirbeln mir durch den Kopf. Die Zeitstufen verkeilen sich ineinander. Von einem Zustand zum anderen in so kurzer Zeit überzuwechseln, das ist schon verrückt. Hatte ich alles auch noch so gut vorbereitet und meine fünfzehn Minuten kalkuliert, um die Reisetasche zu packen, diesen Taumel verspürte ich nicht im Kopf. Doch die Zeiten halte ich ein.

Nun geht es darum, die Fortsetzung zu überdenken. Die Menschenmengen, die Fotografen … doch zuerst nichts wie raus aus diesem Gefängnis! Und die Etappe beim Chef nicht vergessen und unsere Fingerabdrücke abgeben.

Der Diplomat Dimitrov traf ein. Es war gut, dass er da war, denn die Libyer wussten nicht im mindesten, was letztendlich zu tun war. Sie waren wie versteinert vor dem Ausmaß der anfallenden Aufgaben und der Verantwortung. Dimitrov nahm alles in die Hand, ganz gelassen. Er war immer redlich, offen und wohlwollend. Und ich immer misstrauisch.

»Ich warne Sie, ich werde kein arabisches Schriftstück unterschreiben! Die Fingerabdrücke geben wir von mir aus.«

»Das hier ist kein Arabisch.«

Memorandum über die Beziehungen zwischen Libyen und der Europäischen Union

Die Sozialistische Libysch-Arabische Volks-Dschamahiriya, im Folgenden als »erste Partei« bezeichnet, und die Kommission der Europäischen Union, im Folgenden als »zweite Partei« bezeichnet, wünschen beide eine Bereinigung der Folgen der Tragödie um die im Krankenhaus von Bengazhi mit dem Aidsvirus infizierten Kinder, und dies einschließlich der mit der Verurteilung des bulgarischen medizinischen Personals verbundenen Folgen.

Unter erneuter Bekräftigung der infolge der Gespräche und des Briefwechsels zwischen den Beauftragten der Volks-Dschamahiriya und der Kommission der Europäischen Union erzielten Einigungen im Hinblick auf eine zufriedenstellende Regelung der vorgenannten Frage unter Berücksichtigung der jeweiligen Beschlussfassungsverfahren;

eingedenk des humanitären Aspekts dieser Frage und mit dem Ziel, das Leid der Familien, in denen Kinder starben oder noch an der Infektion leiden, zu lindern;

im Einklang mit dem Geist der Nachsicht und des Verzeihens der Familien der Opfer, in Beantwortung der Gnadenersuche vor allem der Staats- und Regierungschefs der Europäischen Union und weiterer Institutionen, welche die erste Partei dazu bewogen haben, eine Initiative zur Abmilderung des Urteils über das bulgarische medizinische Team zu ergreifen;

in dem Wunsch, einen Schlussstrich unter diese Tragödie zu ziehen und die Hindernisse zu beseitigen, die dem natürlichen Ver-

lauf ihrer Beziehungen im Wege stehen, sowie in dem Glauben, dass es wichtig ist, auf allen Gebieten zu einer Zusammenarbeit zu gelangen;

kommen die beiden Parteien überein, dass sich die künftigen Beziehungen zwischen Libyen und der Europäischen Union auf folgende Punkte beziehen sollten:

Artikel 1

Die zweite Partei sagt zu, dass der Internationale Bengasi Fonds die im Rahmen des Finanzierungsabkommens vom 15. Juli 2007 und seines Anhangs angesammelten Gelder in Höhe von 598 Millionen Libyschen Dinar an den Fonds für wirtschaftliche und soziale Entwicklung übertragen wird.

Artikel 2

Hinsichtlich der medizinischen Behandlung der in Bengasi infizierten Kinder wird die Europäische Union die zugesagte Gewährleistung einer den internationalen Standards entsprechenden Behandlung langfristig aufrechterhalten. Die Europäische Union garantiert, dass Kinder, die besonderer Therapien bedürfen, eine von der EU und freiwilligen Mitgliedstaaten finanzierte Behandlung in europäischen Krankenhäusern erhalten. Mehrere Mitgliedstaaten werden auch weiterhin erkrankte Kinder in ihre Krankenhäuser aufnehmen. Ferner wird vermerkt, dass Frankreich sich außerdem verpflichtet, das neue Krankenhaus von Bengasi auszustatten, und dass es bei seiner Inbetriebnahme technische Unterstützung leisten wird.

Artikel 3

Die Europäische Union verpflichtet sich außerdem, ihre Unterstützung des Anti-Aids-Plans und der nationalen libyschen Strategie zur Bekämpfung dieser Krankheit fortzusetzen und dafür zusätzliche Mittel bereitzustellen.

Artikel 4

Die Europäische Union wird die erforderlichen Anstrengungen unternehmen, damit das Zentrum für Infektionskrankheiten in Bengasi auf regionaler Ebene führend wird und multilaterale Hilfen erhält.

Artikel 5

Die zweite Partei verpflichtet sich, dem Ministerrat der Europäischen Gemeinschaft folgende Bestimmungen für eine künftige Sondervereinbarung zwischen Libyen und der Europäischen Union vorzulegen, über das unter Einhaltung der rechtlichen Verfahren des Rates und der Kommission der Europäischen Union verhandelt werden wird:

1. *Ergreifen von Maßnahmen zur Erleichterung des bestmöglichen Zugangs libyscher Ausfuhren, insbesondere von Landwirtschafts- und Fischereierzeugnissen, zum europäischen Markt,*
2. *Bereitstellung von technischen Hilfen in den Bereichen Archäologie und Restauration sowie Beteiligung an deren Finanzierung,*
3. *Lieferung und Aufstellung, auf Kosten der EU, einer Einrich-*

tung zur Überwachung der libyschen Land- und Seegrenzen zwecks Bekämpfung der illegalen Auswanderung,

4. *Gewährung von Studien- und Ausbildungsstipendien an libysche Studenten für deren Ausbildung an europäischen Universitäten, alle Fachrichtungen betreffend,*

5. *Vergabe von Klasse-A-Visa (Schengen) an Staatsangehörige der Sozialistischen Libysch-Arabischen Volks-Dschamahiriya als Gegenleistung für die Aufhebung der Visumspflicht für Bürger der Europäischen Union.*

Artikel 6

Die erste Partei ergreift unverzüglich alle geeigneten Maßnahmen zur Überstellung des bulgarischen medizinischen Teams nach Bulgarien gemäß dem am 8. März 1984 in Tripolis unterzeichneten Abkommen über die justizielle Zusammenarbeit zwischen Libyen und Bulgarien. Es wird auf die Pflichten Bulgariens gemäß Artikel 43 dieses Abkommens hingewiesen.

Unterzeichnet wurde dieses Memorandum in Tripolis, am 23. Juli 2007. Unterzeichnet haben für die Sozialistische Libysch-Arabische Volks-Dschamahiriya Abdelati Al-Obeidi, Staatssekretär für europäische Angelegenheiten, und für die Europäische Kommission Benita Ferrero-Waldner, Kommissarin für Außenbeziehung und europäische Nachbarschaftspolitik.

18

Freiheit im Sauseschritt

Die Polizisten strömten herbei, es herrschte ein wahres Getümmel.

»Schnell, schnell!«

Ich rief ihnen zu:

»Warum so eilig? Nach achteinhalb Jahren?«

Sie wussten überhaupt nicht, was vor sich ging. Man hatte ihnen offenbar den Befehl erteilt, uns in Sekundenschnelle herauszuführen. Für sie war der Wirrwarr komplett.

Am Flughafen warteten seit Stunden wichtige Persönlichkeiten. Die Gattin des französischen Staatspräsidenten Nicolas Sarkozy, Cécilia; die europäische Kommissarin für Außenbeziehungen, Benita Ferrero-Waldner; der Generalsekretär des Elysée-Palastes, Claude Guéant; der Präsident des internationalen Bengasi-Fonds, Marc Pierrini; Saleh, die rechte Hand Seif Gaddafis; der Protokollchef und Vertraute des libyschen Staatschefs Mismari … Der französische Botschafter musste mit dem Taxi zum Flughafen kommen. In dem libyschen Wirrwarr waren die Wagen des französischen Diplomatencorps leer losgefahren.

Alle warteten weitab vom Tumult des Gefängnisses auf uns, und wir wurden jetzt angetrieben wie eine Ziegenherde. Die

Libyer hingegen ließen sich seit einer Stunde Zeit, sie erwarteten gelassen das Morgengebet und den anbrechenden Tag.

Ich verließ unser Gefängnis als Letzte. Ich erinnerte mich an einen eigenartigen Traum, als ich das erste Tor passierte und dann das große Gefängnisportal. Ich hatte ihn vor Jahren geträumt, im Kommissariat der Nasser-Straße in Bengasi, zum Zeitpunkt der Verhöre …

Ich erklomm eine gewaltige Sanddüne und schob die anderen dabei vor mir her. Sie fielen um, rutschten ab, und so half ich ihnen wieder auf die Beine, ich schob sie so lange weiter, bis wir schließlich den Gipfel der Düne passierten, und ich kam als Letzte an …

5.30 Uhr, 24. Juli 2007.

Eine Kolonne von fünf Jeeps der Spezialeinheiten, ohne Sirenen und ohne Scheinwerfer, hat das Gefängnis verlassen. Richtung Flughafen.

»Wo ist Zdravko?«

»Er hat gestern in der britischen Botschaft geschlafen. Er sitzt schon im Flugzeug.«

Während ich noch schlief, spielten die Diplomaten und Cécilia Sarkozy ihre letzten Karten aus. Ich wusste nicht, dass Cécilia um zwei Uhr morgens ihre Abreise beschlossen hatte, und man ihr ein Sonderflugzeug mitsamt Crew zur Verfügung gestellt hatte.

Das Abkommen über unsere Überführung wurde am Flughafen unterzeichnet, als wir gerade ankamen.

Und im letzten Moment wurde das französische Exemplar des »Memorandums über die Beziehungen zwischen Libyen und der Europäischen Union« unterzeichnet.

Die Dokumente wurden in formlosem Rahmen, ohne Bürokratie erstellt. Anders hätte es auch nicht sein können. Benita Ferrero-Waldner und Cécilia Sarkozy bewiesen Willensstärke und Wagemut. Eine weibliche Ehrengarde.

In diesem Moment konnte Europa es sich nicht erlauben zu verlieren. Und Libyen hatte bewiesen, dass es immer einen Weg finden würde, unsere Rückkehr zu verzögern.

Sie gestatteten uns nicht, sofort einzutreten.

Zuerst stieg die Garde aus dem Jeep. Daraufhin luden sie unser Gepäck aus. Plötzlich fiel Marc Pierrini auf, dass etwas nicht stimmte.

Die Regeln waren nicht festgesteckt. Wir wissen genau, dass Abkommen mit Gaddafis Leuten nie definitiv sind. Selbst für Marc Pierrini, den Präsidenten des humanitären Hilfsfonds Bengasi, der die Gelder an die Familien weiterleitet, war am Schluss ein Höchstmaß an Demütigungen erreicht. Man hatte ihm versprochen, uns in einem Diplomatenfahrzeug vom Gefängnis abzuholen. Zwei Stunden vor der Unterzeichnung des Memorandums, als er beschlossen hatte, bis nach Djoudeida zu fahren, hatten sie ihn mit folgenden Worten zurückgeschickt: »Uns liegt kein Befehl vor.«

Und noch etwas sollte geschehen, was unsere Wartezeit weiter verzögerte.

Marc Pierrini hatte uns ohne allzu viele Erklärungen gesagt, dass die Libyer andauernd die Verhandlungen in die Länge gezogen hatten, indem sie erst einen Schritt nach vorn machten und dann gleich wieder den Rückzug antraten.

Es handelte sich sicherlich zu diesem Zeitpunkt um die letzte Unterschrift des verantwortlichen Libyers. Eine Unterschrift, die ich später auf einem französischen Exemplar erblickte … ein nervöser Strich, der ein unleserliches arabisches Schriftzeichen darstellte.

Benita Ferrero-Waldner hatte dieses französische Exemplar des Schriftstücks in der Hand, ohne welches das Memorandum wertlos gewesen wäre. Es war endlich unterschrieben.

Sie gab es nicht mehr aus der Hand, bis wir die Gangway zum Flugzeug betraten.

Endlich ist es Tag, und wir schreiten einen roten Teppich entlang. Am Flughafen Tripolis sind alle versammelt, die unsere Abreise ermöglicht haben. Wir gehen immer weiter. Ich sehe das Flugzeug. Aus Frankreich. Ganz real. Cécilia Sarkozy ist schon eingestiegen. Jetzt nur keine Zeit verlieren.

Gerade als ich die Gangway betreten will, reicht mir jemand ein Telefon:

»Präsident Sarkozy!«

Der Lärm, diese überstürzte Abreise … Ich verstand nichts, habe aber dennoch auf Englisch geantwortet:

»Danke … Ja, wir sind am Flughafen. Ich danke Ihnen.«

Sofort erblickte ich Zdravko, der im Flugzeug saß.

Wir umarmten uns. Er hatte furchtbare Angst, dass das Flugzeug ohne mich starten würde …

Cécilia Sarkozy glühte vor Ergriffenheit. Wir unterhielten uns. Ich erinnere mich nicht mehr, worüber. Ich war wie betäubt. Das Flugzeug startete schon, alles hatte sich letztendlich recht schnell abgespielt, trotz der libyschen Saumseligkeit und Desorganisation. Alle waren verblüfft über die Zügigkeit der Entscheidung.

Und da saß ich nun in einem startenden Flugzeug. Ich spürte, wie es vibrierte, und mir wollte nicht in den Kopf, dass ich frei war.

Aus dem Cockpit des Piloten vernahmen wir:

»Wir haben soeben den libyschen Luftraum verlassen!«

Jede zündete sich eine Zigarette an. Ausnahmsweise wurde uns die erste Zigarette der Freiheit genehmigt.

Ich wollte diesen Augenblick mit niemand anderem teilen. Ich musste langsam wieder zur Besinnung kommen. Zu mir selbst finden.

Irgendjemand sagte zu mir:

»Seien Sie vorsichtig mit den Medien bei Ihrer Ankunft in Sofia!«

»Bis wann?

Ich weiß nicht, wie ich mich als Erste auf der Gangway des Flughafens von Sofia zeigte. Vorzeigbar war ich allerdings, ganz in Weiß.

Ein paar Minuten nach der Ankunft des Ärzteteams im Terminal des regierungseigenen Flughafens von Sofia kündigte Vizepremierminister Ivailo Kalfin an, dass die Bulgarinnen per Dekret von Präsident Georgi Parvanov freigesprochen worden seien. Ashraf erhielt unverzüglich die bulgarische Staatsbürgerschaft, auf die er in Libyen seit drei Jahren gewartet hatte.

Für unschuldig erklärt. Auf heimatlichem Boden. Es wunderte mich, dass ich so wenig empfand. Ich hatte so endlos lange auf die Rückkehr gewartet, dass ich keine Gefühlsregung mehr in mir verspürte.

Mein Herz schlug nicht schneller. Kein Adrenalinschub, nichts.

Es war, als ob mich das alles gar nicht betreffen würde. Wie in den Jahren vor Gericht war ich Zuschauerin meiner Freiheit. Ich nahm nicht wirklich teil an den Geschehnissen um mich herum.

Mir gelingt es nicht mehr, diesen Panzer zu sprengen, den ich mir während all dieser Jahre um des Überlebens willen aufgebaut habe … Ich hatte mich derartig angestrengt, mich vor dem Bösen zu schützen, dass mich selbst das Gute nicht mehr erreichen konnte. Auf Emotionen zu verzichten ist die allerschlimmste Niederlage. Langeweile überfiel mich.

Manche hatten prophezeit, dass ich nicht lebend davonkommen werde. Ich lebe, aber ich bin mit einer verkrüppelten Seele zurückgekehrt.

Vom Flughafen wurden wir zur Residenz gefahren. Das war mir gleichgültig. Ich hätte überall sein können. Ich wollte nicht mehr nachdenken.

Es ist nicht einfach, die Freiheit auszukosten.

Ich musste meine Selbstachtung und das Interesse am Leben wiederfinden.

Acht Jahre lang hatte mir niemand gesagt, dass ich schön bin, dass ich eine Schwierigkeit gemeistert hatte, dass ich stark war.

Etwas betreten durchquerten wir die marmornen Empfangssäle der Residenz Boina. Wir fünf sowie Ashraf und Zdravko sind die einzigen Bewohner dieses Palais. Doch das ist uns gleichgültig. Gefangene im Pyjama. Erinnerungen, keine Schmerzen, ein verstohlenes Lächeln, verborgener Hass, das Klopfen an eine Tür. Neue Gewänder, alte Gesichter. In Tuchfühlung mit einer weit zurückliegenden Vergangenheit. Rückkehr dorthin, von wo man einst geflohen ist.

Der erste Spaziergang durch die Straßen ohne Aufseher. Der erste Whisky. Mit viel Wasser und Eis.

»Darf ich bitte in den Garten?«

Das brauchst du nicht zu fragen, du weißt das, aber du kannst es dir nicht verkneifen. So sehr daran gewöhnt, dass ein anderer die Entscheidung an deiner Stelle trifft. Die Bilder überschneiden sich. Ich will allein sein. Allein. Allein. Man hat mir über Jahre hinweg diesen allergrößten Luxus geraubt – allein zu sein.

Ich kann nicht schlafen. Ich wache auf und werde von Gesprächen, Gesichtern, Ereignissen überflutet. Im Gefängnis schlief ich tief und fest wie ein Kind. Mein eintöniges Leben hielt mich nachts nicht wach.

Alles ist neu für mich. Die Straßen, das Geld, die Mobiltelefone. Vor allem die Menschen. Ich kann mich nicht mehr verstecken. Man hält mich für glücklich. Ich bin müde und fühle mich schuldig, nichts zu empfinden.

Ich meide die Familie. Man findet mich bei guter Gesundheit, man bittet mich zu erzählen, man weint vor mir. Das ist unerträglich. Und langweilig.

Die Einzige, die es versteht, mit mir zu sprechen: Eva. Die Freundin aus Kindertagen.

»Ich sehe keine Veränderung an dir. Du bist ganz die Alte …«

Ich dachte, ich würde nie mehr die Gleiche sein.

Eva fuhr fort, als ob sie zu sich selbst sprechen würde. »Du bist immer erhobenen Hauptes durchs Leben gegangen. Du allein weißt, was du durchgemacht hast, auch wenn man es dir nicht ansieht.«

Erhobenen Hauptes. Frei, doch immer noch schuldig in Libyen. Mir bleibt die Wut in der Tiefe meiner verkrüppelten Seele. Meine Krankenschwesternehre wurde mir zwar in meiner Heimat und der restlichen Welt wieder zurückgegeben, doch sie blieb dort unten. Mit dem Phantom der Frau, die ich einst war. Ohne Furcht und ohne Tadel. Aber leichtfertig.

Ich weiß, dass alles Geschehene ein Zeichen ist. Gott hat zu mir gesagt: »Hör auf, du hast übertrieben.«

Ich suchte das Glück in materiellen Dingen. Ich wollte zu

viel Gelächter, Feste, Freunde, Freiheit, Restaurants, schöne Kleider, Komplimente … Mit mir selbst beschäftigt, vernachlässigte ich auch Zdravko, meine Mutter, meinen Sohn.

Ich würde mir gern verzeihen können, meinem Sohn nicht das Notwendige gegeben zu haben. Ich meine damit nicht Dinge wie Biomehl, sondern Aufmerksamkeit, ein offenes Ohr, Mutterliebe.

Zdravko … ich habe ihn sehr geliebt in all diesen Jahren, doch er war es, der Kompromisse machte.

Ich war sehr gierig nach materiellem Wohlstand. Deshalb hat mich Gott dieser Prüfung unterzogen. Er hat mich geistige Werte gelehrt, er hat mich angeleitet, demütig zu sein.

Gott hat mir gezeigt, dass nicht alles von mir selbst abhängt und ich nicht immer in die richtige Richtung gehen kann. Der Mensch muss kontinuierlich darauf achten, das Gleichgewicht zwischen Vernunft – dem Geist – und der Seele zu bewahren. Eine große Katastrophe genügt nicht. Die Wahrheit liegt im steten Bemühen.

Im Gefängnis wurden mir alle irdischen Güter genommen, alles, was mein Leben ausmachte.

Ich habe gelernt, die einfachen Dinge zu schätzen. Ich habe verstanden, dass der Körper sich mit wenig begnügt, um weiterzuleben. Ich habe verstanden, dass man ohne Liebe nicht stirbt. Dass eine Freundin Verrat begehen kann, auch wenn man ihr alles gegeben hat. Ich habe die Wärme eines freundschaftlichen Wortes gespürt, die kein Pelzmantel je zu geben vermag.

Ich habe für diese Lektionen teuer bezahlt. Aber wenn ich sie bekommen habe, waren sie wohl nötig.

Ich lerne auch weiterhin. Zum Beispiel zu vergeben. Das ist das Härteste. Ich kann und will keine Verräter lieben. Ich versuche, Feigheit zu vergeben. Ich will keine Rache. Ich suche

Seelenfrieden. Ich will mich meiner Enttäuschungen entledigen. Das Buch der Vergangenheit schließen. Nichts soll mich dorthin wieder zurückführen.

Ich will das Grab meines Vaters wiederfinden und ihm einen Grabstein errichten. Ich will meinem Sohn helfen, wenn er es zulässt. Ich will mich wieder an andere Menschen gewöhnen. Von neuem weinen. Die Trümmer meiner Seele aufsammeln. Ihre Wunden vernarben lassen. Vergeben können. Wieder lächeln. Meine Lektion lernen. Das neue Bulgarien entdecken, das ich kaum kenne.

Und ich will mit Zdravko alt werden. Ihn glücklich machen. Ihm mehr geben als Kaldaunensuppe. Alles für ihn tun. Alles andere sind bloße flüchtige Stationen, an denen unser Leben vorbeizieht. Und ich glaube, dass alles wiedergutzumachen ist, solange man lebendig ist …

Ich habe einen Entschluss gefasst. Ich muss unbedingt in Erfahrung bringen, ob ich noch fähig bin, Angst zu empfinden. Ich will meine Emotionen wiederfinden. Dafür ist sie vielleicht das Hilfsmittel, meine persönliche Therapie, wie immer. Zdravko weint, er ist gerührt, er hat seine Seele intakt gehalten. Ich habe ihn um seiner fast kindlichen Zuversicht willen geliebt. Er hat sich nicht verändert.

Ich habe vergessen, was Angst ist. Ich bin ja so weit darüber hinausgegangen …

Ich werde mich in Gefahr bringen, damit ich herausbekomme, ob ich noch fähig bin, etwas zu empfinden.

Ich habe beschlossen, mit einem Gummiseil in die Tiefe zu springen. Von einer Brücke herab. Ich habe den Ort gefunden. Ich brauche diesen Sprung ins Leere. Ich will wieder Angst haben können.

Ich habe niemals um meiner selbst willen geweint. Ich wollte immer allem die Stirn bieten, die Situation beherrschen. Aber es gab diese Augenblicke grausamer Folterungen, vollkommener Vernichtung meiner Persönlichkeit, in denen ich nichts mehr war – weder gedemütigt noch entsetzt –, um nicht unter den Schlägen und Elektroschocks zu sterben. Ich habe meine Seele verloren, als ich diese Abscheulichkeiten erlitt.

Ich habe die Fähigkeit zu empfinden verloren. Ich will sie wiederfinden.

Die Leere wird mir die Antwort geben.